Wie künstliche Intelligenz Entscheidungen prägt

Christian Scharff

Wie künstliche Intelligenz Entscheidungen prägt

Eine Multiple-Case-Study über Entscheidungen künstlicher Intelligenz im Kontext von Unternehmen

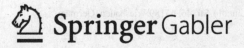

Christian Scharff
Regensburg, Deutschland

Dissertation zur Erlangung des Grades eines Doktors der Wirtschaftswissenschaft,
eingereicht an der Fakultät für Wirtschaftswissenschaften der Universität Regensburg
vorgelegt von Christian Scharff
Berichterstatter: Prof. Dr. Thomas Steger und Prof. Dr. Peter Walgenbach
Tag der Disputation: 06. November 2023

ISBN 978-3-658-44261-3   ISBN 978-3-658-44262-0   (eBook)
https://doi.org/10.1007/978-3-658-44262-0

Die Deutsche Nationalbibliothek verzeichnet diese Publikation in der Deutschen Nationalbiblio-
grafie; detaillierte bibliografische Daten sind im Internet über http://dnb.d-nb.de abrufbar.

Planung/Lektorat: Karina Kowatsch
Springer Gabler ist ein Imprint der eingetragenen Gesellschaft Springer Fachmedien Wiesbaden
GmbH und ist ein Teil von Springer Nature.
Die Anschrift der Gesellschaft ist: Abraham-Lincoln-Str. 46, 65189 Wiesbaden, Germany

Das Papier dieses Produkts ist recyclebar.

Danksagung

An dieser Stelle möchte ich mich herzlich bei denjenigen Menschen bedanken, die diese Dissertation sowie die zurückliegenden Jahre maßgeblich geprägt haben.

Dazu zählen insbesondere meine Gutachter, Prof. Dr. Thomas Steger sowie Prof. Dr. Peter Walgenbach, die mich von Beginn an mit wertvollen Ratschlägen und konstruktiver Kritik begleitet haben.

Ebenso möchte ich mich bei meinen Kolleginnen und Kollegen Michaela Melzl, Dr. Andreas Hilger, Dr. Kerstin Rego, Dr. Olaf Kranz sowie Melanie Franke für die hervorragende Zusammenarbeit und ihre inhaltlichen Anregungen bedanken.

Nicht zuletzt danke ich meinen Eltern, Sabine und Uwe Scharff, sowie meinem Bruder, Dr. Hendrik Scharff, ohne deren Unterstützung diese Arbeit nicht möglich gewesen wäre.

Vielen Dank!

Regensburg
Juli 2023

Inhaltsverzeichnis

Abkürzungsverzeichnis

bzw.	beziehungsweise
CTO	Chief Technology Officer
d.h.	das heißt
ders.	derselbe
ebd.	ebendiese(r)
et al.	und andere
etc.	und so weiter
f.	folgende Seite
ff.	folgende Seiten
Hrsg.	Herausgeber(in)
KI	künstliche Intelligenz
u.a.	unter anderem
vgl.	vergleiche
z.B.	zum Beispiel

Abbildungsverzeichnis

Einleitung 1

Es gibt zahlreiche Aufrufe, künstliche Intelligenz organisationswissenschaftlich zu untersuchen und einzuordnen. Einige davon wählen dramatische Worte: Phan, Wright und Lee (2017: 253) sprechen von einer „Neuordnung der Wertschöpfung". Faraj, Pachidi und Sayegh (2018: 68) antizipieren, dass künstliche Intelligenz „unser Verständnis von Organisationen grundlegend verändert". Auch Krogh (2018) hält es für möglich, dass sich Unternehmen „auf nie dagewesene Art und Weise" wandeln. Flyverbom, Huysman und Matten (2016) sowie Kette und Tacke (2020) sind im Ausdruck zurückhaltender, weisen der Technik aber ebenfalls große Bedeutung für die Organisationsforschung zu.

Das Interesse an künstlicher Intelligenz ergibt sich aus ihrer Anpassungsfähigkeit. Indem sie aus statistischen Zusammenhängen lernt (vgl. Ghahramani 2016; Finlay 2017: 5ff.), überschreitet sie die Grenze zwischen „trivialen" und „nicht-trivialen" Maschinen (von Foerster 1993). Erstere zeichnen sich dadurch aus, dass sie auf ähnliche Umstände grundsätzlich nach denselben Regeln und mit demselben Output antworten. Letztere verändern ihre internen Zustände in Auseinandersetzung mit Inputs und reagieren deshalb unterschiedlich. Daher könnte man sagen, dass sie „ihrer eigenen Stimme" gehorchen (ebd.: 247).

Das Vordringen künstlicher Intelligenz in das Reich nicht-trivialer Maschinen legt Vergleiche mit anderen nicht-trivialen Maschinen nahe. Dazu zählen Tiere, Menschen und Organisationen. Einige dieser nicht-trivialen Maschinen sind selbstverständlich trivialer als andere. Die Vergleichsmöglichkeiten, die von Foersters (ebd.) Begriff eröffnet, unterstreichen dennoch die Tragweite des empirischen Wandels. Technik, deren Output sich *nicht* auf Menschen zurückrechnen lässt, die sie konstruieren bzw. programmieren, ist kein bloßes Werkzeug. Deshalb lässt sich Orlikowskis (2007) Einschätzung nicht länger ignorieren, dass die Grenzen zwischen dem Menschen als Subjekt und der Technik als Objekt organisierten Handelns verschwimmen.

C. Scharff, *Wie künstliche Intelligenz Entscheidungen prägt*, https://doi.org/10.1007/978-3-658-44262-0_1

Schöpferische Technik stellt für viele Organisationstheorien eine Herausforderung dar. Wer Organisationen als Kommunikations- und Beziehungsmuster „among a group of human beings" definiert (Simon 1997: 18f.), schließt Technik explizit aus. Das gilt für triviale Maschinen genauso wie für nicht-triviale Maschinen. Folglich könnten sich Widersprüche zwischen Empirie und Theorie herausbilden. Unternehmen, die künstlicher Intelligenz Einfluss zugestehen, drohen der Organisationstheorie davon zu galoppieren. Ein anschauliches Beispiel dafür liefert der Aktienhandel (vgl. MacKenzie 2019; Jöstingmeier 2022).

Den Forschungsaufrufen folgend, hat es einige Reaktionen auf die veränderte empirische Situation gegeben. Sie entspringen Denkansetzen, die sich schon vor der Verbreitung künstlicher neuronaler Netzwerke mit der Beziehung von Organisation und Technik befasst haben. Mit Orlikowski und Scott (2008) lassen sich diesbezüglich drei Forschungsansätze differenzieren. Deren Perspektiven auf künstliche Intelligenz tragen dazu bei, die neuartige Rolle der Technik organisationstheoretisch zu erfassen. Weil alle drei Ansätze an alten theoretischen Prämissen festhalten, entstehen allerdings blinde Flecke:

Der erste Literaturzweig betrachtet Technik als materielle Entität außerhalb der Organisation, die über objektiv beschreibbare Eigenschaften verfügt (ebd.). Sein Hauptaugenmerk gilt der Frage, welche Veränderungen Technik in Organisationen hervorruft. Einflüsse des organisierten Kontextes auf Technik werden hingegen weitgehend ausgeblendet. Die meistzitierten Studien stammen von Frey und Osborne (2013) sowie Brynjolfsson und McAfee (2014). Sie kommen zu dem Schluss, dass künstliche Intelligenz Organisationen und das Wirtschaftssystem im Ganzen dramatisch verändert, insbesondere durch den Abbau von Arbeitsplätzen.

Der blinde Fleck dieser Arbeiten ist der Anwendungskontext künstlicher Intelligenz. Sie unterstellen, dass gleiche Technik in verschiedenen Organisationen die gleichen Veränderungen hervorruft (siehe Abschnitt 2.1). Inwieweit Technik Wandel bewirkt, hängt allerdings maßgeblich davon ab, wie einzelne Unternehmen vor dem Hintergrund ihrer individuellen Strukturmerkmale reagieren (vgl. Barley 1988; Boudreau/Robey 2005). Die Brauchbarkeit der oben genannten Arbeiten für die Organisationsanalyse ist deshalb eingeschränkt. Sie entfalten ihren Nutzen eher in der Diskussion von Makrophänomenen.

Der zweite Forschungsstrang nimmt an, dass Organisationen Technik sozial überformen (Orlikowski/Scott 2008). Unternehmen setzen sich mit der Beschaffenheit von Technik auseinander und interpretieren sie. Das daraus entstehende Technikbild ist ausschlaggebend für das Handeln von Organisationsmitgliedern. Dementsprechend weisen Autoren wie Fleming (2019) sowie Boyd und Holton (2018) darauf hin, dass künstliche Intelligenz sich, entgegen der Annahmen von

Frey und Osborne (2013), nicht ungebremst auf Organisationen auswirkt. Ihr
Einfluss ist grundsätzlich ein sozial vermittelter Einfluss

Diese Perspektive ist gewinnbringend für das Verständnis von KI-
Anwendungen im Kontext von Unternehmen, weil sie den organisatorischen
Kontext angemessen reflektiert. Sie hat aber auch Schwachstellen. Es liegt eine
strenge analytische Trennung zwischen Organisation und Technik vor (Orli-
kowski/Scott 2008: 446ff.), die es verbietet, Letztere als aktiven Teil eines
Unternehmens zu denken (siehe Abschnitt 2.2). Technik wird auf eine Rolle
als Gegenstand der Interpretationen und Handlungen von Organisationsmitgliedern reduziert. Diese passive Rolle wird dem Wesen künstlicher Intelligenz
nicht gerecht, die als nicht-triviale Maschine eigenständige Impulse gibt (siehe
Abschnitt 6.1).

Die dritte Denkrichtung reißt die Unterscheidung von Technik und Organisation ein (Orlikowski/Scott 2008: 455ff.). Man geht davon aus, dass Mensch und
Technik sich durch ihre Beziehung zueinander wechselseitig definieren. Ausgehend von dieser Prämisse beobachten u.a. Raisch und Krakowski (2020) sowie
Murray und Rhymer (2020) gemeinschaftliches Handeln von Menschen und
künstlicher Intelligenz. Matzner (2019) spricht diesbezüglich von „Ensembles"
(Matzner 2019). Eine Konsequenz der Verschmelzung von Technik und Sozialem
besteht darin, Handlungen dem Kollektiv zuzurechnen (Orlikowski/Scott 2008:
455ff.). Technik emanzipiert sich als Handlungsträger gegenüber dem Menschen.

Dies ermöglicht es, die empirische Anteilnahme künstlicher Intelligenz an
Organisationen abzubilden. Dafür zahlt der dritte Forschungsstrang jedoch einen
hohen Preis, die Differenzierbarkeit verschiedener Klassen von Technik. Die
zugehörigen Arbeiten betrachten nicht nur künstliche Intelligenz, sondern jegliche
Technik als Teil des Sozialen. Wie bereits Rammert (2016: 137) feststellt, sind
„derartig schwache[…] Handlungsbegriff[e] offenkundig ungeeignet für die […]
Beschäftigung mit bestimmten avancierten Techniken". Der organisationswissenschaftliche Neuheitswert nicht-trivialer Maschinen lässt sich nicht herausarbeiten,
wenn das Reich des Sozialen bereits von trivialen Maschinen bevölkert ist.

Alle drei Forschungsstränge beeinträchtigen insofern den Blick auf die Empirie. Sie können einzelne Gesichtspunkte des Umgangs mit künstlicher Intelligenz
beleuchten, scheitern aber daran, ihn ganzheitlich zu erklären. Es bleibt eine
offene Frage, *wie sich das Verhältnis von künstlicher Intelligenz und Organisation organisationstheoretisch erfassen lässt*. Diesbezüglich gilt es insbesondere zu
klären, inwieweit Organisationsbegriffe geöffnet werden müssen, um der Rolle
künstlicher Intelligenz gerecht zu werden.

Die vorliegende Arbeit leistet einen Beitrag dazu, die Beziehung zwischen
künstlicher Intelligenz und Organisationen zu erklären, indem sie den Einsatz

von KI-Anwendungen im Kontext von *Entscheidungen* untersucht. Sie geht im Rahmen einer qualitativen Multiple-Case-Study (vgl. Yin 2014: 57 ff.) folgenden Fragen nach:

1.) Auf welche Art und Weise ist künstliche Intelligenz in Unternehmen an Entscheidungen beteiligt?
2.) Wie kommt es dazu, dass künstliche Intelligenz bei Entscheidungen eine bestimmte Rolle einnimmt?
3.) Welche Folgen hat die Beteiligung künstlicher Intelligenz an Entscheidungen?

Dieser Fokus auf Entscheidungen empfiehlt sich aus mehreren Gründen. Entscheidungen sind (1.) *als Untersuchungsgegenstand gut abgrenzbar.* Die Beziehung von Organisation und künstlicher Intelligenz abschließend zu beschreiben, bedarf langwieriger empirischer und theoretischer Arbeit, die den Horizont einzelner Studien überschreitet. Die Erforschung ihrer Rolle in Entscheidungssituationen ist hingegen mit begrenzten Ressourcen möglich.

Entscheidungen sind (2.) *für empirische Forschung gut zugänglich und eignen sich hervorragend, die Perspektive einer Organisation auf Technik einzufangen.* Um ihre Effizienz zu steigern, setzen Unternehmen sich bewusst mit Entscheidungsträgern[1] und Technik auseinander (vgl. DeNisi/Sonesh 2011; White/Graham 1987). Daher erinnern sie Entscheidungssituationen zuverlässig. Davon profitieren qualitative Studien, die auf Interviews und Dokumentenanalysen zurückgreifen.

Forschungsergebnisse über Entscheidungen können (3.) leicht *in Richtung der Gesamtorganisation weitergedacht werden.* Wir profitieren davon, dass die Beziehung von Organisation und Entscheidung in der Literatur ausführlich beschrieben ist. Insbesondere Organisationstheorien, die Entscheidungen als konstitutive Elemente von Organisationen behandeln, bieten detaillierte Einsichten (siehe z.B. Kirsch und zu Knyphausen 1991; Seidl 2009; Kieser und Seidl 2013; Rüegg-Stürm und Grand 2017, Luhmann 2000 sowie Brunsson und Brunsson 2017). Diese Brücke zwischen Organisation und Entscheidung kann Anschlussforschung nutzen, die auf den Ergebnissen der vorliegenden Arbeit aufbaut.

Die Auseinandersetzung mit Entscheidungen fängt (4.) *Einflüsse von Organisation und Technik aus beiden Richtungen ein.* Die erste Forschungsfrage reflektiert, dass Entscheidungen die Gestalt und die Leistungsfähigkeit von Unternehmen prägen (Kette 2012: 30 ff.). Wenn künstliche Intelligenz Entscheidungen bzw.

---

[1] Wo geschlechtsneutrale Formulierungen nicht möglich sind, ohne zusätzliche Komplexität zu erzeugen, wird im Folgenden das generische Maskulinum gebraucht. An diesen Stellen sind ausdrücklich alle Geschlechter eingeschlossen.

deren Ergebnisse verändert, lässt sich dieser Einfluss folglich als Einfluss auf Organisationen messen. Die zweite Forschungsfrage ist offen dafür, dass neben den Eigenschaften der Technik auch die Organisation eine bedeutsame Rolle dabei spielen könnte, die Rolle künstlicher Intelligenz zu bestimmen.

Entscheidungen können (5.) als *Bezugspunkt* dienen, *um künstliche Intelligenz vergleichend zu beurteilen.* Diesbezüglich ist der umfassende Forschungsstand zu Entscheidungen erneut von Vorteil. Dessen Fokus liegt zwar nicht auf Technik, sondern auf Organisationsmitgliedern. Diese können aber als Reflexionsfolie dienen, um die Besonderheiten künstlicher Intelligenz herauszuarbeiten und deren Bedeutung für die Organisationstheorie zu beurteilen.

Darüber hinaus eignen sich Entscheidungen (6.) besonders als *Messlatte für die Kompetenzen künstlicher Intelligenz.* Entscheidungen zeichnen sich durch einen hohen Grad sachlicher und sozialer Komplexität aus (Seidl 2009: 46 ff.; Ortmann 2009: 109 ff.), den Technik bislang nicht handhaben konnte. Mit steigendem Ausmaß inhaltlicher Beteiligung an Entscheidungen würden sich KI-Anwendungen folglich von anderen Technologien absetzen und sich Organisationsmitgliedern angleichen.

Im Folgenden thematisieren wir zunächst den organisationswissenschaftlichen Forschungsstand zu künstlicher Intelligenz (siehe Kapitel 2) und die theoretischen Grundlagen der vorliegenden Arbeit (siehe Kapitel 3). Anschließend wird der methodische Ansatz der empirischen Studie vorgestellt (siehe Kapitel 4). Dazu gehören insbesondere die Fallauswahl sowie die Methoden der Datenerhebung und -auswertung. Daraufhin folgen die Forschungsergebnisse.

Die erste Erkenntnis besteht darin, dass künstliche Intelligenz in Unternehmen drei verschiedene Rollen einnimmt (siehe Kapitel 5):

Sie agiert (1.) als „kompetenter Entscheidungsträger". Dabei trifft sie im Namen der Organisation Entscheidungen, die nachfolgende Arbeit maßgeblich prägen. Diese Entscheidungen zeichnen sich durch einen hohen Grad an Eigenständigkeit aus. Menschen haben daran keinerlei Anteil.

Künstliche Intelligenz tritt (2.) als „kontrollbedürftiger Entscheidungsträger" auf. In dieser Rolle trifft sie ebenfalls Entscheidungen. Deren Einfluss auf nachgelagerte Arbeitsprozesse ist allerdings eingeschränkt. Die Organisation setzt sachliche und zeitliche Grenzen, jenseits derer der Output der Technik durch Organisationsmitglieder kontrolliert wird. Somit werden Entscheidungsergebnisse sowohl durch Menschen als auch durch Technik geprägt.

KI-Anwendungen sind (3.) als „Werkzeug" beobachtbar. Diese Rolle dient aus der Perspektive der Organisation der Verhinderung eigenständiger Entscheidungen. Jeder

Output wird engmaschig durch Organisationsmitglieder kontrolliert und korrigiert. Die Organisation verortet die Wahl aus Alternativen dementsprechend bei Menschen.

Es zeigt sich, dass diese drei Erscheinungsformen künstlicher Intelligenz auf formale Entscheidungen von Unternehmen zurückzuführen sind (siehe Kapitel 6). Bei diesen Entscheidungen gibt es aus der Perspektive der Organisationen gute Gründe, künstlicher Intelligenz Verantwortung zu übertragen. Sie erbringt situationsangepasste Selektionsleistungen, die Aufmerksamkeit erzeugen und sie für die Bearbeitung komplexer Organisationsprobleme empfehlen (siehe Abschnitt 6.1).

Es gibt allerdings auch Argumente gegen die Übertragung von Entscheidungsgewalt (siehe Abschnitt 6.2). Im Gegensatz zu Menschen orientiert künstliche Intelligenz ihre Entscheidungen an undurchsichtigen Entscheidungsprämissen. Darüber hinaus übernimmt sie keine Rechenschaftspflicht und kann ihren Output nicht begründen. Dadurch entsteht *Unsicherheit* bei den Organisationsmitgliedern, die über die Rolle der Technik bestimmen (siehe Abschnitt 6.3).

Wie KI-Anwendungen eingesetzt werden, ist maßgeblich davon abhängig, auf welche Weise Organisationen mit dieser Unsicherheit umgehen. Es stellt sich heraus, dass bestimmte Unternehmen mehr Unsicherheit akzeptieren als andere (siehe Abschnitt 7.1). Zudem finden Organisationen Mittel, Unsicherheit zu bekämpfen (siehe Abschnitt 7.2 sowie Abschnitt 7.3). Sie setzen Faustregeln, Tests, Bürgschaften, Vergleiche sowie Verlässlichkeitskontrollen ein, um Vertrauen zu künstlicher Intelligenz aufzubauen.

Im Ergebnis zeichnet sich ein deutlicher Gegensatz zum Forschungsstand ab, der Technik pauschal in die soziale Welt ein- oder aus ihr ausschließt. Die Organisation offenbart sich als Gatekeeper, der die „Grenzen des Sozialen" (vgl. Lindemann 2002 und 2012) per Entscheidung verschiebt oder bestätigt. Künstliche Intelligenz *kann* infolgedessen menschenähnlichen (oder sogar privilegierten) Anteil an Organisationen nehmen – oder als Objekt menschlichen Handelns enden. In dieser Frage werden Unternehmen durch die Neuartigkeit ihrer Technik gleichermaßen inspiriert wie abgeschreckt.

Abschließend stellen wir fest, dass Organisationen sich maßgeblich verändern, wenn sie Entscheidungsgewalt auf KI-Anwendungen übertragen (siehe Kapitel 8). Die Technik erzeugt Struktur, die neben ihren eigenen Entscheidungen eine Vielzahl von Folgeentscheidungen prägt. Zudem verändert sie den Umgang mit Informationen. Unternehmen sind leichter durch Daten irritierbar. Darüber hinaus büßen sie Interpretationskompetenz ein.

Die organisationswissenschaftlichen Beiträge zum Thema „künstliche Intelligenz" lassen sich allesamt drei Technikbildern zuordnen, die jahrzehntelange Traditionen haben. Das vorliegende Kapitel ist deshalb entlang dieser Denkansätze gegliedert. Jedes Unterkapitel beginnt mit einem Rückblick auf Grundlage von Orlikowski und Scott (2008). Anschließend betrachten wir, auf welche Weise sich künstliche Intelligenz in die verschiedenen Perspektiven einfügt.

Der Großteil der organisationswissenschaftlichen KI-Literatur ist ab dem Jahr 2016 erschienen. Vorher gibt es nur vereinzelte Beiträge, wie z.B. Frey und Osborne (2013) sowie Brynjolfsson und McAffee (2014). Ältere Veröffentlichungen zu „künstlicher Intelligenz" behandeln andere Technologien, meist Expertensysteme, die Wissen bestimmter Organisationsmitglieder regelhaft erfassen und nicht lernfähig sind (vgl. Mertens/Borowski/Geis 1993 und Whalen/Vinkhuyzen 2000: 92 ff.). Sie werden daher ausgeklammert.

2.1 Technik als organisationsexterner Einfluss

Das erste Technikbild, das Orlikowski und Scott (2008: 439 ff.) beschreiben, sieht Technik und Organisationen als *eigenständige* Einheiten. Organisationen sind soziale Gebilde und Technik existiert als materielle Entität in ihrer Umwelt. Sie hat objektiv beschreibbare Eigenschaften, die Produkt menschlicher Planung und Konstruktion sind, ansonsten aber unabhängig von sozialen Prozessen bestehen. In Abhängigkeit von dieser materiellen Beschaffenheit bewirkt Technik Veränderungen in Unternehmen (siehe z.B. Jarvenpaa et al. 1988; Cats-Baril/Huber 1987). Umgekehrt können Organisation und Individuen den Umgang mit Technik beeinflussen (siehe z.B. Hinds und Kiesler 1995).

Wie Orlikowski und Scott (2008: 439 ff.) feststellen, nimmt der erste Forschungsstrang, unabhängig von der Richtung der untersuchten Einflüsse, eine Vogelperspektive ein, indem er isolierte Zusammenhänge beschreibt. Beispielsweise stellen Malone et al. (1987: 484) fest, dass Computertechnologie dafür sorgt, dass Unternehmen den Markt als Modus der Leistungskoordination gegenüber internen Hierarchien bevorzugen.

Das Ziel besteht darin, die Wirkungsweise von Technik verallgemeinernd zu erklären. Hinter diesen *„generalisable laws"* verschwinden die Besonderheiten individueller Unternehmen und ihrer Beziehungen zu Technik (Orlikowski 2010: 130). Im Ergebnis wirkt sich gleiche Technik (scheinbar) gleichförmig auf Organisationen aus. Darin sieht Orlikowski (2010: 130) Technikdeterminismus (vgl. Passoth 2008: 50 ff. und Gärtner 2007: 90 ff.).

Beispiele für eine derartige Argumentationsweise identifizieren Orlikowski und Scott (2008) bei Huber (1990), Hitt (1999) sowie Aral und Weill (2007). Diese erklären, dass Computer die Verfügbarkeit von Informationen verbessern (Huber 1990), vertikale Integration verhindern (Hitt 1999) und den Unternehmenserfolg steigern (Aral/Weill 2007). Die komplexe Beziehung von Technik und Organisation wird somit auf wenige Variablen reduziert. Erstere erscheint dabei als „exogenous and relatively autonomous driver of organisational change" (Orlikowski 2010: 129).

Diese Logik wiederholt sich in der umgekehrten Denkrichtung. Bestimmte Eigenschaften von Organisationen bzw. Organisationsmitgliedern werden als Ursachen für einen bestimmten Umgang mit Technik identifiziert. Diesbezüglich verweisen Orlikowski und Scott (2008) unter anderem auf Rafaeli (1986) sowie Hinds und Kiesler (1995). Rafaeli (1986) stellt fest, dass Computernutzung und berufliches Engagement zu einer positiven Einstellung gegenüber Computern führen. Hinds und Kiesler (1995) arbeiten heraus, dass die hierarchische Position eines Organisationsmitglieds seine Präferenzen hinsichtlich unterschiedlicher Kommunikationsmedien beeinflusst.

Nennenswert sind außerdem Davis (1989) Technologieakzeptanzmodell (TAM) sowie dessen Weiterentwicklungen durch Venkatesh und Davis (2000) sowie Venkatesh und Bala (2008). Davis (1989) führt die Akzeptanz von Computern auf deren durch Anwender empfundene Nützlichkeit sowie Nutzerfreundlichkeit zurück. Die anderen Beiträge erweitern das Modell, indem sie vorgelagerte Einflüsse auf Nützlichkeit und Nutzerfreundlichkeit identifizieren. Dazu gehören u.a. die Meinungen von Kollegen und organisatorische Hilfestellungen.

In der Auseinandersetzung mit künstlicher Intelligenz schreibt der erste Forschungsstrang seine Grundsätze fort. Technik und Organisation werden als
separate Entitäten untersucht, die einander beeinflussen. Diverse Beiträge Interessieren sich für die Auswirkungen künstlicher Intelligenz auf *Arbeitsplätze*, auf
Entscheidungen sowie auf den *Kontakt zwischen Organisation und Umwelt*. Eine
kleinere Zahl von Beiträgen untersucht zudem den *Einfluss der Organisation* auf
den Umgang mit künstlicher Intelligenz.

Die Diskussion über den Einfluss der Technik auf *Arbeitsplätze* beginnt mit
einem vielzitierten Beitrag von Frey und Osborne (2013). Er untersucht, wie
wahrscheinlich ein durch künstliche Intelligenz bedingter Abbau von Arbeitsplätzen ist und identifiziert ein hohes Automatisierungspotenzial. Auch Brynjolfsson
und McAffee (2014: 91 ff.) stellen fest, dass künstliche Intelligenz in Tätig-
keitsbereiche vordringt, die historisch Menschen vorbehalten waren. Dazu zählen
beispielsweise Personalmanagement, Fahrdienste und medizinische Diagnosen.
Auf Grund dessen erwarten die beiden ebenfalls den Verlust von Arbeitsplätzen.

Loebbecke und Picot (2015: 155) setzen einen engeren Fokus, indem sie die
Auswirkungen künstlicher Intelligenz auf wissensintensive Tätigkeiten untersuchen: „we expect digitization and big data analytics to hit knowledge-based
business models and cognitive workers as hard as – and perhaps even faster –
than non-knowledge business models and manual workers". Diese Position teilen
Brynjolfsson und Mitchell (2017), Brynjolfsson et al. (2018) sowie Stone et al.
(2017). Sie sehen allesamt einen Unterschied zu früheren Automatisierungsschü-
ben, in denen insbesondere händische Arbeit betroffen war.

Weitere Beiträge, die einen durch künstliche Intelligenz verursachten Arbeitsplatzabbau erwarten, sind Danaher (2017); D'Mello (2019); Choi und Kang
(2019) sowie Kipper (2020). Kipper (2020: 47) spricht sogar vom „Ende der
Arbeit". Diese Annahme begründet er dadurch, dass Maschinen, „normalerweise deutlich schneller, zuverlässiger und vor allem billiger" sind als Menschen
(Kipper 2020: 47). Auch Choi und Kang (2019) identifizieren ein gesamtgesell-
schaftliches Bedrohungsszenario, in dem Automatisierung und Arbeitsplatzverlust
zu sinkendem Lebensstandard für Millionen Menschen führen könnten.

Die Angst vor einer durch künstliche Intelligenz verursachten Arbeitslosigkeit
ist in der Zwischenzeit aber auch kritisiert worden, beispielsweise von Bonin
et al. (2015). Diese gehen davon aus, dass nur neun Prozent der Arbeitsplätze
in den USA mit hoher Wahrscheinlichkeit automatisiert werden. Kritik an der
Annahme, künstliche Intelligenz führe zu Massenarbeitslosigkeit, übt auch Möller
(2016: 51). Er erklärt: „Voraussagen über die Entwicklung der Arbeitsmarktbilanz
neigen zur Überzeichnung".

Clark und Gevorkyan (2020) nehmen in der Debatte darum, inwieweit künstliche Intelligenz Arbeitsplätze vernichtet, eine Zwischenposition ein. Sie vermuten, dass sich ein rascher technologischer Wandel vollzieht. Dieser verdrängt Menschen aber nicht vollständig. Er führt dazu, dass typisch menschliche Kompetenzen, die sich nicht ersetzen lassen, stärker in den Fokus von Beschäftigungsverhältnissen rücken. Das glauben auch Giraud et al. (2023) sowie Zirar et al. (2023).

Daneben gibt es eine Reihe von Beiträgen, die bestimmte Branchen bzw. Berufsgruppen fokussieren. Tredinnick (2017) untersucht den Einfluss künstlicher Intelligenz auf Angehörige von Professionen, Loebbecke et al. (2020) befassen sich mit Wissenschaftlern und Huang und Rust (2018) fokussieren Dienstleister. Sie kommen allesamt zu dem Ergebnis, dass Stellenabbau nur eingeschränkt bzw. unter bestimmten Bedingungen möglich ist. Daher sind sie eher den Skeptikern zuzuordnen, die einen Verlust von Arbeitsplätzen durch künstliche Intelligenz für unwahrscheinlich halten.

Leider blendet die Debatte um Arbeitsplätze den organisatorischen Kontext des KI-Gebrauchs weitgehend aus. Das ist nachteilhaft, weil die Forschungsergebnisse einige Fragen aufwerfen. Unter welchen Bedingungen entscheiden sich Organisationen beispielsweise für den Einsatz künstlicher Intelligenz? Zudem weisen diverse Beiträge einen impliziten Technikdeterminismus auf. Autoren wie Frey und Osborne (2013) sowie Brynjolfsson und McAffee (2014) setzen voraus, dass die Existenz einer Technologie mit bestimmten Fähigkeiten zwangsläufig den Abbau von Arbeitsplätzen herbeiführt.

Der zweite Gegenstand, der den ersten Forschungsstrang interessiert, sind *Entscheidungen*. Damit befassen sich die Artikel von Bolander (2019); Morse et al. (2020); Curchod et al. (2020); Birkinshaw (2020); Tong et al. (2021); Vrontis et al. (2021); Agrawal et al. (2018) sowie Ulman et al. (2021). Die meisten Beiträge thematisieren die Qualität der Entscheidungen, die künstliche Intelligenz trifft. Andere setzen sich mit dem Einfluss der Technik auf die Anzahl wahrgenommener Entscheidungsalternativen und das Niveau an Unsicherheit auseinander.

Bolander (2019) warnt, dass Entscheidungen künstlicher Intelligenz eine schlechtere Qualität haben können als die Entscheidungen von Menschen. Er nennt dafür technische Ursachen. Auch Morse et al. (2020) sehen negative Auswirkungen auf die Entscheidungsqualität. Sie erklären, dass maschinelles Lernen zu unfairen Entscheidungen führt. Curchod et al. (2020) beschreiben, dass Algorithmen Handlungsoptionen beschneiden. Zu einer identischen Einschätzung kommt Birkinshaw (2020).

Im Gegensatz zu diesen Arbeiten beobachten Tong et al. (2021), dass der Einsatz künstlicher Intelligenz in der Personalarbeit positive Auswirkungen auf die Qualität von Entscheidungen hat. Vergleichbar argumentieren Vrontis et al. (2021), die eine Verbesserung der Qualität mitarbeiterbezogener Entscheidungen und eine Beschleunigung von HR-Prozessen feststellen.

Agrawal et al. (2018) interessieren sich für die Auswirkungen künstlicher Intelligenz auf Unsicherheit im Kontext von Entscheidungssituationen. Sie stellen fest, dass künstliche Intelligenz Prognosen zur Verfügung stellt, die Unsicherheit reduzieren. Dabei handelt es sich um einen theoretischen Gedanken, der nicht durch empirische Studien belegt wird. Ergänzend stellen Ulman et al. (2021) fest, dass künstliche Intelligenz Entscheidungsträgern bei der Informationsbeschaffung helfen kann.

Auch die Beiträge zum Einfluss künstlicher Intelligenz auf Entscheidungen bleiben den eingangs beschriebenen Prämissen treu. Insbesondere wird deutlich, dass künstliche Intelligenz als ein organisationsexterner Einfluss auf Entscheidungen wirkt. Wechselwirkungen zwischen Organisation und Technik (siehe Abschnitt 6.1) oder eine Beteiligung künstlicher Intelligenz an der sozialen Welt (siehe Abschnitt 5.1), die in den anderen beiden Forschungssträngen eine große Rolle spielen, werden nicht diskutiert.

Der dritte Schwerpunkt des Forschungsstrangs sind die Auswirkungen künstlicher Intelligenz auf den *Kontakt zwischen Organisationen und Umwelt*. Hier steht hauptsächlich die Beziehung von Unternehmen zu ihren Kunden im Fokus. Insgesamt erscheinen Kunden dabei passiv. Der Einsatz künstlicher Intelligenz wirkt sich maßgeblich auf die Beziehung zur Kundenumwelt aus, die ihrerseits kein Mitspracherecht hinsichtlich des Technologiegebrauchs hat.

Nguyen et al. (2022) stellen fest, dass künstliche Intelligenz das Kundenerlebnis und die Beziehung des Kunden zum Unternehmen verbessert. Modlinski et al. (2023) schränken diesbezüglich ein, dass Kunden KI-Anwendungen nicht in Rollen akzeptieren, die sie als typisch menschliche Rollen betrachten. Wang et al. (2023) nehmen eine Differenzierung hinsichtlich der Probleme vor, die künstliche Intelligenz bearbeitet, und stellen bei simplen Problemen eine höhere Akzeptanz fest.

Newell und Marabelli (2015) befassen sich mit Algorithmen, die Kundendaten auswerten. Sie identifizieren einen Konflikt zwischen den Interessen von Unternehmen und den Interessen der Kundenumwelt. Negative Konsequenzen für Kunden sehen auch Burr et al. (2018). Sie schlussfolgern: „[Algorithms] could steer the behaviour of human users away from what benefits them" (Burr et al. 2018: 735).

Damit erscheint die Kundenumwelt als passiver Empfänger der Leistungen künstlicher Intelligenz. Diese Passivität lässt sich darauf zurückführen, dass sämtliche Beiträge die Auswirkungen künstlicher Intelligenz isoliert betrachten. Das Verhalten von Kunden wird durch wenige Variablen repräsentiert, die zwangsläufig daran scheitern, die soziale Komplexität dieses Umweltsegments abzubilden. Der Einfluss von Kunden auf Technik wird ausgeblendet, obwohl diese den Umgang mit künstlicher Intelligenz nach eigenen Maßgaben ausgestalten und sich durch „Exit" oder „Voice" (vgl. Hirschmann 1970) Gehör verschaffen können.

Der vierte und letzte Gesichtspunkt, für den sich der erste Forschungsstrang interessiert, ist der *Einfluss der Organisation* auf den Umgang mit künstlicher Intelligenz. Hierzu tragen u.a. Brock und Wangenheim (2019), Makarius et al. (2020), Neumann et al. (2022: 14 ff.) sowie Bley et al. (2022) bei, die die Rahmenbedingungen des Einsatzes künstlicher Intelligenz thematisieren. Zudem modellieren eine Reihe von Beiträgen Vertrauen als Voraussetzung für die Nutzung künstlicher Intelligenz.

Brock und Wangenheim (2019) stellen fest, dass Unternehmen künstliche Intelligenz überwiegend in Geschäftsbereichen einsetzen, in denen sie bereits Erfahrung haben. Makarius et al. (2020) beschreiben einen Gewöhnungsprozess als Voraussetzung für den erfolgreichen Einsatz künstlicher Intelligenz. Dessen Erfolg wird durch bestimmte Eigenschaften der Mitarbeiter moderiert. Zu ähnlichen Ergebnissen kommen Neumann et al. (2022: 14 ff.) sowie Bley et al. (2022). Beide betonen die Rolle der Organisationskultur für die Akzeptanz künstlicher Intelligenz.

Mehrere Beiträge verweisen zudem darauf, dass *Vertrauen* eine organisatorische Grundvoraussetzung für den Einsatz künstlicher Intelligenz ist (Jung/von Garrel 2021; Xu/Wang 2019; Scheuer 2020; Mihale-Wilson 2021; Zhang et al. 2021; Hasija/Esper 2022; Riedl 2022; Yang/Wibowo 2022; Kelly et al. 2023; De Obesso Arias et al. 2023). Viele dieser Arbeiten beziehen sich auf das Technologieakzeptanzmodell (Davis 1989), um es an künstliche Intelligenz anzupassen. Vertrauen wird dabei als eine Eigenschaft individueller Organisationsmitglieder verstanden, die es erlaubt, sich gegenüber Technologie verletzbar zu machen.

Diese Forschung behandelt Technik und Organisation erneut als getrennte Einheiten. Dabei befasst sie sich vorrangig mit dem Einfluss der Organisation auf den Umgang mit Technik. Künstliche Intelligenz wird als objektiv beschreibbares technisches Artefakt betrachtet, das in seinem Wesen von den Einflüssen der Organisation unberührt bleibt. Keiner der Beiträge stellt eine soziale Prägung künstlicher Intelligenz fest, die über technische Modifikationen hinausgeht.

2.2 Sozial überformte Technik

Auch der zweite von Orlikowski und Scott (2008) identifizierte Forschungsstrang hat eine lange Geschichte, die sich in der Auseinandersetzung mit künstlicher Intelligenz fortsetzt. Er gesteht Technik ein von Organisationen unabhängiges materielles Wesen zu. Gleichzeitig nimmt er an, dass dieses von organisationsinternen (Yates et al. 1999) und organisationsexternen (Zuboff 1988) Akteuren sozial überformt wird: „people imbue [...] machines [...] with meaning" (Barley 1988: 47). Technik ist deshalb immer auch ein „soziales Objekt" (ebd.).

Organisationen werden in ihrer Auseinandersetzung mit Technik durch deren Funktionsweise inspiriert, aber nicht determiniert (Orlikowski 2000). Wie Markus (1984) und Degele (1996) zeigen, gebrauchen Organisationsmitglieder Technik regelmäßig anders, als ihre Konstrukteure vorsehen. Solche Abweichungen können zu einer vollständigen „Neuerfindung" (Boudreau/Robey 2005: 7) von Technik durch Organisationen führen.

Der Prozess der sozialen Interpretation von Technik wird einerseits durch die *Vergangenheit der Organisation* geprägt (Barley 1988: 49 ff.). Andererseits sind Aushandlungsprozesse, die sich mit dem Wesen von Technik befassen, offen für spontane Einflüsse (ebd.) Organisationsmitgliedern ist dabei häufig bewusst, dass sie an sozialen Konstruktionen teilhaben (siehe insb. Yates et al. 1999). Mit der Zeit verfestigen sich ihre Interpretationen, bis die Organisation das Bewusstsein für die soziale Überformung der Technik verliert. Prasad (1993: 1404 ff.) spricht diesbezüglich von einer „Sedimentierung" von Bedeutungsmustern.

Eine Reihe von Beiträgen weist ergänzend darauf hin, dass die soziale Interpretation von Technik deren materielles Wesen beeinflussen kann. Bijker (1995: 19 ff.) zeigt dies am Beispiel von Fahrrädern, deren technische (Weiter-) Entwicklung maßgeblich durch die Erwartungen von Fahrradfahrern geprägt ist, die Designaspekte problematisieren. Vergleichbar argumentieren Klein und Kleinman (2002), die sich für den Einfluss sozialer Gruppen auf Technik interessieren.

Während die Beiträge des ersten Forschungsstrangs hinsichtlich ihrer Vorstellungen von Technik nah beieinander liegen, gibt es im zweiten Forschungsstrang Differenzen. Es herrscht zwar Einigkeit darüber, dass die Beschaffenheit von Technik Rahmenbedingungen für die Organisation setzt. Die Einflüsse des Materiellen und des Sozialen werden jedoch auf unterschiedliche Weise gegeneinander abgewogen. Die obengenannten Autoren gewichten sie ähnlich. Andere Beiträge betonen soziale Einflüsse stärker.

Dazu gehört Markus (1994), die den Gebrauch von Kommunikationsmedien durch soziale Prozesse geprägt sieht: „the adoption, use, and consequences of media in organizations can be powerfully shaped by social processes such as sponsorship, socialization, and social control, which require social perspectives to understand them" (ebd.: 502). Ähnlich ist Weick (2001) einzuordnen. Er beobachtet, dass Organisationsmitglieder kreative Erklärungen für die Funktionsweise von Black-Boxes suchen. Je weiter sich die Funktionsweise von Technik der Beobachtung entzieht, desto bedeutsamer sind solche Interpretationsleistungen als Handlungsgrundlagen.

Zusammenfassend unterscheidet sich der zweite Forschungsstrang maßgeblich vom ersten. Der erste Ansatz sieht den Einfluss von Technik als eine unabhängige Kraft, die von außen auf die Organisation einwirkt. Der zweite Forschungsstrang geht hingegen davon aus, dass sein Untersuchungsgegenstand erst im Aufeinandertreffen von Organisation und Technik entsteht. Der Charakter von Technik reflektiert den Anwendungskontext.

Während der erste Forschungsstrang Beziehungen zwischen isolierten Variablen herausarbeitet, muss der zweite Forschungsstrang die Interaktion von Organisation und Technik im Detail ergründen (vgl. Büchner 2018). Dafür kommen in den obengenannten Beiträgen meist qualitative Forschungsmethoden zum Einsatz, die ein detailliertes Bild von den wechselseitigen Abhängigkeiten zeichnen. Dabei sind auch Einzelfallstudien beliebt (siehe u.a. Boudreau und Robey 2005; Prasad 1993 sowie Yates et al. 1999).

Diese Prämissen werden im Umgang mit künstlicher Intelligenz fortgeschrieben. Künstliche Intelligenz wird als Gegenstand untersucht, der einerseits durch soziale Prozesse geprägt wird und andererseits neue Bedingungen für Organisationen setzt. Dabei gibt es zwei Gruppen von Beiträgen. Für die eine steht der Einfluss der Organisation im Vordergrund. Die andere interessiert sich vorrangig für die Auswirkungen der Funktionsweise künstlicher Intelligenz. In beiden Fällen wird jedoch der Zusammenhang zwischen Anwendungskontext und Technik mitgedacht.

Die Diskussion organisatorischer Einflüsse dreht sich insbesondere um die Frage, auf welche Weise der Output künstlicher Intelligenz soziale Relevanz erhält. Erwähnenswert sind insbesondere Büchner und Dosdall (2021) sowie Waardenburg et al. (2022). Sie stellen die Bedeutung des Entscheidens bzw. Handelns von Organisationsmitgliedern anhand von Einzelfallstudien heraus.

Büchner und Dosdall (2021: 333) untersuchen einen Algorithmus des österreichischen Arbeitsmarktservice. Dessen Leistungen erhalten dadurch Bedeutung für die Organisation, dass Organisationsmitglieder sie als Entscheidungsgrundlage nutzen. Indem die Formalstruktur der Organisation die Bezugnahme auf Algorithmen vorsieht, wird dieser Einfluss auf Dauer gestellt. Der Einfluss der Technik ist somit sozial vermittelt. Ergänzend stellen Büchner und Dosdall (2022) fest, dass auch die „Eingriffstiefe" digitaler Technologien von Entscheidungen abhängt.

Waardenburg et al. (2022) beobachten ebenfalls, dass der Einfluss künstlicher Intelligenz durch Menschen hergestellt wird. Ihr Aufsatz befasst sich mit dem Einsatz von Algorithmen in der Polizeiarbeit. Deren Output wird durch „Broker" in Arbeitsprozesse eingebracht. Diese Broker filtern und interpretieren den Output der Technik und überlagern ihn dabei mit eigenen Urteilen.

Darüber hinaus beobachtet der zweite Forschungsstrang eine soziale Beeinflussung der Funktionsweise künstlicher Intelligenz. Beispielsweise stellt Mühlhoff (2020) heraus, dass maschinelles Lernen strukturell von menschlichen Leistungen abhängig ist. Damit meint er insbesondere die Auswahl bzw. das Bereitstellen von Daten. Ähnliches beobachten Holton und Boyd (2021) sowie Cristianini et al. (2023). Sie beschreiben, dass Algorithmen aus dem Verhalten von Nutzern lernen und dadurch zu *„social machines"* (ebd.) werden. Tambe et al. (2019: 17 ff.) weisen diesen Einfluss auf die Beschaffenheit künstlicher Intelligenz in Abhängigkeit von der Datenlage als potenzielle Gefahr aus.

Lomborg et al. (2023) ziehen aus der sozialen Rahmung von Technik den Schluss, dass menschliche Perspektiven den Kern sozialwissenschaftlicher Technikforschung bilden müssen: „We argue for the need to study automated decision making from the peoples' perspective – from the ground up and radically contextualized" (ebd.: 12). Dafür schlagen sie Ethnografien von Organisationen vor, die Erfahrungen, Verhandlungen, Sensemaking sowie Machtbeziehungen rund um die Techniknutzung analysieren.

Insgesamt bleibt der Einfluss der sozialen Welt auf Technik somit ein bedeutsames Thema des zweiten Forschungsstrangs. Die oben genannten Beiträge sehen ihren Auftrag darin, herauszuarbeiten, auf welche Art und Weise Organisationen die Technik vor dem Hintergrund ihrer neuartigen Funktionsweise prägen. Künstliche Intelligenz wird in dieser Beziehung genauso behandelt wie andere Technik. Die Veränderungen, die der Einsatz künstlicher Intelligenz herbeiführt, sind durch die Organisation vermittelt, die sie als neuartige Technologie definiert und gebraucht.

Vor diesem Hintergrund üben mehrere Beiträge deutliche Kritik am ersten Forschungsstrang, den wir im vorausgehenden Kapitel behandelt haben. Insbesondere Boyd und Holton (2018), Krüger (2021) sowie Fleming (2019) betonen, dass Organisationen nicht durch künstliche Intelligenz determiniert sind. Das heißt, dass das Vorhandensein bestimmter Technologien *nicht* von sich aus zu Arbeitsplatzabbau führt. Organisationen bestimmen darüber, inwieweit sie künstliche Intelligenz gebrauchen und inwieweit sie Menschen ersetzt.

Daneben gibt es Beiträge, welche insbesondere die Beeinflussung der Organisation durch die Eigenarten künstlicher Intelligenz ergründen. Burrell (2016) stellt fest, dass die Funktionsweise künstlicher Intelligenz schlecht nachvollziehbar ist. Das führt sie auf deren Lernprozesse zurück. Diese basieren auf statistischen Verfahren, die keine Rücksicht auf menschliche Deutungsmuster nehmen: „Machine optimizations based on training data do not naturally accord with human semantic explanations" (ebd.: 10). Die Organisation muss sich mit dieser Undurchsichtigkeit der Technik arrangieren.

In eine ähnliche Richtung zielt der Beitrag von Jarrahi (2019). Jarrahi weist künstliche Intelligenz als Treiber organisationalen Wandels aus, identifiziert allerdings einige unerwartete Folgen. Dazu gehören der bereits von Burrell (2016) beschriebene Black-Box-Effekt, Filterblasen und algorithmischer Bias.

Besio et al. (2022) sowie Kette (2022) setzen sich mit den Auswirkungen künstlicher Intelligenz auf die Zuschreibung von Verantwortung auseinander. Erstere beobachten „veränderte Strategien der Rechenschaftspflicht sowie des Verwischens und Versteckens von Verantwortung […], die Verantwortlichkeit in höchstem Maße kontrovers werden lassen". Letzterer stellt fest, dass Organisationen auf Grund des Fehlens einer verantwortungsfähigen Instanz nach „Verantwortlichkeitsproxys" suchen (Kette 2022: 179).

Strich et al. (2021) sowie Mayer et al. (2020) erkennen, dass Algorithmen professionelle Identitäten verändern. Insbesondere erfahrene Mitarbeiter fühlen sich bedroht, weil ihnen ein wesentliches Arbeitsfeld abhandenkommt. In eine ähnliche Richtung zielt der Beitrag von Neuburger und Fiedler (2020). Die Autorinnen erwarten, dass selbstlernende Technik neue Formen der Arbeitsteilung zwischen Mensch und Technik hervorbringt, die neue Anforderungen an Organisationsmitglieder stellen.

Diesbezüglich formulieren Fang et al. (2023) sowie Pakarinen und Huising (2023) Einschränkungen hinsichtlich der Arbeit von Professionen. Sie erläutern, dass Angehörige von Professionen in interaktiven Kontexten agieren, die für künstliche Intelligenz eine Herausforderung darstellen. Zudem können Professionen Umgang mit Technik vergleichsweise selbstbestimmt gestalten. Dieses letzte Argument findet sich auch bei Faulconbridge et al. (2023). Sie stellen fest, dass Juristen und Wirtschaftsprüfer ihre Interessen und Ressourcen im Zuge einer KI-Einführung strategisch verteidigen.

In all diesen Beiträgen geben die Eigenschaften künstlicher Intelligenz Impulse für die soziale Welt. Sie beeinflussen die Interpretationsansätze von Organisationsmitgliedern, die sich mit der Technik auseinandersetzen. Obwohl damit eine eindeutige Schwerpunktsetzung vorliegt, wird die wechselseitige Beeinflussung von Organisation und Technik nicht ausgeblendet. Insofern liefert

der zweite Forschungsstrang ein deutlich komplexeres Bild künstlicher Intelligenz
als die im vorausgehenden Kapitel behandelten Arbeiten

2.3 Technik und Organisation als Einheit

Im Gegensatz zu den ersten beiden Forschungssträngen, die Technik und Soziales voneinander getrennt denken (vgl. Brynjolfsson et al. 2011 und Barley 1988),
unterstellt der dritte Forschungsstrang ihre Einheit. Diesen Gedanken können wir
mit Hilfe von Slife (2004) veranschaulichen. Slife (2004: 159) erklärt: „Each
thing, including each person, is first and always a nexus of relations". Das bedeutet, dass Dinge, Menschen und Praktiken nicht unabhängig voneinander existieren
können, ohne ihren Charakter zu verlieren.

Slife (ebd.) führt dieses Argument am Beispiel eines Tennisschlägers aus.
Dieser wird durch seine Beziehung zu einem Sportler und dessen Bewegungsmustern, die sich wiederum auf einen anderen Sportler beziehen, als Tennisschläger
erkennbar. Wenn man in diesem Netz von Beziehungen eines oder mehrere Elemente austauscht, verändert der Tennisschläger sein Wesen: „If a person dying of
frigid temperatures, for instance, discovers a cache of wooden tennis rackets, the
rackets *are* firewood" (ebd.).

Diese Annahme ähnelt den Aussagen des zweiten Forschungsstrangs insofern,
als dass Objekte ihre Bedeutung vom Sozialen erhalten (vgl. Prasad 1993). Slife
(2004) hält, im Gegensatz zu den oben diskutieren Autoren, aber nicht an dieser
Stelle an. Er argumentiert, dass umgekehrt auch Menschen und Praktiken durch
ihre Beziehung zu Dingen definiert werden. Genauso argumentieren Pickering
(1993) und Latour (2001).

Das passende Bild für die wechselseitige Abhängigkeit von Mensch und Technik findet Latour (1992: 172 ff. und 1996: 37 ff.) im Berliner Schlüssel. Dabei
handelt es sich um einen Schlüssel mit zwei Bärten, der nach dem Aufschließen
einer Tür erst entnommen werden kann, nachdem das Schloss von der anderen
Seite wieder verschlossen wurde. Aus derartigen Verflechtungen von Mensch und
Technik zieht Latour (1996: 76) den Schluss, dass die Wissenschaft ihre Begriffe
anpassen muss. Er spricht „nicht-menschlichen Akteuren" Handlungskapazität zu.

Für die Verflechtung von Mensch und Technik in diesem und anderen
Beispielen (siehe z.B. Callon 1984 sowie Latour 2005: 107) hält die Akteur-
Netzwerk-Theorie den Begriff des „Netzwerks" bereit (Law 2007). Netzwerke
sind Beziehungskonstellationen aus menschlichen und nicht-menschlichen Akteuren, die neue Handlungskapazitäten schaffen. Handlungen können daher nicht
allein auf Menschen zurückgeführt werden (Raviola/Norbäck 2013).

Barad (2003) treibt den Gedanken der Verflechtung von Mensch und Technik
ein Stück weiter als Latour (1992) und Law (2007). Sie bestreitet, dass Mensch
und Technik ein Wesen jenseits ihrer Beziehung zueinander haben, das man
beschreiben könnte. Diesen Gedanken kennen wir, auf technische Artefakte bezo-
gen, aus dem Konstruktivismus. Beispielsweise glauben Bardmann et al. (1992:
201 ff.), dass Technik keine eigenständige Existenz außerhalb menschlicher Kommunikation hat. Barad (2003) leugnet aber nicht nur die Existenz technischer
Artefakte. Sie bestreitet auch, dass menschliche Entitäten ohne Beziehungen zu
Technik denkbar sind.

Diese Argumentation beziehen Orlikowski und Scott (2008) auf das Verhältnis von Technik und Organisation. Technik wird durch Organisationen konstituiert
und wirkt gleichzeitig konstituierend für organisatorische Praktiken bzw. Organisationen. In Slifes (2004: 159) Worten: „all things, including all practices, have
a shared being and a mutual constitution in this sense. They start out and forever
remain in relationship. Their very qualities, properties, and identities cannot stem
completely from what is inherent or ‚inside' them but must depend on how they
are related to each other".

Um die Einheit von Technik und Sozialem zu betonen, fordern Orlikowski und
Scott (2008: 456), die begriffliche Trennung zwischen den beiden aufzugeben.
Die Organisationstheorie solle anerkennen, dass die analytische Unterscheidung
von Technik und Organisation keine empirische Entsprechung findet: „The port-
manteau ‚sociomaterial' (no hyphen) attempts to signal this ontological fusion.
Any distinction of humans and technologies is analytical only, and done with the
recognition that these entities necessarily entail each other in practice".

Die wechselseitige Abhängigkeit von Mensch und Technik beobachtet der
dritte Forschungsstrang auch im Umgang mit digitaler Technik. Latham und
Sassen (2005: 16) benutzen den Begriff „Soziodigitalisierung", um darauf hinzu-
weisen, dass digitale Technik keine bloße Übersetzung des Analogen ins Digitale
darstellt. Mensch und digitale Technologie bringen in ihrem Aufeinandertreffen
gänzlich neue Handlungsmöglichkeiten hervor (siehe auch Beunza/Stark 2004;
Nyberg 2009 sowie Ansari/Kamal 2010).

Insgesamt setzt sich der dritte Forschungsstrang in seinen Prämissen deutlich
von den ersten beiden ab. Während die ersten beiden Forschungsstränge an einer
Trennung zwischen der materiellen Technik und dem Sozialen festhalten, stellt
der dritte Forschungsstrang diese mit weitreichenden Konsequenzen infrage. In
der soziomateriellen Einheit verschwinden neben der materiellen Technik auch
Menschen und Organisationen. Ihnen wird kein eigenständiges Wesen jenseits

ihrer Verbindung zu Technik mehr zugestanden. Damit gilt für den dritten Forschungsstrang umso mehr, dass er die Beziehung von Organisation und Technik
im Detail untersuchen muss.

Genau wie die ersten beiden Ansätze, setzt sich der dritte Forschungsstrang im
Umgang mit künstlicher Intelligenz fort. Callon und Muniesa (2005) betrachten
sie schon Mitte der 2000er Jahre als Paradebeispiel für die Handlungskompetenz
von Technik. Auch Suchman (2007: 226) erwähnt sie als „menschenähnliche"
Technologie. Zu diesem Zeitpunkt verstecken sich hinter dem Begriff „künstliche Intelligenz" allerdings noch nicht-lernende Algorithmen, die regelhafte
Zusammenhänge abbilden.

Auch jüngere Beiträge wiederholen am Beispiel künstlicher Intelligenz das
Argument, dass Mensch und Technik eine Einheit bilden. Raisch und Krakowski
(2020) beobachten eine wechselseitige Beeinflussung von Managern und künstlicher Intelligenz in „hybrid organizational systems". Diesbezüglich greifen sie
(ohne direkte Bezugnahme) den Gedanken von Latham und Sassen (2005: 16)
auf, dass Mensch und Technik einander mit neuen Handlungskapazitäten versor-
gen: „humans and machines become so closely intertwined that they collectively
exhibit entirely new, emergent behaviours, which neither show individually".

Matzner (2019) stellt ebenfalls fest, dass Mensch und Technik das Fähig-
keitsspektrum des jeweils anderen ergänzen. Bei der KI-gestützten Analyse
von Bildmaterial treffen „[S]ocially and ethically competent human[s]" auf
KI-Anwendungen mit überlegenen analytischen Kompetenzen (ebd.: 139.). Vergleichbare Schlüsse zieht Bader (2021: 2) am Beispiel eines Callcenters. Für
dieses Unternehmen beschreibt sie „hybride[s] Handeln" im Sinne eines „Zusam-
menwirkens zwischen menschlichen und materiellen Handlungskapazitäten". Den
gleichen empirischen Fall bearbeiten Bader und Kaiser (2019), die das soziale
Element der Mensch-Technik-Beziehung stärker fokussieren.

Pentzold und Bischof (2019) befassen sich mit der Kommunikation zwischen
Menschen und (lernenden) Robotern. Sie stellen fest, dass die Handlungsmöglichkeiten lernender Roboter nicht durch deren technische Beschaffenheit
determiniert und auf eine im Vorfeld bestimmte Funktion hin ausgerichtet sind.
Handlungskapazität und -möglichkeiten sind vielmehr das Ergebnis der Verbindung von Sozialem und Technik. In dieses Zusammentreffen von Mensch und
lernendem Roboter bringen beide Seiten ein schöpferisches Element mit ein.

Murray und Rhymer (2020) unterscheiden verschiedene Formen der Zusammenarbeit von Menschen und künstlicher Intelligenz. Dabei fokussieren sie
sowohl lernende als auch nicht-lernende Algorithmen. Unabhängig davon, ob

lernende Algorithmen ohne menschliche Beteiligung Handlungsalternativen auswählen können, sprechen die Autoren von *„conjoined agency"*. Ihre Klassifikation lässt grundsätzlich nur geteilte Handlungsträgerschaft zwischen Menschen und künstlicher Intelligenz zu. Das gilt sogar für Anwendungsfälle, in denen künstliche Intelligenz menschliche Arbeitskräfte ersetzt.

Eine kleinere Gruppe von Beiträgen fragt nach den Folgen des gemeinsamen Handelns von künstlicher Intelligenz und Organisationsmitgliedern für Wissenschaft und Praxis. Walliser et al. (2019) empfehlen, die Beziehung von Mensch und Technik durch Team-Building-Maßnahmen zu intensivieren. Sie beobachten in Experimenten, dass sich Arbeitsergebnisse dadurch verbessern.

Rademacher (2020) sowie Beckers und Teubner (2022) befassen sich mit der Verantwortung von Mensch-Technik-Hybriden. Ersterer hält es für problematisch, dass künstliche Intelligenz keine Verantwortung im strafrechtlichen Sinne übernehmen kann. Letztere halten eine kollektive Verantwortlichkeit von Mensch und Technik zwar für sinnvoll. Sie scheitert aber daran, dass die „institutionelle[n] Voraussetzungen […] heute (noch) nicht erfüllt sind" (ebd.: 122).

Callen et al. (2023: 19) ziehen aus der gleichberechtigten Beteiligung künstlicher Intelligenz an der sozialen Welt methodologische Schlüsse. Sie betrachten „traditional perspectives of technology as a tool and as a medium" als Hindernis für empirische Forschung. Klassische Technikbilder verleiten den Autoren zufolge dazu, Technik aus dem Prozess der Datenerhebung auszuklammern. Im Gegensatz dazu fordern Callen et al. (ebd.), Technik zu einem gleichberechtigten Fokus sozialwissenschaftlicher Forschung zu machen.

Das dominierende Thema des dritten Forschungsstrangs in der Auseinandersetzung mit künstlicher Intelligenz ist somit das Entstehen einer Einheit aus Mensch und Technik, das schon Orlikowski und Scott (2008) beschreiben. Dieser Denkansatz wird auf die neue Technologie übertragen, wobei sich die Argumente nicht verändern: Technik und Mensch sind wechselseitig füreinander konstitutiv. Der Neuheitswert künstlicher Intelligenz besteht in Anbetracht dessen darin, dass sie Ensembles mit neuartigen Fähigkeiten ausstattet.

2.4   Zwischenfazit

Zusammenfassend erkennen wir, dass alle drei Forschungsstränge künstlicher Intelligenz empirischen Neuheitswert zugestehen. Der erste Forschungsstrang stellt fest, dass sie neuartige Kompetenzen besitzt, die von außen auf Organisationen einwirken. Für den zweiten Forschungsstrang sind empirische Veränderungen das Resultat des Aufeinandertreffens von Technik und Organisationen. Der dritte Forschungsstrang arbeitet heraus, dass künstliche Intelligenz Mensch-Technik-Ensembles neue Kompetenzen verleiht.

Allerdings sieht bislang keiner der drei Forschungsstränge einen Anlass, seine theoretischen Prämissen zu überdenken. Daraus entstehen im Umgang mit künstlicher Intelligenz mehrere blinde Flecke. Das wird insbesondere am ersten Forschungsstrang deutlich, der Technik und Organisation weiterhin als getrennte Entitäten behandelt – und die Auswirkungen von KI-Anwendungen als Gesetzmäßigkeiten untersucht und beschreibt.

Die starre Grenzziehung zwischen dem Sozialen und dem Technischen bedeutet, dass KI-Anwendungen grundsätzlich nicht als menschenähnlicher Bestandteil von Organisationen infrage kommen. Das ist insofern nachteilhaft, als der technische Fortschritt die Wahrscheinlichkeit einer aktiven Beteiligung von Technik an Organisationen steigert. Es ist deshalb wichtig, neuartige Beziehungsmuster zwischen Organisation und Technik ergebnisoffen diskutieren zu können.

Ein zusätzliches Problem des ersten Forschungsstrangs besteht darin, dass die Besonderheiten individueller Organisationen bei der Suche nach Gesetzmäßigkeiten aus dem Fokus geraten. Gleiche Technik wirkt sich nicht zwingend gleichartig auf unterschiedliche Unternehmen aus. Dies wurde bereits für vielfältige Technologien illustriert (siehe Abschnitt 2.2) und gilt deshalb mit hoher Wahrscheinlichkeit auch für künstliche Intelligenz.

Der zweite Forschungsstrang teilt das erste der beiden Probleme, die strikte Trennung von Organisation und Technik. Diese wird zwar durch die Berücksichtigung der Wechselwirkungen zwischen künstlicher Intelligenz und Unternehmen abgeschwächt (siehe Abschnitt 2.2). Das erlaubt es, soziale Einflüsse auf die Gestalt von Technik und technische Einflüsse auf die Gestalt von Organisationen zu rekonstruieren. Grundsätzlich bleibt es aber dabei, dass Technik per definitionem nicht an der sozialen Welt teilnehmen kann.

Der dritte Forschungsstrang beseitigt diesen blinden Fleck, indem er jede Form von Technik als handlungskompetenten Bestandteil von Unternehmen beschreibt. Diese Öffnung der Organisation gegenüber technischen Artefakten erzeugt jedoch ein neues Problem: Es wird schwer, unterschiedliche Arten von Technik hinsichtlich ihrer Handlungskapazität zu differenzieren. Das ist nachteilhaft, weil künstliche Intelligenz diesbezüglich als besondere Technologie erlebt und behandelt wird (siehe Abschnitt 6.1). Insofern lässt sich der Ansatz mit Rammert (2016: 137) als „offenkundig ungeeignet für die [...] Beschäftigung mit bestimmten avancierten Techniken" kritisieren.

Weitere Scheuklappen entstehen dadurch, dass der dritte Forschungsstrang Technik grundsätzlich als Teil von Mensch-Technik-Ensembles (Matzner 2019) betrachtet. Dies verzerrt den Blick auf eigenständige Technologien, die ohne menschliche Beteiligung agieren. Ein Beispiel dafür bieten Murray und Rhymer (2020: 16). Sie beschreiben eine künstliche Intelligenz, die eigenständig lernt und Menschen ersetzt, sprechen aber trotzdem von „conjoined agency". Das lässt sich auf ihr theoretisches Fundament zurückführen, das andere Deutungen ausschließt.

Der systemtheoretische Entscheidungsbegriff als Alternative

3

Aus den im vorausgehenden Kapitel beschriebenen Schwierigkeiten organisationswissenschaftlicher Technikbilder wurden im Verlauf der Forschung zwei Konsequenzen gezogen. Die erste bestand darin, die Wahl einer Theorie zu vertagen. Erst nach Abschluss der Datenerhebung und -auswertung wurde nach einem geeigneten Ansatz gesucht (siehe Abschnitt 4.4.2). Diese Verzögerung erlaubte es, das Erklärungspotenzial verschiedener Ansätze im Umgang mit dem Datenmaterial zu vergleichen. Dadurch konnten Impulse aus der Empirie angemessen gewürdigt werden.

Die zweite Konsequenz bestand darin, bei der Theoriewahl neben dem engen Kreis organisationswissenschaftlicher Techniktheorien auch klassische Organisations- bzw. Entscheidungstheorien zu berücksichtigen. Dies geschah in der Hoffnung, dass sich darunter Ansätze finden, die weniger blinde Flecke aufweisen. Dabei stach der systemtheoretische Entscheidungsbegriff (vgl. Luhmann 1988) in zweierlei Hinsicht positiv hervor:

Indem er Entscheidungen als Zuschreibungen von Organisationen behandelt (vgl. Cooren/Seidl 2020), vermeidet er (1.) Vorannahmen darüber, welche Entitäten (als Entscheidungsträger) an Organisation teilnehmen können. Diese begriffliche Offenheit zeichnet Luhmann (1988) gegenüber den in Kapitel 2 beschriebenen Ansätzen aus.

Zudem lenkt der systemtheoretische Entscheidungsbegriff (2.) die Aufmerksamkeit auf die Bedingungen, unter denen Entscheidungen zugeschrieben werden. Diese Schwerpunktsetzung harmoniert mit den Ergebnissen der qualitativen Forschung. Die Frage, wer unter welchen Voraussetzungen als Entscheidungsträger infrage kommt (und somit aktiven Anteil an der Organisation nimmt!), hat sich als zentraler Dreh- und Angelpunkt im Umgang mit künstlicher Intelligenz herauskristallisiert (siehe Kapitel 6).

C. Scharff, *Wie künstliche Intelligenz Entscheidungen prägt*,
https://doi.org/10.1007/978-3-658-44262-0_3

3.1   Entscheidungen als zugeschriebene Selektionen

Der klassische Entscheidungsbegriff sieht Entscheidungen als Auswahl aus Alternativen (vgl. March 1994). Die Entscheidung ist diesem Verständnis nach untrennbar mit der Person des Entscheidungsträgers verbunden, in dessen Bewusstsein sich die Auswahl vollzieht. Diese Verbindung von Entscheidung und Entscheidungsträger bleibt erhalten, wenn Entscheidungen in Gruppen stattfinden. Die Auswahl wird dann nicht auf das individuelle Bewusstsein, sondern auf die Interaktion in der Gruppe zurückgerechnet (vgl. Seidl 2009). Anstelle eines einzelnen Entscheidungsträgers gibt es einen Plural von Entscheidungsträgern.

Der systemtheoretische Entscheidungsbegriff setzt sich davon radikal ab. Wie Tacke und Drepper (2018: 61) erklären, sind „Entscheidungen [...] keine Produkte von individuellen Entscheidern, sondern Produkte des Systems". Konstitutiv für die Entscheidung ist demnach nicht eine Person, die eine Auswahl trifft: „Eigentlich entscheidet [...] das soziale System Organisation" (Luhmann 2019b: 265). Dieser Gedanke ist auf den ersten Blick verwirrend. Wir können ihn aber leicht anhand eines fiktiven Beispiels nachvollziehen:

Wenn eine Managerin den Etat der Marketingabteilung um zehn Prozent kürzt, sieht Luhmann (1988) darin einen Kommunikationsakt. Dieser wird erst dadurch zur Entscheidung, dass die Organisation ihn dementsprechend behandelt. Wenn die Marketingabteilung ihr Budget prüft, stellt sie fest, dass ihr tatsächlich zehn Prozent weniger zugeteilt wurden. Und wenn sich der Abteilungsleiter weigert, diesen Umstand anzuerkennen, verweist man ihn auf entsprechende Sitzungsprotokolle. Man gibt ihm zu verstehen, dass er sich mit dem offiziellen Beschluss arrangieren muss.

Weil sich die Organisation das Urteil der Managerin zu eigen macht, entfaltet es eine Bindungswirkung für nachfolgendes Handeln. Andere Organisationsmitglieder müssen Ereignisse berücksichtigen, die Organisationen als Entscheidung ausweisen. Wer die von der Managerin beschlossene Budgetkürzung anzweifelt, stellt sich nicht nur gegen diese eine Person. Er handelt gegen die gesamte Organisation und muss mit entsprechenden Konsequenzen rechnen.

Für die Frage, ob eine Entscheidung stattgefunden hat oder nicht, ist es irrelevant, ob ein Organisationsmitglied tatsächlich verschiedene Alternativen in Betracht gezogen hat. Für Luhmann (2009: 5) besteht eine Entscheidung darin, dass „zugerechnete Selektivität [...] als Selektion thematisiert wird". Die Zuschreibung einer Auswahl macht ein Ereignis zur Entscheidung, unabhängig davon, ob eine Auswahl stattgefunden hat. Selbst wenn die Managerin impulsiv

beschlossen hat, die Budgetkürzung vorzunehmen, ohne über Alternativen nach-
zudenken, handelt es sich um eine Entscheidung, solange die Organisation darin
eine Entscheidung sieht.

An dieser Stelle wendet sich Luhmann vom klassischen Entscheidungsbegriff
ab. Er klammert nicht nur die Selektion eines Organisationsmitglieds aus seinem
Verständnis von Entscheidungen aus. Entscheidungen setzen ihm zufolge nicht
einmal ein Bewusstsein voraus, das in der Lage ist, Selektionen vorzunehmen.
Aus Luhmanns (2009: 3) Perspektive bedarf es allein „eine[s] Bezugspunk[es],
dem – zu Recht oder zu Unrecht – Selektionsfähigkeit unterstellt werden kann".
Dabei bleibt explizit offen, um was für einen Bezugspunkt es sich handelt.

Obwohl Personen nach Luhmann (2009) nicht ursächlich für Entscheidungen sind, geht er davon aus, dass Organisationen Entscheidungen auf Personen
zurechnen. Die Entscheidung, die eigentlich Produkt des Systems ist, wird „über
Zurechnungsprozesse individualisiert" (Luhmann 2019b: 265). Die Organisation
unterstellt einem Organisationsmitglied, entschieden zu haben: „Organisationen
sind insofern soziale Systeme, die sich erlauben, menschliches Verhalten so zu
behandeln, als ob es ein Entscheiden wäre" (Luhmann 2019b: 267).

Empirisch werden Entscheidungen also als Auswahl aus Alternativen betrachtet, die dem Individuum entspringt – obwohl die Organisation im Hintergrund
die Fäden zieht. Dabei unterstellt die Organisation, dass ihre Mitglieder ihr eigenes Verhalten als Entscheidungen erleben und dass sie sogar „auf Rückfrage
genauer erklären können, wie und weshalb" sie entschieden haben (Luhmann
2019b: 269). Demnach integriert Luhmann den klassischen Entscheidungsbegriff
als empirisches Datum in sein eigenes Entscheidungsverständnis. Dabei wird
allerdings „[d]ie soziale Realität des Entscheidens in Organisationen […] als eine
bloße Annahme oder Unterstellung oder Suggestion der am System Beteiligten
aufgefaßt" (Luhmann 2019b: 267).

Zusammenfassend bedeutet „Entscheidung" für Luhmann (1988) drei Dinge:
Eine Organisation stellt (1.) fest, dass ein Ereignis eine Auswahl aus Alternativen sei. Dabei handelt es sich um einen Akt sozialer Konstruktion, dem nicht
zwangsläufig eine faktische Selektion vorausgehen muss. „Die Frage, was in
organisierten Systemen Entscheidungen „sind" (und entsprechend: was sie „nicht
sind"), muß demnach in erster Linie durch Verweis auf das System beantwortet werden" (ebd.: 168). Die Organisation schreibt die Auswahl (2.) einer Instanz
zu, die sie damit zum Entscheidungsträger erklärt. Das Ereignis wird (3.) als Wil-
lensäußerung der Organisation markiert, wodurch es eine Bindungswirkung für
nachfolgendes Handeln entfaltet.

3.2 Wie Organisationen und ihre Mitglieder Entscheidungen erkennen

Dass die Organisation darüber urteilt, welche Ereignisse Entscheidungen darstellen, wirft weitere Fragen auf: Wie laufen derartige Urteile empirisch ab? Und wie kommt es dazu, dass Organisationen bestimmte Ereignisse als Entscheidungen ausflaggen und andere nicht? Luhmann (ebd.) zeigt, dass Organisationen keinesfalls willkürlich Entscheidungen erzeugen. Im Gegenteil, sie gehen überaus systematisch vor, wenn es darum geht, Entscheidungen von Nicht-Entscheidungen zu trennen.

Welche Ereignisse als Entscheidungen infrage kommen, ist durch die Entscheidungsprämissen der Organisation vorstrukturiert. Entscheidungsprämissen sind das Regelwerk der Organisation, das darüber bestimmt, wie Entscheidungen ablaufen sollen (Luhmann 2019c: 153). Sie legen fest, welche Stellen unter welchen Bedingungen für eine Sachangelegenheit zuständig sind und auf welche Weise die Angelegenheit zu bearbeiten ist.

Beispielsweise könnte die Formalstruktur eines Textilherstellers vorsehen, dass eine bestimmte Stelle in der Einkaufsabteilung für den Kontakt zu Rohstofflieferanten zuständig ist. Entscheidungsprämissen könnten zudem ein Limit für Einkaufspreise vorsehen. Wenn die zuständige Stelle mit einem Lieferanten einen Preis aushandelt, der sich im Rahmen der Zielvorgaben bewegt, dann betrachtet die Organisation dieses Ergebnis als Entscheidung. Sie stellt sich dann darauf ein, den Rohstoff des Lieferanten zu den vereinbarten Konditionen zu beziehen. Sie plant Liefertermine und bereitet die Produktion darauf vor, den Stoff zu verarbeiten.

Wenn hingegen ein Hausmeister mit dem Lieferanten telefoniert oder der vereinbarte Preis mit den Zielvorgaben bricht, dann wird die Organisation sich weigern, die Verabredung mit dem Lieferanten als Entscheidung anzuerkennen. Sie wird darauf verweisen, dass Hausmeister nicht berechtigt sind, Gespräche mit Lieferanten zu führen. Oder sie erklärt, dass der vereinbarte Preis die Vorschriften verletzt hat, die den Kontakt mit Lieferanten regeln. Die Vereinbarung mit dem Lieferanten wird als Ausdruck individuellen Fehlverhaltens interpretiert, das nichts mit der Organisation zu tun hat.

Natürlich ermöglichen Entscheidungsprämissen die Identifikation von Entscheidungen bzw. Entscheidungsträgern nicht nur rückblickend. Sie erlauben es, zuverlässige Erwartungen zu bilden (Luhmann 1972: 88). Wer das Regelwerk der Organisation kennt, kann im Vorfeld abschätzen, ob die Organisation ein Ereignis als Entscheidung behandeln wird (Luhmann 2019a: 307 ff.). Organisationsmitglieder erkennen anhand der formalen Regeln, welche Stellen zuständig sind und wie diese Stellen sich verhalten müssen, damit ihr Handeln als Handeln im Namen der Organisation akzeptiert wird. So können sie jederzeit feststellen, ob sie sich in Situationen befinden, die man im Nachhinein als Entscheidungssituationen auslegen wird.

Das ermöglicht es Organisationsmitgliedern, diese Situationen als „Entscheidungen" zu erleben und entsprechend zu behandeln, indem sie Alternativen identifizieren, miteinander vergleichen und eine Auswahl treffen. Darin kann man aus Luhmanns Perspektive einen Akt vorauseilenden Gehorsams sehen. Das Wissen darum, dass die Organisation das eigene Verhalten als Entscheidung interpretieren wird, motiviert dazu, Alternativen zu sondieren. Das Organisationsmitglied arbeitet daran, nicht nur als Entscheidungsträger wahrgenommen zu werden. Es will ein erfolgreicher, rationaler Entscheidungsträger sein (vgl. Brunsson/Brunsson 2017: 12 ff,).

Wir können also Organisationsmitglieder dabei beobachten, wie sie „Entscheidungen treffen", obwohl Entscheidungen eigentlich erst durch die Zuschreibung der Organisation entstehen. Streng genommen sollte man zwischen der Selbstbeschreibung der Organisationsmitglieder und der Perspektive des Organisationssystems unterscheiden. In der Regel sind begriffliche Unsauberkeiten jedoch verzeihlich, weil die Wahrnehmung der Organisationsmitglieder und die Wahrnehmung der Organisation übereinstimmen. Wir sprechen daher der Einfachheit halber davon, dass Organisationsmitglieder Entscheidungen treffen, obwohl wir diese Entscheidungen der Organisation zuschreiben müssten.

3.3 Das Verhältnis von Organisation und Entscheidung

Bislang haben wir Organisation und Entscheidung unabhängig voneinander behandelt. Wir haben besprochen, dass Organisationen bestimmen, welche Ereignisse als Entscheidungen zu betrachten sind und dass sie einen Rahmen dafür vorgeben, wer unter welchen Bedingungen auf welche Art und Weise entscheidet. Diese Trennung ist jedoch eine künstliche. Luhmann (1988: 166) definiert Organisationen als „Systeme, die aus Entscheidungen bestehen und die Entscheidungen, aus denen sie bestehen, durch die Entscheidungen, aus denen sie bestehen, selbst anfertigen" (ebd.).

Vor diesem Hintergrund müssen wir die bisherigen Aussagen präzisieren: Die Organisation ist keine von Entscheidungen unabhängige Einheit, die Ereignisse zu Entscheidungen erklärt, sondern wir haben es mit einer *Aneinanderreihung von Entscheidungen* zu tun. Die Organisation ist für die individuelle Entscheidung in Form früherer Entscheidungen präsent. Vorausgehende Entscheidungen bestimmen über die Bedingungen, unter denen nachfolgende Ereignisse als Entscheidungen gelten und sich in die Abfolge von Entscheidungen einreihen dürfen.

Diese weichenstellende Wirkung von Entscheidungen wird in den Entscheidungsprämissen, den formalen und informalen Regeln der Organisation, am besten sichtbar. Bei Entscheidungsprämissen handelt es sich um Entscheidungen, die dem Zweck dienen, Struktur für nachfolgendes Entscheiden zu setzen (Luhmann 1988: 172 f.). Die Organisation entscheidet bewusst darüber, welche Instanzen zukünftig auf welche Art und Weise Entscheidungen treffen sollen. Luhmann (ebd.) spricht diesbezüglich davon, dass „Strukturen selbst zum Gegenstand von Entscheidungen werden".

Entscheidungsprämissen in Form formaler oder informaler Regeln sind jedoch nicht der einzige Weg, auf dem Entscheidungen sich auf nachfolgende Entscheidungen auswirken. Auch Entscheidungen, die sich *nicht* explizit damit beschäftigen, wie nachfolgendes Entscheiden aussehen soll, erzeugen zwangsläufig Struktur. Luhmann (1988: 172 f.) schreibt, dass jede Entscheidung einschränkt „was folgen kann". Weil Entscheidungen den Willen der Organisation zum Ausdruck bringen, muss nachfolgendes Entscheiden darauf aufbauen.

Luhmann (ebd.) erklärt dies anhand eines Beispiels: „Wenn ein Ausschuß nach Prüfung der Kandidaten eine Person zur Besetzung einer Stelle vorschlägt, ist das eine im Moment relevante Struktur. Daraufhin kann dieser Kandidat auf die Stelle berufen oder nicht berufen werden; aber immer handelt es sich um eine Entscheidung für oder gegen diesen Kandidaten, und man kann nicht irgendeinen anderen Kandidaten auf die Stelle setzen, ohne sich damit gegen den vorgeschlagenen Kandidaten zu entscheiden. Mit der Vorentscheidung nimmt das System sich selbst die Unbefangenheit, ohne sich festzulegen".

Das Beispiel zeigt, dass sich Entscheidungen mit vorausgehenden Entscheidungen auseinandersetzen müssen, selbst wenn es sich nicht um formale Prämissen im engeren Sinne handelt. Man kann den Vorschlag des Ausschusses zwar zurückweisen. Man kann aber nicht so tun, als hätte es keinen Vorschlag gegeben. Es ist ausgeschlossen, einen anderen als den empfohlenen Kandidaten einzustellen, ohne dies zu rechtfertigen. Das Spektrum des Möglichen wird durch die Entscheidung des Ausschusses eingeschränkt. Daraus folgt, dass jede Entscheidung strukturgebenden Charakter hat, auch wenn dieser nur einen Moment anhält.

Theoretisch kann man Organisationen als Kette von Entscheidungen von ihrer Gründung bis zur Gegenwart nachverfolgen. Alles, was Organisationen sind, und

alles, was in ihrem Namen passiert, geschieht in Form von Entscheidungen, die sich an vorausgehendem Entscheiden orientieren. Wenn sich Organisationen ver-
ändern, bedeutet das also, dass Entscheidungen neue Bedingungen für weiteres Entscheiden setzen, die sich von denjenigen Bedingungen unterscheiden, die in der Vergangenheit Entscheidungen orientiert haben.

Die Gestalt der Organisation, die Organisationsmitglieder, Kunden oder Konkurrenten im Alltag wahrnehmen, wird also durch (vergangene) Entscheidungen erzeugt. Wenn die Rede davon ist, dass „die Organisation" vorsieht, dieses oder jenes zu tun, dann bezieht man sich damit auf Entscheidungen, die sich in Arbeitsverträgen, Sitzungsprotokollen, Emails oder Bestellformularen niedergeschlagen haben. Die Organisation hat demnach keine eigenständige räumliche Präsenz (vgl. Taylor/Van Every 2011: 24 ff.). Sie existiert in gegenwärtigen Entscheidungen, die vergangenes Entscheiden erinnern und berücksichtigen.

Bevor wir auf Grundlage des systemtheoretischen Entscheidungsbegriffs in die Analyse des Datenmaterials einsteigen, werden in diesem Kapitel die wesentlichen methodischen Entscheidungen der vorliegenden Arbeit beleuchtet. Dazu gehören die Entscheidung für qualitative Fallstudien, die Fallauswahl, die Methoden der Datenerhebung und -auswertung sowie die Mittel, mit Hilfe derer von Einzelfällen abstrahiert wurde. Die Limitationen der Studie werden in Abschnitt 9.3 behandelt.

4.1 Qualitative Fallstudien

Die erste methodische Festlegung dieser Arbeit war die Entscheidung für qualitative Fallstudien. Dafür sprach (1.), dass künstliche Intelligenz als neuartiges Phänomen zu Beginn dieses Dissertationsprojekts wenig erforscht war. Deshalb bestand die Gefahr, dass der Forschungsstand ein verzerrtes Bild vermittelt (siehe Kapitel 2). Qualitative Fallstudien bieten sich unter diesen Umständen an, weil sie testbare Theorie aus der Empirie heraus generieren. Dies verringert die Abhängigkeit von vorausgehenden Arbeiten (vgl. Eisenhardt 1989: 548 f.).

Zudem musste (2.) die potenzielle Prozesshaftigkeit des zu untersuchenden Phänomens berücksichtigt werden. Wie schon Barley (1988) zeigt, wird Technik durch Organisationen (mit-) erzeugt und verändert. Qualitative Fallstudien können derartige Prozesse im Einzelfall rekonstruieren (vgl. Lamnek/Krell 2016: 35 ff.). Der enge Kontakt zum Untersuchungsgegenstand bietet dabei die Möglichkeit, neue Ursache-Wirkungs-Verhältnisse zu entdecken und detailliert zu beschreiben.

© Der/die Autor(en), exklusiv lizenziert an Springer Fachmedien Wiesbaden GmbH, ein Teil von Springer Nature 2024
C. Scharff, *Wie künstliche Intelligenz Entscheidungen prägt*,
https://doi.org/10.1007/978-3-658-44262-0_4

Darüber hinaus sollte die Studie (3.) den Einfluss unterschiedlicher Anwendungskontexte auf den Einsatz künstlicher Intelligenz erfassen. Der Fallstudienansatz leistet dies durch die gezielte Kontrastierung unterschiedlicher Organisationen (siehe Abschnitt 4.2 sowie Abschnitt 4.4.1).

4.2 Fallauswahl

Ausgehend von den Forschungsfragen wurden mehrere Charakteristika definiert, welche die untersuchten Fälle aufweisen sollten. Diese betrafen die zu untersuchende Technologie sowie deren Anwendungskontext:

In technischer Hinsicht sollten *künstliche neuronale Netzwerke* untersucht werden. Sie bestehen aus Neuronen, die in Schichten organisiert sind und einen Input arbeitsteilig bearbeiten (vgl. Ernst et al. 2020: 801 ff.)[1]. Für die vorliegende Arbeit sind sie zum einen auf Grund ihrer Lernfähigkeit (siehe Abschnitt 6.1) interessant. Diese unterscheidet sie von vielen anderen Technologien, die unter dem Schlagwort „künstliche Intelligenz" diskutiert werden (vgl. z.B. Degele 1995). Zum anderen ziehen künstliche neuronale Netzwerke in Wissenschaft und Praxis zunehmende Aufmerksamkeit auf sich (vgl. Tkác/Verner 2016) und prägen infolgedessen die öffentliche Wahrnehmung künstlicher Intelligenz.

Hinsichtlich des Anwendungskontextes sollten die Entscheidungen von *Unternehmen* fokussiert werden. Unternehmen wurden dabei mit Kette (2012) als ein Organisationstyp verstanden, der sich durch große Freiheit hinsichtlich der Zwecksetzung und Zweckverfolgung sowie die entgeltliche Abgabe einer Leistung auszeichnet. Diese Umstände prädestinieren Unternehmen sowohl für technische Innovationen als auch für Strukturinnovationen. Das macht sie für die vorliegende Arbeit zu einem attraktiven Forschungsgegenstand.

Ergänzend zu diesen Kriterien wurde die Fallauswahl in einem „zirkulären Prozess" (Corbin/Strauss 2015: 147) durch den Kontakt mit der Empirie orientiert. Neue Fälle mussten geeignet sein, vorausgehende Forschungsergebnisse kritisch zu prüfen und offene Fragen zu beantworten. Dazu wurden einerseits Fälle gesucht, die den bereits untersuchten Fällen ähnelten und deshalb ähnliche Ergebnisse vermuten ließen (vgl. Yin 2014: 57). Andererseits wurden Fälle identifiziert, die sich von den bekannten Fällen deutlich unterschieden, sodass abweichende Ergebnisse zu erwarten waren (vgl. ebd.).

---

[1] Eine genaue Beschreibung der Funktionsweise künstlicher neuronaler Netzwerke findet sich in Abschnitt 6.1.

Der erste Fall, eine Wirtschaftsprüfungsgesellschaft, wurde ausgewählt, weil
die Organisation die oben genannten Auswahlkriterien erfüllte und einen guten
~~Zugang zu Interviewpartnern versprach. Die anhand dieses Falls gewonnenen~~
Erkenntnisse spielten eine wichtige Rolle für die Auswahl weiterer Fälle. Dazu
gehörte die These, dass künstliche Intelligenz Unsicherheit verursacht, die stark
regulierte Unternehmen nicht ertragen können. Diese Unsicherheit führt im
Fall der Wirtschaftsprüfungsgesellschaft dazu, dass die Technik engmaschig von
Menschen kontrolliert wird.

Um den Zusammenhang zwischen Regulierung und Kontrollen kritisch zu
untersuchen, wurde einerseits ein Fall identifiziert, der sich ebenfalls durch starke
Regulierung auszeichnet. Dabei handelt es sich um eine Bank. Andererseits wurden ein weniger reguliertes Unternehmen, ein Automobilzulieferer untersucht.
Bei der Analyse dieser Fälle und dem anschließenden Fallvergleich erhärtete sich
die Hypothese, dass Reglementierung durch die Organisationsumwelt Einfluss auf
die Rolle künstlicher Intelligenz ausübt (siehe Abschnitt 7.1.1).

Anhand des Automobilzulieferers entstand zudem eine weitere These. Es stach
erstmals deutlich hervor, dass Unternehmen die mit künstlicher Intelligenz ein-
hergehende Unsicherheit gezielt bearbeiten können. Diesbezüglich stellte sich die
Frage, ob es sich um eine Besonderheit produzierender Unternehmen handelt, die
besonders viel Digitalisierungs- bzw. Automatisierungserfahrung aufweisen.

Um dieser Frage nachzugehen wurden weitere Fälle identifiziert, die sich hinsichtlich ihres Automatisierungs- bzw. Digitalisierungsgrades voneinander unterscheiden. Dazu gehören zwei Landwirtschaftsbetriebe, deren Arbeitsprozesse ein
geringes Automatisierungs- und Digitalisierungsniveau aufweisen. Hinzu kommt
ein Online-Reisebüro, das im Mittelfeld einzuordnen ist. Ergänzend wurde ein
Halbleiterhersteller untersucht, dessen Produktionsprozesse weitreichend automatisiert und digitalisiert sind. Anhand dieser Fälle zeigte sich, dass die gezielte
Bearbeitung von Unsicherheit weit verbreitet – und keinesfalls auf besonders
digitalisierungserfahrene Unternehmen beschränkt ist.

Durch das zirkuläre Vorgehen in der Fallauswahl entstand im Ergebnis ein
Sample von Organisationen, die sehr unterschiedliche Bedingungen für den
Einsatz künstlicher Intelligenz bieten. Basierend auf diesen Fällen ließen sich fall-
übergreifende Muster identifizieren, die den Umgang mit künstlicher Intelligenz
prägen. Die an Einzelfällen entwickelten Thesen wurden dabei an sämtlichen
anderen Fällen getestet – und im Zweifelsfall modifiziert oder verworfen (siehe
zum genauen Vorgehen Abschnitt 4.4.1).

Im Folgenden werden die untersuchten Fälle vorgestellt. Die Unternehmen
sind dabei in der Reihenfolge geordnet, in der die anschließende Argumentation
auf sie Bezug nimmt.

4.2.1   Der Halbleiterhersteller

Der Halbleiterhersteller setzt künstliche Intelligenz für Qualitätskontrollen ein. Potenzielle Defekte sollen in einem möglichst frühen Stadium des Produktionsprozesses identifiziert werden. Dies hat für das Unternehmen große Bedeutung, weil der Produktionsprozess kostspielig ist und unentdeckte Produktionsfehler die Beziehung zu anspruchsvollen Industriekunden gefährden können.

Vor der Einführung künstlicher Intelligenz beschäftigte das Unternehmen Organisationsmitglieder mit der Begutachtung der Halbleiter. Diese mussten jedes Teil anhand von Bildaufnahmen bewerten und sortieren. Dabei handelte es sich um eine anspruchsvolle Arbeit, die eine Zusatzausbildung erforderte. Für das ungeschulte Auge sind fehlerhafte und fehlerfreie Halbleiter schwer voneinander zu unterscheiden, weil Defekte mikroskopisch klein sind.

Trotz des spezialisierten Wissens der Kontrolleure unterlag die Qualitätskontrolle mehreren Beschränkungen. Zum einen gab es eine Obergrenze für die Anzahl der Bilder, die Organisationsmitglieder in einer bestimmten Zeitspanne begutachten konnten. Zum anderen setzte die menschliche Wahrnehmung Grenzen für die Detailtiefe der Kontrolle.

Um diese Einschränkungen zu beseitigen, hat das Unternehmen Organisationsmitglieder durch künstliche Intelligenz ersetzt. Diese lernt anhand digitaler Bilder von Halbleitern. In diese Dateien sind Informationen über die Funktionsfähigkeit der abgebildeten Teile eingepflegt. Die Technik identifiziert anhand dessen Korrelationen zwischen bestimmten Bildinhalten und dem Qualitätszustand von Halbleitern. So entsteht ein Verständnis davon, was „fehlerfreie" und „fehlerhafte" Teile auszeichnet.

Auf Grundlage dieser selbsterarbeiteten Fehler-Definitionen bestimmt die künstliche Intelligenz den Zustand von Halbleitern. Ihre Auswahl wird automatisch weiterverarbeitet. Das heißt, dass Teile mit der Markierung ‚fehlerhaft' entsorgt werden, ohne dass sich ein Mensch damit befasst. Die Organisation macht sich die Auswahl der künstlichen Intelligenz bedingungslos zu eigen.

Nur bei wenigen besonders teuren Teilen werden die Entscheidungen der KI-Anwendung nachgeprüft. Das Unternehmen beschäftigt in diesem Fall Organisationsmitglieder damit, die Funktionsfähigkeit aussortierter Teile zu testen. Diejenigen Teile, die die Technik als funktionsfähig ausflaggt, werden hingegen nicht gesondert überprüft.

4.2.2 Das Online-Reisebüro

Das Online-Reisebüro vermittelt Urlaubsunterkünfte über eine Website, per Email
und per Telefon. Wer sich über die beiden erstgenannten Kommunikations-
wege an das Unternehmen wendet, wird vollständig durch künstliche Intelligenz
betreut. Kunden erhalten mehrere Angebote und sollen sich im Optimalfall für
eines davon entscheiden. Es gibt aber auch die Möglichkeit, Nachfragen zu stellen
oder zusätzliche Angebote anzufordern.

Vor der Einführung der KI-Anwendung waren Organisationsmitglieder für
diese Beratungsleistungen zuständig. Ihre Arbeit gestaltete sich schwierig, weil
Kunden ihre Urlaubswünsche häufig ambivalent beschreiben. Das erschwerte
sowohl die notwendigen Recherchen als auch die Angebotsauswahl. Infolgedessen identifizierte das Unternehmen Verbesserungsbedarf.

Um Angebote besser auf die Kundenumwelt abzustimmen, wurden Kundenberater durch künstliche Intelligenz ersetzt. Die Technik lernt anhand der Daten,
die im Emailkontakt oder durch Homepagebesuche anfallen. Dazu gehören einerseits die Vorstellungen, die Kunden über ihren Urlaub kommunizieren. Daneben
werden persönliche Daten, z.B. über den Wohnort oder Betriebssysteme, erhoben.

Auf dieser Grundlage arbeitet die Technik Korrelationen zwischen bestimmten
Merkmalen eines Kunden und der Buchung bestimmter Urlaubsangebote heraus.
So entstehen Kategorien von Kunden mit gemeinsamen Interessen. Wenn ein
neuer Kunde per Email oder über die Homepage Kontakt zu dem Unternehmen
aufnimmt, ordnet die künstliche Intelligenz ihn anhand seiner persönlichen Merkmale einer Kundengruppe zu. Die Technik kreiert demnach anhand vergangener
Kundenkontakte konkrete Prämissen für den Umgang mit zukünftigen Kunden.

Ihre Angebote werden automatisch verschickt. Wer das Unternehmen per
Email kontaktiert, erhält wenig später ein Antwortschreiben mit Unterbringungs-
vorschlägen. Dieses Antwortschreiben verfasst die Technik selbstständig. Es
enthält eine kurze Begrüßung sowie eine kurze Erklärung darüber, dass das
Unternehmen den Kundenwünschen folgend eine Auswahl von Urlaubsangeboten
zusammengestellt hat. Darunter sind Hotels aufgelistet, die der Kunde anklicken
kann. Dies führt ihn auf die Homepage des Unternehmens, wo er die Angebote
genauer betrachten und buchen kann.

Kunden, die das Unternehmen über die Website kontaktieren, bekommen
ihre Hotelvorschläge unmittelbar angezeigt. Die Angebote sind auf eine für
Online-Shopping typische Art und Weise aufbereitet. Übersichtsseiten mit Bild
und Kurzbeschreibung führen zu Detailansichten der Hotels. Auch die letzt-
endliche Buchung entspricht vergleichbaren Online-Shopping-Seiten. Über einen

„Buchen"-Button gelangen Kunden in den abschließenden Kaufvorgang, in dem sie ihre Zahlungsinformationen angeben.

Für Kunden ist nicht ersichtlich, dass künstliche Intelligenz ihre Angebote erstellt. Die Technik vertritt zwar die Organisation nach außen, wird aber hinter den Angeboten unsichtbar. Das gilt unabhängig von dem Weg, über den Kunden Kontakt zum Unternehmen aufnehmen. Sogar Kunden, die sich telefonisch an das Unternehmen wenden, kommen (vermittelt über Organisationsmitglieder) mit der künstlichen Intelligenz in Berührung.

4.2.3   Der Automobilzulieferer

Der Automobilzulieferer bringt künstliche Intelligenz zum Einsatz, um die Produktion einer Unternehmenseinheit zu planen, die ein High-Tech-Produkt herstellt[2]. Dabei handelt es sich um eine hochkomplexe Aufgabe, weil diverse Teile Bearbeitungsschritte auf einer Vielzahl von Maschinen durchlaufen. Da es dabei Überschneidungen gibt, muss die Verplanung individueller Maschinen Rücksicht auf die Arbeit anderer Maschinen nehmen.

Vor der Einführung künstlicher Intelligenz haben Organisationsmitglieder diese Aufgabe mit einem Computerprogramm erledigt. Darin wurden Kriterien für die Verplanung einzelner Maschinen festgelegt. Die Software bot allerdings keine Unterstützung für die Koordination unterschiedlicher Maschinen. Diese Zusammenhänge herzustellen, war für die Produktionsplaner eine große Herausforderung.

Auf Grund dieser Komplexität wurden menschliche Entscheidungsträger vollständig durch künstliche Intelligenz ersetzt. Es gibt kein einziges Organisationsmitglied mehr, das sich mit Produktionsplanung befasst. Das betrifft nicht nur die Durchführung, sondern auch die Beaufsichtigung.

Die Technik wertet die Gesamtheit der Daten aus, die das Unternehmen über den Produktionsprozess sammelt. Darin ist ersichtlich, welche Lose in welcher Reihenfolge durch welche Maschinen bearbeitet werden und wie lange diese Produktionsprozesse dauern. Auf Grundlage dessen erkennt die künstliche Intelligenz Zusammenhänge, die schnellere von langsameren Produktionsreihenfolgen unterscheiden.

Sie könnte beispielsweise lernen, dass die Teile A, B, C und D am schnellsten fertigzustellen sind, indem eine erste Maschine zunächst die D-Teile und

---

[2] Das Produkt, das die Abteilung produziert, wird hier nicht genannt, weil es Rückschluss auf das Unternehmen und die Identitäten der Beteiligten zulassen würde.

anschließend die B-Teile bearbeitet, während eine zweite Maschine mit der Bearbeitung der A-Teile beginnt und daraufhin die C-Teile bearbeitet. Wenn im Organisationsalltag eine ähnliche Verteilung auftritt, wird die vor dem Hintergrund dieser Erfahrungen geordnet. Der Output der Technik wird vollautomatisch weiterverarbeitet.

4.2.4 Der kleine Landwirtschaftsbetrieb

Der kleine Landwirtschaftsbetrieb gebraucht künstliche Intelligenz, um den Gesundheitszustand von Kälbern zu überwachen. Weil das Immunsystem der Tiere schwach ausgeprägt ist, sind sie anfällig für Krankheiten, die einen schweren Verlauf nehmen können. Da das Unternehmen seinen Viehbestand durch eigenen Nachwuchs absichert, entsteht daraus ein Organisationsproblem. Der Familienbetrieb muss Mittel finden, die Gesundheit seiner Kälber zu fördern.

Zu diesem Zweck wurden bereits vor der Einführung künstlicher Intelligenz Maßnahmen getroffen. Kälber leben von der Herde getrennt in sogenannten „Kälberhütten". Dabei handelt es sich um separate Gehege, in denen jeweils ein einzelnes Tier untergebracht ist. Kälberhütten reichen jedoch nicht aus, um das Krankheitsproblem zu lösen. Weil es trotz der räumlichen Distanz zu Infektionen kommt, überwacht die Organisation sämtliche Jungtiere auf Krankheitssymptome.

Für diese Aufgabe war vor der Einführung der KI-Anwendung der Landwirt verantwortlich. Er überprüfte jedes Kalb mehrmals täglich. Das geschah während der morgendlichen sowie der abendlichen Fütterung der Tiere. Zudem machte der Landwirt im Tagesverlauf mehrere Besuche im Stall, die allein der Überwachung der Kälber dienten. Wegen des damit verbundenen Aufwands entschied der Familienbetrieb, die Kontrollen mit Hilfe künstlicher Intelligenz zu automatisieren.

Die KI-Anwendung macht sich den Umstand zunutze, dass die Kälber isoliert leben. Das ermöglicht es, mit Hilfe eines Bewegungssensors Daten über deren Bewegungsverhalten zu erfassen. Diese Bewegungsdaten setzt die Technik in Zusammenhang mit dem Gesundheitszustand der Tiere. Sie erkennt, durch welche Besonderheiten sich die Bewegungsdaten kranker und gesunder Kälber auszeichnen. Auf dieser Grundlage diagnostiziert sie Krankheiten, die sie per Push-Mitteilung auf das Handy des Landwirts ausweist.

Der Landwirt baut sein Verhalten auf diesem Output auf. Er besucht seine Kälber im Normalfall nur noch zweimal täglich, um sie zu füttern. Die Besuche zwischen den Fütterungen, die allein der Prüfung des Gesundheitszustands der Tiere dienten, erfolgen nicht mehr. Zusätzliche Fahrten zum Stall finden nur noch unter der Bedingung statt, dass die Technik einen Krankheitsfall ausflaggt. Solange sie alle Tiere als gesund ausweist, geht der Landwirt anderen Aufgaben nach.

4.2.5 Der große Landwirtschaftsbetrieb

Der große Landwirtschaftsbetrieb kämpft mit den gleichen Schwierigkeiten wie der Familienbetrieb – und gebraucht die gleiche Technik, um sie zu bearbeiten. Der wesentliche Unterschied zwischen den Unternehmen besteht in der Anzahl der zu betreuenden Tiere und der personellen Ausstattung. Der Familienbetrieb hat eine niedrige zweistellige Zahl von Kälbern, die der Landwirt persönlich versorgt. Der Großbetrieb hält zwei- bis dreimal so viele Tiere und beschäftigt mehrere Angestellte für deren Pflege. Damit gehen Unterschiede in den Arbeitsabläufen einher.

Die Kälber des Großbetriebs werden von sogenannten „Fütterern" sowie einem „Kälbermanager" betreut. Die Fütterer sind Hilfsarbeiter ohne Berufsausbildung, die in einigen Fällen schlecht Deutsch sprechen. Ihre Hauptaufgabe besteht in der Futterversorgung der Kälber. Zusätzlich beobachten sie die Tiere. Dabei notieren sie Auffälligkeiten, die für die Beurteilung des Gesundheitszustands relevant sein könnten. Die Organisation spricht diesbezüglich von „Tierbeobachtung". Sie hält in den Ställen große Tafeln bereit, auf denen Auffälligkeiten notiert werden.

Der Kälbermanager ist den Fütterern hierarchisch übergeordnet. Er koordiniert die Pflege der Tiere inklusive der Gesundheitsversorgung. Dabei berücksichtigt er zum einen die Beobachtungen der Fütterer. Zum anderen stellt er eigene Beobachtungen an. Weil der Kälbermanager vergleichsweise wenig Zeit bei den Tieren verbringt, sind seine Chancen gering, Krankheitssymptome persönlich festzustellen. Die Notizen der Fütterer sind deshalb die entscheidende Informationsquelle.

Bei der Diagnose von Krankheiten stellt die Wahrnehmung der Fütterer einen Filter dar. Nur was ihnen auffällt, wird auf den Tafeln notiert. In Anbetracht dieser Schlüsselrolle sind der Ausbildungsstand, die oftmals mangelnde Erfahrung mit Kälbern sowie die Sprachbarrieren der Fütterer problematisch. Dem Kälbermanager schreibt die Organisation größere Kompetenz in der Beurteilung des Gesundheitszustands der Tiere zu, er wird aber trotzdem nicht als Experte betrachtet.

Das bedeutet, dass der Großbetrieb hinsichtlich der Diagnose von Kälberkrankheiten vor der Einführung künstlicher Intelligenz schlechter aufgestellt war als der Familienbetrieb. Der Kälbermanager und die unausgebildeten Fütterer bringen schlechtere Voraussetzungen mit als der Landwirt, der jahrzehntelange Erfahrung hat. Der Großbetrieb konnte Krankheiten deshalb oftmals erst in einem späten Stadium feststellen, in dem die Symptome leichter zu erkennen sind. Daraus folgen ein späterer Behandlungsbeginn und zusätzliche Risiken für das Leben der Tiere.

Die Diagnoseschwierigkeiten waren für den Großbetrieb die entscheidende Motivation, künstliche Intelligenz einzusetzen. Davon erhofft sich die Organisation, Krankheiten mit Hilfe der Technik früher zu erkennen und früher mit der Behandlung beginnen zu können. Die Technik macht den Kälbermanager, so zumindest die Hoffnung, schneller und zuverlässiger auf Krankheiten aufmerksam als die Fütterer. Mit dieser Verbesserung der Diagnosekompetenz verfolgt der Betrieb das Ziel, die Kälbersterblichkeit zu minimieren.

4.2.6 Die Bank

Die Bank nutzt künstliche Intelligenz in der internen Revision. Diese Abteilung ist u.a. dafür verantwortlich, die Vertragsdaten elektronischer Kopien von Kreditverträgen mit den Druckexemplaren abzugleichen, die Kunden unterschreiben. Diese Kontrolle ist notwendig, weil Organisationsmitglieder Verträge individuell anpassen und diese Veränderungen händisch in das Computersystem einpflegen. Dabei können Fehler entstehen.

Vor der Einführung der künstlichen Intelligenz musste die Revisionsabteilung diese Fehler in mühevoller Kleinarbeit suchen. Dabei bestand ein Aufmerksamkeits- bzw. Zeitproblem. Die Abteilung konnte nicht alle Kreditverträge per Hand überprüfen. Jeden Tag werden unzählige neue Verträge unterzeichnet und ein Prüfer benötigte mehrere Minuten, um einen Vertrag mit den Informationen im Computersystem zu vergleichen. In der Vergangenheit hat die Abteilung daher nur stichprobenartige Kontrollen durchgeführt. Die Organisation musste befürchten, dass Fehler unerkannt bleiben.

Um das Problem der begrenzten Aufmerksamkeit zu bearbeiten, wird künstliche Intelligenz eingesetzt. Sie lernt, die entscheidenden Textstellen von Kreditverträgen zu erkennen. Dafür stellt man ihr eingescannte Verträge zur Verfügung, in denen die relevanten Passagen, wie z.B. Kreditsummen und Zinsen markiert sind. Die Technik erarbeitet sich anhand dessen ein Bild der Merkmale, die diese Abschnitte auszeichnen. Die wesentliche Leistung künstlicher Intelligenz besteht somit darin, die Grundlagen für automatisierte Kontrollen zu schaffen.

Anschließend kann sie die relevanten Zahlen in unbekannten Verträgen identifizieren, Abweichungen feststellen und bei Bedarf die Revisionsabteilung informieren. Diese prüft Verträge, welche die künstliche Intelligenz als fehlerhaft ausweist. Somit steuert die Technik die Aufmerksamkeit der Organisationsmitglieder. Sie weist damit indirekt auch fehlerfreie Verträge aus. Wenn ein Vertrag *nicht* als prüfungsbedürftig ausgeflaggt wird, unterstellt die Organisation, dass er korrekt im System erfasst ist.

4.2.7 Die Wirtschaftsprüfungsgesellschaft

Die Wirtschaftsprüfungsgesellschaft setzt künstliche Intelligenz ein, um Anhangstexte von Jahresabschlussberichten zu prüfen. Diese Anhänge müssen von Unternehmen mit bestimmten Rechtsformen verpflichtend erstellt werden. Organisationen müssen dabei unterschiedliche gesetzliche Vorgaben einhalten. Insgesamt gibt es, den Interviewpartnern zufolge, ca. 900 gesetzliche Anforderungen, von denen ein Unternehmen durchschnittlich etwa 400 betreffen. Die Anhangsprüfung stellt fest, inwieweit Unternehmen sie erfüllen.

Diese Aufgabe wurde früher ausschließlich von Wirtschaftsprüfern ausgeführt. Sie mussten Anhänge, die aus Text sowie tabellarischen Darstellungen von Zahlen bestehen, bis ins kleinste Detail lesen. Im ersten Schritt musste festgestellt werden, welche gesetzliche Anforderung ein Textelement adressiert. Anschließend musste dessen Gesetzeskonformität geprüft werden. Dafür nahmen die Wirtschaftsprüfer Soll-Ist-Vergleiche vor, die in binären Entscheidungen mündeten.

Wenn eine Textstelle die Anforderungen erfüllte, wurde sie in einer Excel-Liste abgehakt, die die Gesamtheit der zu berücksichtigenden Gesetzesstellen auflistete. Wenn eine Textstelle die rechtlichen Anforderungen nicht erfüllte, wurde sie in der Excel-Datei als „unerfüllt" markiert. Die Ergebnisse wurden den jeweiligen Unternehmen zurückgemeldet, um Verbesserungen einzufordern.

Dieser aufwendige Prozess band viel hochqualifiziertes Personal. Das empfand das Unternehmen vor dem Hintergrund steigender Personalkosten als problematisch. Zudem sah sich die Organisation durch branchenfremde Konkurrenz (insbesondere Anbieter von ERP-Systemen) bedroht, die automatisierte Prüfungsleistungen anbieten könnte. Deshalb entschied die Wirtschaftsprüfungsgesellschaft, die Anhangsprüfung mit Hilfe künstlicher Intelligenz zu automatisieren.

Die KI-Anwendung wird anhand von Anhangstexten trainiert, die zu jeder Textstelle einen Verweis auf die entsprechende gesetzliche Anforderung ent-halten. Daraus lernt die KI-Anwendung, welche Merkmale eine Textstelle auszeichnen, die auf eine bestimmte Anforderung Bezug nimmt. Im Ergebnis erkennt sie Textstellen als Vertreter eines Typs von Text und kann anstelle von Organisationsmitgliedern Soll-Ist-Vergleiche vornehmen.

Zudem lernt die künstliche Intelligenz im laufenden Betrieb weiter, um die Qualität ihres Outputs zu erhöhen. Dabei dienen die Wirtschaftsprüfer, die mit der künstlichen Intelligenz arbeiten, als Quelle für Feedback. Wenn die Technik auf eine gesetzliche Anforderung verweist, zwingt die Nutzeroberfläche den Wirtschaftsprüfer, sich dazu zu verhalten. Er muss die Schlussfolgerung der künstlichen Intelligenz entweder bestätigen, indem er einen „match" Button anklickt, oder sie korrigieren. Beides verfeinert das technisch generierte Bild eines Textstellen-Typs.

Auf Grundlage der Lernprozesse wäre die KI-Anwendung in der Lage, selbstständig zu arbeiten. In diesem Fall bestünde das Arbeitsergebnis in einer Liste der gesetzlichen Anforderungen, die der geprüfte Anhangstext noch nicht erfüllt. Diese Liste entspräche der Excel-Liste, die Wirtschaftsprüfer vor der Einführung der künstlichen Intelligenz erzeugt haben. Dazu kommt es allerdings nicht.

Anhangstexte werden weiterhin von Wirtschaftsprüfern bearbeitet. Dabei macht die künstliche Intelligenz den Prüfern Vorschläge, welchen gesetzlichen Anforderungen ein Textelement zuzuordnen ist. Der Wirtschaftsprüfer muss dann bestätigen (oder verneinen), dass es sich um die vorgeschlagene Gesetzesstelle handelt. Organisationsmitglieder müssen darum weiterhin ein eigenständiges Urteil über die Textstelle fällen.

Dies limitiert die Zeitersparnis, die durch die Automatisierung erreicht werden kann. Solange die Wirtschaftsprüfer die Arbeit der künstlichen Intelligenz wiederholen müssen, bleibt der Prozess an ihre Arbeitsgeschwindigkeit gebunden. Die Prüfer profitieren allerdings davon, dass die künstliche Intelligenz (nach ihrem Feedback) das Abhaken der Anforderungen übernimmt. Sie müssen keine Excel-Listen mehr ausfüllen.

4.3   Datenerhebung

Als primäre Datenerhebungsmethode wurden Experteninterviews (vgl. Kleining 1991; Liebold/Trinczek 2009; Helfferich 2014) genutzt, die für die vorliegende Arbeit zwei Vorteile hatten. Zum einen bieten sie eine gute Balance zwischen einer offenen Gesprächssituation und thematischem Fokus. Zum anderen stellen sie eine geringe Belastung für das Forschungsfeld dar. Dies ermöglichte es, eine größere Zahl von Fällen zu untersuchen und zu vergleichen.

Neben den Experteninterviews wurden zusätzliche Daten durch Beobachtungsinterviews (vgl. Kuhlmann 2009) erhoben. Zudem wurden in sämtlichen Fällen Dokumente gesammelt und ausgewertet. Durch die Kombination dieser Datenquellen sank die Abhängigkeit von den individuellen Perspektiven der Interviewpartner, die zwangsläufig mit Experteninterviews einhergeht (siehe Abschnitt 9.3). Alle drei Methoden besprechen wir im Folgenden, beginnend mit den Experteninterviews.

4.3.1   Experteninterviews

Experteninterviews zeichnen sich durch den „Expertenstatus" der Gesprächspartner aus. Dieser wurde Liebold und Trinczek (2009: 34) folgend unter Bezugnahme auf Expertenwissen definiert. Damit assoziiert man gewöhnlich akademisches Wissen oder Erfahrungswissen. Das ist jedoch nicht gemeint. Expertenwissen ist der *privilegierte Zugang zu forschungsrelevantem Wissen über Organisationen und deren Arbeitsweise* (ebd.). Je nachdem, welche Forschungsfragen zu beantworten sind, kann dieses Wissen auf unterschiedlichen Hierarchieebenen und bei unterschiedlichen Stellen zu finden sein. Ein Hausmeister weiß mehr darüber, wie Organisationsmitglieder Altpapier recyceln, als die Vorstandschefin.

Im Kontext der vorliegenden Arbeit besteht das notwendige Expertenwissen in detaillierten Einsichten in den alltäglichen Umgang bzw. die Entscheidungsfindung mit künstlicher Intelligenz. Darüber hinaus ist Wissen über die individuelle Geschichte erforderlich, die künstliche Intelligenz in einem Unternehmen durchgemacht hat. Dieses Wissen findet sich bei mehreren Gruppen.

Die erste besteht aus Organisationsmitgliedern, die auch nach klassischen Begriffsdefinitionen als Experten gelten. Dabei handelt es sich um die Technik-Experten der Organisation. Sie beraten und planen hinsichtlich des Einsatzes künstlicher Intelligenz und testen die Technik, bevor sie im Unternehmensalltag zum Einsatz kommt. Sie begleiten somit den Weg einer KI-Anwendung von

Anfang an. Zudem ist zu vermuten, dass die Ergebnisse ihrer Untersuchungen maßgeblichen Einfluss ausüben.

Die zweite Gruppe besteht aus Organisationsmitgliedern, die Entscheidungen über künstliche Intelligenz treffen. Wie sich im Laufe des Forschungsprojekts zeigte, hängt die Rolle, die künstliche Intelligenz in Entscheidungssituationen spielt, maßgeblich von vorausgehenden Entscheidungen der Organisation ab. Es war daher wichtig, mit Organisationsmitgliedern zu sprechen, die diese Entscheidungen treffen bzw. daran beteiligt sind. Sie finden sich auf den mittleren und oberen Hierarchieebenen der untersuchten Organisationen.

Die dritte Gruppe sind Organisationsmitglieder, die im Alltag mit künstlicher Intelligenz umgehen bzw. ihre Entscheidungen umsetzen. Sie sind Experten ihres Arbeitsalltags und können beschreiben, inwieweit künstliche Intelligenz Entscheidungen prägt. Man findet sie auf unterschiedlichen Hierarchieebenen, in Abhängigkeit davon, zu welchem Zweck künstliche Intelligenz eingesetzt wird. Im Fall des Online-Reisebüros liefert z.B. ein Kundenberater wichtige Einsichten, der am unteren Ende der Hierarchie des Unternehmens steht. Die Organisationsmitglieder, die im Fall der Wirtschaftsprüfungsgesellschaft mit KI-Anwendungen arbeiten, bekleiden hingegen höhere Positionen.

Diese drei Expertengruppen sind nicht wechselseitig exklusiv. Viele der Interviewpartner (siehe Abbildung 4.1) lassen sich zwei Gruppen zuordnen. Beispielsweise treffen Technik-Experten oftmals Entscheidungen über künstliche Intelligenz. Das passiert im Fall des Automobilherstellers. Ein Interviewpartner, der Geschäftsführer des Online-Reisebüros, passt sogar in alle drei Kategorien. Er hat Umgang mit der Technik, entscheidet über die Bedingungen ihres Einsatzes und hat sich intensiv in ihre Funktionsweise eingearbeitet.

Inhaltlich ist das Experteninterview eine Gradwanderung zwischen einer offenen Interviewsituation und der Fokussierung auf das Wissen des Gesprächspartners (vgl. Liebold/Trinczek 2009). Dafür kommt „ein offen und unbürokratisch zu handhabender Leitfaden zum Einsatz, der hinreichend Raum für freie Erzählpassagen mit eigenen Relevanzsetzungen lässt" (ebd.: 35). Dieser wurde mit Hilfe des SPSS-Prinzips (Helfferich 2011: 182 ff.) erstellt, das durch seinen Prüfprozess u.a. die Offenheit der Interviewfragen sicherstellt.

Der erste Gesprächsschwerpunkt waren die Anfänge der Auseinandersetzung mit künstlicher Intelligenz. Er begann mit der Frage: „wie kam es dazu, dass Ihre Organisation sich mit dem Thema ‚künstliche Intelligenz' befasst hat?". Davon ausgehend arbeiteten sich die Interviews durch erzählerhaltende Fragen chronologisch vor. Dazu kam eine Liste mit Nachfragen. Diese wurden nur unter der

Bedingung gestellt, dass der Interviewpartner sie nicht selbst bereits adressiert hatte.

Der zweite Themenschwerpunkt war die alltägliche Praxis mit künstlicher Intelligenz. Er wurde mit einer weiteren offenen Frage eingeleitet: „Wie gestaltet sich Ihr Alltag mit künstlicher Intelligenz?". Dabei wurde unterstellt, dass Interviewpartner über Entscheidungen von bzw. mit künstlicher Intelligenz berichten würden. Wenn die Interviewpartner nicht von sich aus auf Entscheidungssituationen zu sprechen kamen, wurde das Gespräch in diese Richtung gelenkt.

Den dritten Schwerpunkt bildeten durch künstliche Intelligenz herbeigeführte Veränderungen. Hier wurden die Interviewpartner gebeten, Vorher-Nachher-Vergleiche anzustellen: „Inwieweit hat sich die Entscheidungsfindung durch den Einsatz künstlicher Intelligenz verändert?". Zu dieser Frage gab es eine, verglichen mit den ersten beiden Schwerpunkten, sehr lange Liste potenzieller Nachfragen, die eine Vielfalt von Themen abdeckten. Dazu gehörten u.a. Entscheidungsqualität, Fehler und Verantwortung. Die Liste der Nachfragen wuchs mit fortschreitendem Erkenntnisgewinn.

Die drei Themenblöcke blieben über den gesamten Forschungsprozess erhalten. Die Schwerpunkte verschoben sich jedoch mit der Zeit. Zu Beginn des Forschungsprojekts lag der Fokus auf dem ersten und dem zweiten Themenbereich. Im weiteren Verlauf der Datenerhebung und -auswertung verlagerte er sich zum zweiten und dritten Schwerpunkt. Auch die Anzahl, die Formulierung und die Schwerpunkte der jeweiligen Nachfragen veränderten sich fortlaufend, sodass es nicht nur einen, sondern eine Vielzahl von Interviewleitfäden gab.

Sämtliche Leitfäden wurden in der Gesprächssituation locker gehandhabt. Ein guter Gesprächsfluss und die Schwerpunktsetzungen der Interviewpartner wurden höher bewertet als das Abhaken sämtlicher Nachfragen. Durch dieses situationsangepasste Vorgehen entstanden natürliche Gespräche, die die Perspektive der Interviewpartner auf die Entscheidungspraxis mit künstlicher Intelligenz detailliert erörtern.

Die Rahmenbedingungen der Experteninterviews waren über die gesamte Laufzeit des Forschungsprojekts ähnlich. Die Kontaktpersonen wurden gebeten, sich anderthalb Stunden Zeit zu nehmen. Die Ortswahl sowie die Entscheidung zwischen Präsenz- oder Online-Interview wurde den Interviewpartnern überlassen. Während der Corona-Pandemie wurden sämtliche Gespräche per Videokonferenz durchgeführt.

Fall	Interviewpartner
Halbleiterhersteller	Produktionsingenieur
	Interner Berater
	Logistiker
Online-Reisebüro	Geschäftsführer
	Geschäftsführer (ders.)
	Kundenberater
Automobilzulieferer	Interner Berater
	Interner Berater
	Data Scientist
Landwirtschaftsbetriebe (beide Fälle)	Landwirt
	Landwirt (ders.)
	Vertriebsleiter KI-Anbieter
	Geschäftsführer KI-Anbieter
Bank	KI-Experte
	Berater
	Branchenexperte
Wirtschaftsprüfungs-gesellschaft	Digital Transformation Manager
	Wirtschaftsprüfer
	Wirtschaftsprüfer
	KI-Experte
	KI-Experte (ders.)
Fallübergreifend	Berater

Abbildung 4.1   Aufschlüsselung der Interviewpartner nach Fällen

4.3.2   Beobachtungsinterviews

Neben den Experteninterviews kamen punktuell *Beobachtungsinterviews* zum Einsatz. Beobachtungsinterviews beobachten das Arbeitshandeln von Organisationsmitgliedern, möglichst ohne dessen Ablauf zu stören. Die Beobachtung wird mit der Bitte an den Interviewpartner verbunden, das eigene Handeln zu kommentieren bzw. „laut zu denken" (Kuhlmann 2009: 85). Diese Methode bot sich insbesondere im Fall der Wirtschaftsprüfungsgesellschaft an, weil deren Organisationsmitglieder über eine Nutzeroberfläche mit der künstlichen Intelligenz interagieren.

Das Beobachtungsinterview expliziert einerseits den „sozialen Sinn" des Arbeitshandelns (ebd.: 80). In der Erklärung der Arbeit offenbaren sich die Erwartungen der Organisation, die das Organisationsmitglied orientieren. Andererseits können Interviewpartner Einflüsse reflektieren, die sich aus der Widerständigkeit von Technik ergeben. Software lenkt Nutzer insbesondere durch die Gestaltung von Oberflächen mit beschränkten Auswahlmöglichkeiten (vgl. Schulz-Schaeffer/ Funken, 2008: 14). Deswegen eignet sich das Beobachtungsinterview hervorragend, um den gleichzeitigen Einfluss von Organisation und Technik einzufangen.

Die Beobachtungsinterviews wurden überwiegend per Videokonferenz durchgeführt. Dabei wurde der Computerbildschirm des beobachteten Organisationsmitglieds übertragen, sodass sich dessen Interaktion mit der Nutzeroberfläche der KI-Anwendung beobachten ließ. Dies hatte den Vorteil, dass nicht nur das Ton-, sondern auch Bildmaterial aufgezeichnet werden konnte.

4.3.3   Dokumente

Ergänzend zu Experten- und Beobachtungsinterviews wurden Dokumente (vgl. Salheiser 2014; Klein 2014) als dritte Datenquelle genutzt. Von Beginn des Forschungsprozesses an wurden sämtliche Arten von Dokumenten gesammelt, die über die untersuchten Unternehmen und ihren Einsatz künstlicher Intelligenz verfügbar waren. Dazu gehörten einerseits Dokumente, die die Interviewpartner selbst zur Veranschaulichung ihrer Arbeit zugänglich machten. Andererseits wurden öffentlich zugängliche Dokumente gesammelt. Auf diese Weise entstand eine Sammlung aus Broschüren, Anleitungen, Präsentationen, Screenshots von Websites sowie Zeitungsartikeln.

Diesbezüglich profitierte die Datenerhebung davon, dass die untersuchten Unternehmen den Einsatz künstlicher Intelligenz teilweise öffentlichkeitswirksam präsentieren. Es existiert daher eine Vielfalt von Datenmaterial, das sich der

Illustration künstlicher Intelligenz widmet. Selbst zum KI-Gebrauch der kleineren Organisationen finden sich zahlreiche öffentlich zugängliche Dokumente. Sie erfüllen für den Forschungsprozess insbesondere die Funktion, die durch Interviews und Beobachtungsinterviews eröffneten Perspektiven zu erweitern und zu kontrastieren.

Wie Flick (2009: 257) vorschlägt, wurden die Dokumente hinsichtlich ihrer Glaubwürdigkeit, ihrer Repräsentativität und ihrer möglichen Bedeutung für unterschiedliche Akteure geprüft. Dabei wurde schnell klar, dass es drei unterschiedliche Formen von Dokumenten über den Einsatz künstlicher Intelligenz in Unternehmen gibt: Dokumente, die für eine nicht näher bestimmte Öffentlichkeit außerhalb der Organisation gedacht sind, Dokumente, die eine interne Funktion erfüllen und Dokumente, die von Dritten angefertigt werden.

In die erste Kategorie fallen Broschüren und Websites. Sie präsentieren künstliche Intelligenz als Innovation und stellen bestimmte Ausschnitte des Organisationsalltags bewusst zur Schau. Zur zweiten Kategorie zählen Anleitungen und Präsentationen zum Umgang mit künstlicher Intelligenz. Sie spiegeln die Erwartungen der formalen Organisation wider. Zur dritten Kategorie gehören Zeitungsartikel (und ihre Online-Äquivalente). Sie basieren oftmals auf vorgefilterten Informationen, die die Unternehmen öffentlich zugänglich machen und können deshalb der ersten Kategorie ähneln.

Diese Kategorisierung wurde bei der detaillierten Auswertung der Dokumente noch einmal überprüft und reflektiert. Um bei Dokumenten der ersten Kategorie hinter die „Schauseite" (Kühl 2011: 136 ff.) der Organisation blicken zu können, mussten sie als selektive Selbstpräsentation behandelt und mit anderen Datenquellen konfrontiert werden. Unter dieser Prämisse zeigte sich, dass diese Dokumente trotz allem repräsentativ (vgl. Flick 2009: 255 f.) für ihren Entstehungskontext waren und die Perspektive der Interviewpartner ergänzen konnten. Dokumente der zweiten Kategorie konnten als unverfälschter Ausdruck der formalen Organisation behandelt werden. Dokumente der dritten Kategorie wurden individuell bewertet.

4.3.4 Transkription und Anonymisierung

Im Ergebnis wurden 22 Interviews durchgeführt und transkribiert. Dabei entstanden mehr als 500 Seiten Text. Mit Ausnahme besonders auffälliger Passagen, wurde bei der Transkription auf die Verschriftlichung nicht-sprachlicher Laute und Betonungen verzichtet. Zudem wurde umständlicher oder grammatikalisch falscher Ausdruck korrigiert, um die Lesbarkeit zu verbessern. Hierbei wurden die Wortwahl und der Bedeutungsgehalt der ursprünglichen Aussage nicht verändert.

Ein Beispiel bietet die nachstehende Interviewsequenz, in der ein Interviewpartner über Fehlererkennung durch künstliche Intelligenz spricht. Ursprünglich sagte der Interviewpartner: „Jetzt versuchen wir, was Schönes zu machen, mit einem kleinen Dataset von auffälligen Bildern mehr Informationen zu holen". Diese Aussage wurde wie folgt verändert: „Jetzt versuchen wir, was Schönes zu machen, indem wir mit einem kleinen Dataset auffälliger Bilder mehr Informationen holen".

Sämtliche Interviews wurden bei der Transkription anonymisiert. Hierbei wurden die Namen von Personen, Abteilungen und Unternehmen entfernt und durch Platzhalter ersetzt. Dies wurde den Interviewpartnern im Vorfeld angekündigt, um Sorgen vor einer späteren Identifikation auszuschließen. Dahinter stand die Überlegung, dass Kontaktpersonen, die sich nicht persönlich exponieren, offener über sensible Themen berichten können.

Die Anonymisierung der Interviewpartner, Abteilungen und Unternehmen muss im vorliegenden Text aufrechterhalten werden, um das Vertrauen der Kontaktpersonen zu rechtfertigen. Unternehmen werden daher im Folgenden nicht beim Namen genannt, sondern anhand ihrer Branchen bezeichnet. Die Namen von Abteilungen wurden durch generische Platzhalter ersetzt. Anstelle der Namen von Personen werden Berufsbezeichnungen gebraucht. Dabei werden Organisationsmitglieder auf eine Art und Weise beschrieben, die sie nicht gegenüber Kollegen und Vorgesetzten identifiziert.

In einigen Fällen war es notwendig, weitreichende Schritte zu unternehmen, um eine Identifikation von Unternehmen zu verhindern. Die betroffenen Unternehmen hätten vom Leser leicht durch die Nennung ihrer Branche erkannt werden können. Daher wurden kreative Umschreibungen genutzt, die Leser an den tatsächlichen Arbeitskontext heranführen. Hierbei wurde großer Wert darauf gelegt, dass die Anonymisierung empirische Zusammenhänge nicht verzerrt. Sämtliche nachfolgend berichteten Episoden werden exakt so nacherzählt, wie die Interviewpartner sie geschildert haben. Allein die Branchenbeschreibung ist nicht in allen Fällen zu hundert Prozent akkurat.

Weil die überwältigende Mehrheit der Interviewpartnerinnen und Interviewpartner Männer waren, ist es nicht möglich, Geschlechter zu differenzieren, ohne die Anonymität der Interviewpartnerinnen gegenüber ihren Kolleginnen und Kollegen zu gefährden. Alle Interviewpartnerinnen und Interviewpartner werden deshalb in der männlichen Form bezeichnet.

4.4 Datenauswertung

Sämtliche Daten wurden nach den methodischen Empfehlungen der Grounded Theory (vgl. Corbin/Strauss 2015) ausgewertet. Die daraus entstandenen Thesen wurden anschließend mit Hilfe von Organisationstheorie reflektiert. Diese beiden Schritte betrachten wir im Folgenden.

4.4.1 Analyse der empirischen Fälle

Die Auseinandersetzung mit den untersuchten Fällen begann mit der Analyse einzelner Interviews. Jedes Interview wurde Sequenz für Sequenz „offen" kodiert (vgl. Corbin/Strauss 2015: 222 ff.; Kelle et al. 1993: 54). Hierbei wurde die zu analysierende Textstelle als Ausdruck eines empirischen Phänomens behandelt, das durch den Interviewpartner sprachlich aufbereitet und gefiltert ist. Die Analyse musste folglich das subjektive Bild nachvollziehen und entschlüsseln, das dieser vermittelt.

Hierbei halfen die von Böhm (2008: 447) vorgeschlagenen theoriegenerierenden Fragen. Sie interessieren sich dafür, welches Phänomen in einem Text zum Ausdruck kommt (Was?); welche Aspekte dieses Phänomens angesprochen bzw. nicht angesprochen werden (Wie?); welche Akteure in welchen Rollen beteiligt sind (Wer?); welche Bedeutung Temporalität zukommt (Wann?) und wie ein Phänomen zu begründen ist (Warum?).

Auf Grundlage der Antworten auf diese Fragen entstand ein Text, der das angesprochene Phänomen erklärt. Er wurde mit einem aus dem Material heraus gebildeten in-vivo-Code (Corbin/Strauss 2015: 103) überschrieben. Wenn es bei diesem Analyseschritt mehrere Möglichkeiten gab, eine Interviewsequenz zu erklären, wurden diese Alternativen notiert und in nachfolgende Analyseschritte (s. u.) mitgeführt, bis eine davon bestätigt werden konnte.

Den Prozess des offenen Kodierens können wir anhand einer Sequenz aus einem Gespräch mit einem Wirtschaftsprüfer nachvollziehen. Hier spricht der Interviewpartner über die Digitalisierung von Prüfungsprozessen *jenseits* künstlicher Intelligenz: „Ich [kann] mir dann quasi nur einmal die Systematik anschauen, wie diese Lösungen arbeiten, und mich danach aber auch darauf verlassen [...], dass das so funktioniert". Das in dieser Aussage angesprochene Phänomen (Was?) ist die Beziehung des Wirtschaftsprüfers (Wer?) zu Technik. Bei der Analyse lernen wir, dass diese Beziehung stark durch die empfundene Zuverlässigkeit von Technik geprägt ist (Wie?).

Die Kernaussage der Sequenz besteht darin, dass Technik eine „Systematik" hat. Der Interviewpartner bringt damit zum Ausdruck, dass ihre Operationen nicht zufällig verlaufen, sondern planvoll. Es bestehen Muster, die man analysieren und verstehen kann. Technik wird dadurch für den Anwender berechenbar. Diese Berechenbarkeit wird zusätzlich dadurch betont, dass der Interviewpartner sich die Systematik „nur einmal" anschauen muss. Es gibt keine Notwendigkeit für eine zweite Untersuchung der Technik, weil sie sich nicht verändert und zuverlässig ihre Arbeit verrichtet. Dadurch wird sie für den Interviewpartner zu einer „Lösung". Die Berechenbarkeit der technischen Problembearbeitung erlaubt dem Interviewpartner, seine Aufmerksamkeit abzuwenden.

Nachdem ein Interview vollständig offen kodiert wurde, bestand der nächste Schritt im „axialen" Kodieren (Corbin/Strauss 2015: 240 ff.). Dabei werden die zuvor erstellten Codes miteinander verglichen, um Codes zu identifizieren, die dasselbe Phänomen beschreiben. Dabei könnte sich beispielsweise herausstellen, dass es weitere Interviewsequenzen gibt, die das Verhältnis des Wirtschaftsprüfers zu Technik charakterisieren. Aus dem Gesprächsfluss des Interviews ergibt sich, dass benachbarte Sequenzen oftmals inhaltlich miteinander verwandt sind (Böhm 1994: 131). Verwandte Codes können aber auch unzusammenhängend auftreten.

Für sämtliche Code-Gruppen, die dasselbe Phänomen adressieren, muss geklärt werden, inwieweit sie hinsichtlich ihres Aussagegehalts redundant sind, einander ergänzen oder einander widersprechen. Redundante Codes werden ohne Weiteres zusammengeführt. Wenn Codes einander ergänzen, wird herausgearbeitet, in welchem Verhältnis sie zueinander stehen. Wie Bischof und Wohlrab-Sahr (2018: 89) beschreiben, sind zeitliche und räumliche Beziehungen, Ursache-Wirkungs-Beziehungen, Mittel-Zweck-Beziehungen, Kontexte und intervenierende Bedingungen zu beachten. Wenn Codes widersprüchliche Aussagen zum selben Phänomen enthalten, müssen Konflikte unter Bezugnahme auf den Interviewtext aufgeklärt werden. Im Ergebnis entsteht ein axialer Code, dessen Erklärungsansatz die vorausgehenden Codes auf einem höheren Abstraktionsniveau vereint.

Im letzten Analyseschritt, dem „selektiven Kodieren", wurden Beziehungen zwischen den verschiedenen axialen Codes herausgearbeitet. Dazu gehört Corbin und Strauss (2015: 290 ff.) zufolge die Identifikation einer Schlüsselkategorie, deren Beziehungen zu den anderen Kategorien herausgearbeitet werden. Eine solche konnte jedoch nicht in allen Interviews identifiziert werden. Häufig gab es stattdessen mehrere zentrale Kategorien, von denen sich Beziehungsnetze entfalteten.

Als die Thesen der Arbeit nach der Analyse von insgesamt 5 Fällen einen gesättigten Zustand erreicht hatten, wurde das Auswertungsverfahren verkürzt.

Zu diesem Zeitpunkt bestand ein belastbares Bild von der Entscheidungsfindung unter Beteiligung künstlicher Intelligenz und es stellte sich die Frage nach dessen Übertragbarkeit. Diese konnte dadurch kritisch überprüft werden, dass gezielt solche Interviewpassagen zur Analyse ausgewählt wurden, die Neuheiten oder Widersprüche zu bestehenden Thesen enthielten. Interviewsequenzen, die sich nahtlos in Bekanntes einfügten, wurden hingegen nicht mehr analysiert.

Das Ergebnis der Interviewanalyse war die Rekonstruktion der *subjektiven Perspektive* eines Interviewpartners auf seine Organisation, deren Entscheidungen und die Rolle, die künstliche Intelligenz darin spielt. Wissenschaftliche Erkenntnis über soziale Phänomene im Kontext von Organisationen muss jedoch von individuellen Perspektiven abstrahieren. Dies geschah durch die *Kontrastierung* sämtlicher zu einem Fall gehörigen Interviews und der darin entfalteten Blickwinkel auf künstliche Intelligenz. Ähnlich wie beim axialen Kodieren stellte sich hierbei die Frage, inwieweit die Aussagen unterschiedlicher Interviewpartner redundant zueinander waren, einander ergänzten oder sich widersprachen.

Redundante sowie einander ergänzende Codes wurden als Bestätigung vorausgehender Ergebnisse gewertet und zusammengeführt. Widersprüche mussten durch weiterführende Analyse aufgeklärt werden, die alle betroffenen Textstellen einbezog. Im Ergebnis entstanden erklärende Aussagen über den Fall, die unterschiedliche Blickwinkel umschließen. Diese Thesen wurden abschließend in Fallbeschreibungen ausformuliert.

Für jeden der sieben Fälle entstand ein Text, der Antworten auf die Forschungsfragen dieser Arbeit gibt: Welche Rolle spielt künstliche Intelligenz in Entscheidungsprozessen? Wie kommt es dazu, dass künstliche Intelligenz eine bestimmte Rolle einnimmt? Und welche Folgen sind damit verbunden? Diese Fallbeschreibungen haben einen Umfang von 60 bis 130 Seiten.

Die in den Fallbeschreibungen verschriftlichten Thesen über künstliche Intelligenz wurden auf kurze Aussagen verdichtet. Beispiele dafür sind „Unsicherheit beeinflusst die Wahrnehmung künstlicher Intelligenz" oder „Das Ausmaß an Unsicherheit, das ein Unternehmen tolerieren kann, ist abhängig von Umwelterwartungen". Anschließend wurde für jeden der Fälle geprüft, wie sie sich zu diesen Aussagen verhalten. Dabei waren erneut Redundanzen, Ergänzungen und Widersprüche von Interesse. Aus deren Aufarbeitung entstanden einzelne Texte mit fallübergreifenden Thesen. Diese Thesen bildeten, nach der theoriegeleiteten Reflexion (s. u.), die Grundlage für den vorliegenden Text.

4.4.2   Theoriegeleitete Reflexion

Die Forschungsergebnisse fußten zunächst auf empirischen Daten. Erst nach dem Abschluss der Datenauswertung (s. o.) wurden sie mit Organisationstheorie konfrontiert. Hierfür wurden Theorien gesucht, die dieselben Gegenstände behandeln, die in den fallübergreifenden Thesen eine Rolle spielen. Aus der Perspektive dieser Theorien wurden die in den fallübergreifenden Thesen beschriebenen Zusammenhänge ein weiteres Mal analysiert. Hierbei wurde das Erkenntnispotential verschiedener Ansätze miteinander verglichen.

Diese Rückbindung an Organisationstheorie erzeugt (1.) zusätzlichen Erkenntnisgewinn, indem sie die Erklärungen der Grounded Theory ergänzt und vertieft.

Darüber hinaus eröffnet sie (2.) Abstraktionsmöglichkeiten über das Sample der untersuchten Fälle hinaus. Organisationstheorie besteht in großen Teilen aus Aussagen über die Funktionsweise von Organisationen, die bereits durch empirische Forschung validiert sind. Der Theoriebezug schließt die aus dem Datenmaterial gewonnenen Thesen an diesen Wissensbestand an.

Die Anbindung an Theorie erlaubt es (3.), organisationswissenschaftlich Bekanntes zu erkennen und einzuordnen. Dadurch wird der Überblick über die Forschungsergebnisse systematisiert. Altbekanntes kann unter Verweis auf bestehende Theorie abgehandelt werden. Auf diese Weise wird der Leser vor einer detaillierten Einführung in Sachverhalte beschützt, die aus anderen Zusammenhängen bereits bekannt sind.

Das letzte bedeutsame Argument für die Reflexion der Grounded Theory mit Organisationstheorie besteht (4.) darin, Neuheiten sichtbar zu machen. Es zeigt sich, welche Bestandteile der Grounded Theory sich nahtlos in den Forschungsstand einfügen, welche Bestandteile ihn ergänzen und welche aus bestehenden Denkmustern herausfallen. Letztere sind für die folgende Argumentation von besonderem Interesse.

Welche Rolle(n) künstliche Intelligenz spielt

5

In diesem Kapitel legen wir den Grundstein, die Beziehung künstlicher Intelligenz zu Organisationen zu charakterisieren, indem wir die erste Forschungsfrage beantworten. Wir diskutieren, auf welche Art und Weise künstliche Intelligenz an den Entscheidungen von Unternehmen beteiligt ist. Dabei lassen sich drei verschiedene Rollenverteilungen herausarbeiten. Die untersuchten Organisationen behandeln unterschiedliche Instanzen als Entscheidungsträger und gestehen dem Output künstlicher Intelligenz mal mehr, mal weniger Bindungswirkung zu.

Eine Reihe von Organisationen setzt künstliche Intelligenz als *kompetenten Entscheidungsträger* ein. In diesen Fällen soll sie Entscheidungen treffen, die weitreichende Bindungswirkung entfalten. Andere Organisationen behandeln die Technik als *kontrollbedürftigen Entscheidungsträger*. Hier trifft sie ebenfalls Entscheidungen, deren Bindungswirkung wird allerdings eingeschränkt. Daneben gibt es eine einzelne Organisation, deren KI-Anwendung ausdrücklich keine Entscheidungen treffen darf. Sie wird als *Werkzeug menschlicher Entscheidungsträger* gebraucht.

5.1 Künstliche Intelligenz als kompetenter Entscheidungsträger

Ein Beispiel für künstliche Intelligenz, die als kompetenter Entscheidungsträger agiert, bietet der Fall des *Halbleiterherstellers*. Das Unternehmen setzt die Technik im Rahmen eines Produktionsprozesses zur Qualitätskontrolle ein. Ein Produktionsingenieur schreibt ihr diesbezüglich eine tragende Rolle zu: „da muss dann die KI […] autonom entscheiden; die sagt dann ‚gut‘ oder ‚schlecht‘ und damit musst du leben".

© Der/die Autor(en), exklusiv lizenziert an Springer Fachmedien Wiesbaden GmbH, ein Teil von Springer Nature 2024
C. Scharff, *Wie künstliche Intelligenz Entscheidungen prägt*,
https://doi.org/10.1007/978-3-658-44262-0_5

Künstliche Intelligenz wird in dieser Aussage als Entscheidungsträger beschrieben, der aus zwei Alternativen wählt. Halbleiter können funktionsfähig oder defekt sein. Hinter der geringen Anzahl von Entscheidungsoptionen verbirgt sich jedoch große Komplexität. Wie in Abschnitt 4.2.1 beschrieben, gibt es eine Vielzahl schwer zu erkennender Produktionsfehler, die man kennenlernen muss, um die Qualität von Halbleitern einzuschätzen.

Künstliche Intelligenz ist für diese Aufgabe alleinverantwortlich. Diese Eigenständigkeit wird in der Interviewsequenz durch den Gebrauch des Adjektivs „autonom" unterstrichen. Die Technik wählt nach eigenen Maßgaben, ohne von außen beeinflusst zu werden. Andere Akteure lässt der Interviewpartner passiv erscheinen. Organisationsmitglieder müssen „damit […] leben", dass eine bestimmte Entscheidung gefällt wird. Sie stellen sich darauf ein, dass eine fremde Instanz auswählt, und nehmen deren Entscheidung unhinterfragt zur Kenntnis.

Ein anderer Interviewpartner bestätigt und rechtfertigt diese Rollenaufteilung. Er erklärt: „Es gibt eben viele Bereiche, wo man überhaupt nur noch durch KI die Chance hat, sich Daten anzusehen. […] Das kann sich kein Mensch anschauen. Die KI kann das". Künstliche Intelligenz besitzt demnach einzigartige Fähigkeiten, die sie von Organisationsmitgliedern unterscheiden. Die Auswahl zwischen den Alternativen „gut" und „schlecht" wird überhaupt erst durch den Einsatz der Technik ermöglicht (siehe dazu ausführlich Abschnitt 8.2).

Die zweite Organisation, die künstliche Intelligenz als kompetenten Entscheidungsträger behandelt, ist das *Online-Reisebüro*. Hier wiederholt sich das Muster, das wir für den Halbleiterhersteller beschrieben haben. Das können wir anhand eines Zitats des Geschäftsführers veranschaulichen, das erläutert, wie das Unternehmen seinen Kunden Hotelangebote macht: „Die Möglichkeit, die wir heute nutzen, […] ist, das [Angebot] sich durch Machine Learning selbst bestimmen zu lassen".

Das „selbst bestimm[te]" Angebot, verweist darauf, dass Entscheidungen auch in diesem Unternehmen nicht durch Organisationsmitglieder beeinflusst werden. Allein die Technik wird mit den Hotelvorschlägen in Zusammenhang gebracht, die das Unternehmen seinen Kunden schickt. Sie wählt aus einem umfassenden Katalog von Alternativen diejenige aus, die am besten zur jeweiligen Kundenanfrage passt (siehe Abschnitt 4.2.2).

Ein drittes Unternehmen, in dem künstliche Intelligenz auf ähnliche Weise agiert, ist der Automobilzulieferer. Dort kommt sie in der Produktionsplanung zum Einsatz. Ein Inhouse-Berater erklärt ihre Funktion folgendermaßen: „der Algorithmus ist in der Lage, […] zu optimieren, wann welche Teile am geschicktesten in die Maschinen kommen, aber gleichzeitig ist er auch in der Lage, den Prozess anzupassen, wenn neue Teile dazukommen".

Mit dieser Aussage rückt der Interviewpartner künstliche Intelligenz als grammatikalisches Subjekt in eine Schlüsselrolle. Sie identifiziert fortlaufend neue Möglichkeiten, die Reihenfolge der Produktion und die Belegung der Maschinen zu organisieren. Gleichzeitig vermittelt sie „geschickt" zwischen den Optionen. Insofern gestaltet die Technik den Produktionsprozess. Entscheidungen werden erneut ohne Beteiligung von Organisationsmitgliedern getroffen.

Dass Interviewpartner in allen drei Fällen erwarten, dass künstliche Intelligenz (und niemand sonst) Entscheidungen trifft, können wir mit dem systemtheoretischen Entscheidungsverständnis auf den organisatorischen Kontext zurückführen (siehe Abschnitt 3.2). Organisationen machen Vorgaben dazu, welche Stellen unter welchen Bedingungen für bestimmte Angelegenheiten verantwortlich sind. Der Halbleiterhersteller, das Online-Reisebüro und der Automobilzulieferer weisen die Technik als Entscheidungsträger aus, der für Qualitätsurteile, Hotelangebote bzw. die Produktionsplanung zuständig ist (siehe hierzu ausführlich Abschnitt 6.3).

Die formale Zuordnung von Entscheidungsgewalt ist folgenreich für den Umgang mit dem Output der Technik. Dieser *prägt nachfolgendes Entscheiden* in allen drei Organisationen maßgeblich. Der Halbleiterhersteller verarbeitet die Auswahl künstlicher Intelligenz in nachfolgenden Produktionsschritten. Negativ bewertete Halbleiter werden aussortiert. Positiv beurteilte Teile durchlaufen den nächsten Produktionsschritt. Ein Interviewpartner sagt darüber: „Dann läuft das im Hintergrund, ohne irgendeinen Kollegen zu stören". Das auf die Auswahl der Technik folgende (Aus-) Sortieren der Teile erfolgt demnach ohne menschliches Dazutun.

Auch im Fall des Automobilzulieferers werden die Entscheidungen künstlicher Intelligenz vollautomatisch weiterverarbeitet. Ein Interviewpartner spricht davon, dass sie „direkt in die Maschine eingespeist" werden. Auf diese Weise setzt die KI-Anwendung Prämissen für sämtliche nachfolgenden Produktionsschritte. Die Auswirkungen ihrer Entscheidungen lassen sich bis zur Auslieferung der Produkte an den Kunden nachverfolgen. Das ist für die Organisation eine tiefgreifende Veränderung.

Vor der Einführung künstlicher Intelligenz waren Produktionsplaner dafür verantwortlich, eine termingerechte Produktion sicherzustellen (siehe Abschnitt 4.2.3). Wenn Fristen nahten oder ein besonders wichtiger Kunde eine schnelle Lieferung benötigte, konnte man darüber mit dem Produktionsplaner sprechen. Diese Möglichkeit entfällt mit der vollautomatisierten Entscheidungsfindung. Es entsteht eine Kette von Entscheidungen, die durch künstliche Intelligenz initiiert wird und für Organisationsmitglieder schlecht einsehbar ist.

Auch im Fall des Online-Reisebüros wird der Output der KI-Anwendung in den meisten Fällen vollautomatisch weiterverarbeitet. Wenn Kunden per Email oder über die Website Kontakt mit dem Unternehmen aufnehmen, wird das „sich selbst" bestimmende Angebot unmittelbar verschickt. Die Auswahl künstlicher Intelligenz entfaltet somit auch in diesem Unternehmen eine Bindungswirkung.

Der Bindungseffekt lässt sich mit dem systemtheoretischen Entscheidungs-verständnis ebenfalls auf die Organisation zurückführen. Wenn Organisationen Ereignisse als Entscheidungen ausweisen, bekommen diese einen offiziellen, verbindlichen Charakter. Das führt auch ohne Automatisierung zu einer Beein-flussung nachfolgenden Handelns (siehe Abschnitt 3.1). Die automatisierte Weiterverarbeitung der Entscheidungen künstlicher Intelligenz fixiert die formale Verbindlichkeit allerdings zusätzlich.

Die drei in diesem Kapitel untersuchten Unternehmen gestehen künstlicher Intelligenz somit vollständige Entscheidungshoheit über ihre Produktionspla-nung, ihre Qualitätskontrollen und ihren Kundenkontakt zu. Die Technik prägt den Inhalt dieser Entscheidungen, ohne dass sich Organisationsmitglieder damit auseinandersetzen. Das unterscheidet diese Fälle von den im nachfolgenden Kapitel zu diskutierenden Organisationen. Diese fordern von ihren Mitgliedern, unter bestimmten Bedingungen in die Entscheidungen künstlicher Intelligenz einzugreifen.

Abschließend bleibt noch zu erwähnen, dass die Charakterisierung künstli-cher Intelligenz als „kompetenter Entscheidungsträger" kein wissenschaftliches Urteil über die Qualität ihrer Entscheidungen darstellt. Die Überschrift des Kapitels bezieht sich darauf, wie Unternehmen künstliche Intelligenz einordnen und behandeln. Ein „kompetenter Entscheidungsträger" zeichnet sich dadurch aus, dass er eigenständige Entscheidungen trifft, die aus der Perspektive der Organisation nicht hinterfragt werden müssen.

5.2   Künstliche Intelligenz als kontrollbedürftiger Entscheidungsträger

Als „kontrollbedürftiger Entscheidungsträger" weist künstliche Intelligenz Gemeinsamkeiten zu den vorausgehenden Fällen auf. Sie soll ebenfalls im Namen der Organisation Entscheidungen treffen. Für deren Gültigkeit gibt es jedoch sachliche und zeitliche Grenzen. Organisationsmitglieder sind angehalten, den Output der Technik unter bestimmten Bedingungen zu hinterfragen. Diese Besonderheiten arbeiten wir im Folgenden aus dem Datenmaterial heraus.

Das erste Unternehmen, das künstliche Intelligenz als kontrollbedürftigen Entscheidungsträger betrachtet, ist der kleine Landwirtschaftsbetrieb. Er lässt die Technik aus zwei Alternativen wählen. Sie diagnostiziert Kälber als „krank" oder „gesund". Wie die Organisation diesen Vorgang wahrnimmt, lässt sich aus dem folgenden Zitat eines Landwirts herausarbeiten: „Und es ist ja so, dass das System die Krankheit von Haus aus besser erkennt als der Mensch, weil es einfach das Kalb rund um die Uhr bewacht".

In dieser Interviewsequenz wird deutlich, dass die Organisation sich einen Vorteil davon verspricht, Entscheidungen auf künstliche Intelligenz auszulagern. „Das System" erscheint als Beschützer, der den Jungtieren niemals von der Seite weicht. Der Interviewpartner hebt die Diagnosekompetenz der Technik gezielt hervor, indem er einen Vergleich mit Menschen anstellt. Diesen gewinnt die KI-Anwendung zweifelsfrei. Ihr Erfolg resultiert dem Landwirt zufolge aus einer lückenlosen Überwachung.

Der große Landwirtschaftsbetrieb entwickelt eine ähnliche Sichtweise auf künstliche Intelligenz. Er betrachtet sie ebenfalls als Entscheidungsträger. Diese Wahrnehmung spiegelt das folgende Zitat: „das System [hat] halt auch viele Krankheiten erkannt [...], die die Fütterer [...] nicht erkannt haben". Die Technik tritt in dieser Aussage erneut als Beschützer auf, der Organisationsmitglieder in den Schatten stellt.

Auch für die dritte Organisation, die Bank, soll künstliche Intelligenz Entscheidungen treffen. Die Technik gleicht elektronische Daten mit den Druckexemplaren von Verträgen ab. Ein Interviewpartner erklärt diesbezüglich: „Es wird überprüft, ob das, was [in der Datenbank] steht, das ist, was im Vertrag steht". Die künstliche Intelligenz untersucht demnach die vorliegenden Dokumente und wählt eine von zwei Möglichkeiten. Sie stellt entweder fest, dass die elektronischen Daten der Druckversion entsprechen, oder sie entdeckt eine Abweichung.

Alle drei Unternehmen betrachten die Entscheidungen künstlicher Intelligenz zunächst als bindend. So erklärt der Landwirt des Familienbetriebs, dass er sich „gut auf die [KI-Anwendung] verlassen kann". Damit macht er deutlich, dass er sein eigenes Entscheiden am Output der Technik ausrichtet. Insbesondere plant er darauf aufbauend seine Besuche im Stall. Für den Fall, dass die künstliche Intelligenz ein Tier als „krank" beschreibt, erklärt der Landwirt: „Da muss ich mir die Zeit nehmen und mal schauen, was da los ist" und „ich beobachte dann auf jeden Fall das Kalb, sobald die App ausschlägt". Der Landwirt gestaltet den Rest des Tages unter der Prämisse, dass eines seiner Tiere Aufmerksamkeit benötigt.

Auch wenn die KI-Anwendung ein Tier als „gesund" ausweist, ist ihr Output folgenreich: „Dann weiß ich eigentlich, dass meine Kälber gesund sind und dass ich die schneller abarbeiten kann. Ich füttere meine Kälber und [...] dann bin ich eigentlich nach einer viertel Stunde fertig bei den Kälbern". Die Gesundmeldung führt demnach dazu, dass der Landwirt seine Aufmerksamkeit guten Gewissens von seinen Tieren abwendet. Er nimmt sich Zeit für andere Aufgaben auf dem Hof. Auch in diesem Fall wird der Output nicht hinterfragt.

Die Routinen des großen Landwirtschaftsbetriebs sind mit denen des Familienbetriebs vergleichbar. Die Entscheidung der Technik lenkt die Aufmerksamkeit der Mitarbeiter, die für die Betreuung der Tiere zuständig sind. Wenn sie ein Tier als „gesund" ausweist, benötigt es keine weitere Fürsorge. Wenn ein Kalb als „krank" eingestuft wird, müssen sich Organisationsmitglieder damit befassen. Ein Interviewpartner erklärt, „dass der Landwirt [...] einfach gezielt schon was machen kann". Das unterstreicht, dass die Entscheidung der KI-Anwendung konkrete Schritte nach sich zieht.

Auch die Bank betrachtet die Auswahl ihrer KI-Anwendung als bindend. Das zeigt sich in dem folgenden Zitat, in dem ein Interviewpartner die Arbeit der künstlichen Intelligenz lobt: „Ich meine, wenn der Algorithmus sagt, ‚es ist alles in Ordnung', dann sollte schon alles in Ordnung sein". Der Interviewpartner beschreibt die künstliche Intelligenz somit als Wegweiser für nachfolgende Arbeit. „[D]er Algorithmus" bestimmt, ob die Daten eines Vertrags „in Ordnung" sind oder ob ein Dokument eingehend geprüft werden muss.

Bis zu diesem Punkt unterscheidet sich die Rolle künstlicher Intelligenz nicht von den Fällen, die wir im vorausgehenden Kapitel behandelt haben. Ihr Output wird als Entscheidung zur Prämisse nachfolgenden Entscheidens. Es gibt jedoch auch Unterschiede. Diese können wir am Beispiel des kleinen Landwirtschaftsbetriebs nachvollziehen:

Die Organisation zieht klare Grenzen für die Bindungswirkung des Outputs ihrer KI-Anwendung. Der Landwirt ist nicht bereit, eine medikamentöse Behandlung daran zu orientieren. Sein Vorgehen beschreibt er folgendermaßen: „Also, wenn jetzt mal was Ernsteres vorliegen würde, würde ich als allererstes Fieber messen [und] auf die Kotkonsistenz achten zum Beispiel, ob da Durchfall ist". In dieser Interviewsequenz stellt der Landwirt seine eigene Diagnose vor alle weiteren Handlungen. Wenn er Symptome feststellt, leitet er eine Behandlung ein.

Der große Landwirtschaftsbetrieb geht genauso vor. Ein Interviewpartner erklärt, die Angestellten sollen „jetzt nicht irgendwie automatisch ein Antibiotikum verabreichen, nur weil der Sensor jetzt irgendwie meint, dass das krank ist". Der Output der künstlichen Intelligenz soll Prämisse der Aufmerksamkeitsverteilung der Mitarbeiter sein; er soll aber nicht zur Prämisse der Medikamentenverabreichung werden.

Auch bei der Bank wiederholt sich das Muster. Es gibt Grenzen dafür, wie weit man dem Output künstlicher Intelligenz folgt. Hier findet eine Kontrolle der Entscheidung der künstlichen Intelligenz statt, wenn sie Vertragsinformationen als fehlerhaft ausweist. Das Computersystem der Bank flaggt solche Fälle für die Revisionsabteilung als bearbeitungsbedürftig aus. Mitglieder dieser Abteilung nehmen daraufhin eine händische Kontrolle vor.

Ein Interviewpartner erklärt: „es ist ja so, […] dass diese künstliche Intelligenz eigentlich so eine Vorarbeit leistet". In einer anderen Interviewsequenz ergänzt er: „wenn dann eine Abweichung entdeckt wird, gut, dann muss halt ein menschlicher Prüfer ran und sich das anschauen, woran das liegt". Der Output künstlicher Intelligenz wird damit zu einem vorbereitenden Schritt in einer Kette von Ereignissen erklärt. Dabei weist die Organisation den Mitgliedern der Revisionsabteilung eine wichtige Rolle zu.

Wir können zusammenfassen, dass die Arbeit künstlicher Intelligenz auch dann Bindungswirkung entfaltet, wenn sie als „kontrollbedürftiger Entscheidungsträger" behandelt wird. Diese ist jedoch wesentlich schwächer als in den vorausgehenden Fällen. Die im vorliegenden Kapitel behandelten Organisationen setzen sowohl zeitliche als auch sachliche Grenzen dafür, inwieweit nachfolgendes Entscheiden sich am Output der künstlichen Intelligenz orientieren darf.

Beide Landwirtschaftsbetriebe betrachten die Entscheidung der Technik im zeitlichen Verlauf zunächst als bindend. Wenn die künstliche Intelligenz ein Tier als krank ausweist, dann erfordert dies dringende Aufmerksamkeit der Organisationsmitglieder. Umgekehrt dürfen sich die Angestellten darauf verlassen, dass ein Tier *keinen* persönlichen Kontakt benötigt, wenn die Technik es als gesund ausflaggt. Mit zeitlichem Abstand von dieser Diagnose werden jedoch Zweifel zugelassen. Die Organisationen räumen der Meinung ihrer Mitglieder dann größeres Gewicht ein als dem Output der künstlichen Intelligenz.

In sachlicher Hinsicht grenzen alle drei Organisationen einen Kompetenzbereich ab, innerhalb dessen die künstliche Intelligenz selbstständig entscheiden darf. Für die Organisationsmitglieder gibt es diesbezüglich keine Kontrollpflichten. In den Landwirtschaftsbetrieben betrifft dies die Feststellung, dass ein Jungtier gesund ist. Bei der Bank handelt es sich um die Feststellung, dass Vertragsinformationen fehlerfrei im System hinterlegt sind. In beiden Fällen macht sich die Organisation den Output der künstlichen Intelligenz ohne Weiteres zu eigen.

Jenseits dieser sachlichen Grenzen, d.h. wenn ein Kalb als „krank" oder Vertragsinformationen als „fehlerhaft" ausgewiesen werden, bestehen Kontrollpflichten. Solcher Output darf nicht für sich alleinstehen, sondern muss durch ein Organisationsmitglied bestätigt werden, bevor er als offizieller Standpunkt der Organisation weiteres Entscheiden orientiert. Erst wenn der Landwirt ein Tier als „krank" bestätigt und die Revisionsabteilung einen „Fehler" erkennt, sind Behandlungen bzw. Korrekturen möglich.

Entscheidungsprozesse, welche die durch die Organisation gesetzten Grenzen überschreiten, werden inhaltlich sowohl durch künstliche Intelligenz als auch durch Organisationsmitglieder geprägt. Künstliche Intelligenz liefert einen ersten Impuls, zu dem sich menschliche Entscheidungsträger positionieren müssen. Sie greifen dafür auf ihr Ausbildungs- und Erfahrungswissen zurück. Daraus resultiert eine Gemeinschaftsleistung – bei der das Organisationsmitglied den Ausschlag gibt.

Solange künstliche Intelligenz sich innerhalb der durch die Organisation gesetzten Grenzen bewegt, prägt sie Entscheidungen hingegen alleinverantwortlich. Unter dieser Bedingung gibt es keine Unterschiede zwischen KI-Anwendungen als „kompetenter" Entscheidungsträger und KI-Anwendungen als „kontrollbedürftiger" Entscheidungsträger.

5.3   Künstliche Intelligenz als Werkzeug

Die dritte und letzte Erscheinungsform künstlicher Intelligenz unterscheidet sich deutlich von den vorgenannten. Als „Werkzeug" darf künstliche Intelligenz keine Entscheidungen treffen. Sie liefert Vorarbeiten, die grundsätzlich durch Organisationsmitglieder kontrolliert und korrigiert werden müssen. Dieser Umgang mit KI-Anwendungen findet sich ausschließlich im Fall der Wirtschaftsprüfungsgesellschaft.

Die Wirtschaftsprüfungsgesellschaft setzt künstliche Intelligenz bei der Prüfung der Anhänge von Jahresabschlussberichten ein. Die Organisation muss untersuchen, inwieweit diese Texte die rechtlichen Voraussetzungen erfüllen, die für das jeweilige Unternehmen gelten. Zu diesem Zweck wird der Angangstext mit Hilfe der künstlichen Intelligenz Textstelle für Textstelle durchgearbeitet.

Ein Wirtschaftsprüfer beschreibt diesen Vorgang so: „Und [...] wenn ich da [auf die Textstelle] drauf klicke, springt praktisch diese Excel-Checkliste auf und jetzt schlägt [die künstliche Intelligenz] dir praktisch [...] die gesetzliche Anforderung vor, die dieser Absatz beantwortet". Wenn eine bestimmte Anforderung auf diese Weise im Anhangstext identifiziert wird, streicht die KI-Anwendung sie von einer Checkliste. Am Ende des Prüfungsprozesses erstellt die Technik auf diese Weise eine Übersicht darüber, welche Anforderungen ein Anhang erfüllt und welche nicht.

In der Leistung der künstlichen Intelligenz könnte man eine Auswahl aus Alternativen sehen. Sie ordnet Textstellen einer von „ungefähr 900 Anforderungen" zu. Aus den Aussagen der Interviewpartner lässt sich jedoch schlussfolgern, dass die Organisation diesen Output ausdrücklich *nicht* als Auswahl verstehen möchte. Ein Wirtschaftsprüfer erklärt, „dass der Mensch grundsätzlich das letzte Wort haben muss".

Die Organisation verhindert demnach, dass die Technik als Entscheidungsträger auftritt. Zu diesem Zweck gibt es formale Regeln, die Wirtschaftsprüfer als allein verantwortliche Entscheidungsträger ausweisen. Zudem nutzt man technische Mittel: „der Mensch muss immer noch einmal bestätigen, der muss noch einmal draufklicken und sagen, ‚ja, das stimmt auch wirklich'". Die Nutzeroberfläche der künstlichen Intelligenz fordert die Wirtschaftsprüfer dazu auf, Outputs zu kontrollieren.

Dass die Organisation diese Kontrollhandlungen von ihren Mitgliedern einfordert, erlaubt es, denselben die Auswahl der gesetzlichen Anforderung zuzurechnen. Das Unternehmen geht davon aus, dass die Wirtschaftsprüfer, die die Urteile der künstlichen Intelligenz per Mausklick bestätigen, diese zuvor gelesen und hinterfragt haben. Auch Organisationsmitglieder, die ihre Kontrollpflicht vernachlässigen und Outputs ungelesen bestätigen, exponieren sich mit ihrem Mausklick. Sie geben an, die Kontrollhandlung vollzogen zu haben, und erklären sich damit verantwortlich.

Die Konsequenzen der Auswahl fallen somit auf den Wirtschaftsprüfer zurück. In der Kommunikation mit Mandanten unterstellt das Unternehmen, dass die Zuordnungen von Textstellen zu gesetzlichen Anforderungen korrekt sind. Das hat Folgen für die interne Kommunikation des Mandanten sowie die Prüfung nachfolgender Versionen des Anhangstextes.

Auch bei der Wirtschaftsprüfungsgesellschaft lässt sich also eine Auswahl aus Alternativen beobachten, die zur Prämisse nachfolgenden Entscheidens wird. Im Gegensatz zu anderen Unternehmen wird diese Auswahl jedoch nicht von Technik vorgenommen, sondern von Menschen. Der Fall der Wirtschaftsprüfungsgesellschaft stellt damit einen erklärungsbedürftigen Ausreißer unter den untersuchten Organisationen dar (siehe dazu Abschnitt 7.1).

Als Werkzeug menschlicher Entscheidungsträger soll die KI-Anwendung keinen von Organisationsmitgliedern unabhängigen Einfluss auf Entscheidungen entfalten. Absolut jeder Output muss den Vorgaben der formalen Organisation entsprechend kontrolliert werden. Menschliche Wahrnehmung fungiert dadurch als Filter für die Entscheidungen der Technik. Inhaltlich unterscheiden sich die KI-gestützten Entscheidungen deshalb kaum von früheren Entscheidungen, die Wirtschaftsprüfer ohne technische Unterstützung getroffen haben.

Die KI-Anwendung übt allerdings in der zeitlichen Dimension einen deutlichen Einfluss aus. Ein Interviewpartner erklärt dies folgendermaßen: „Was das System macht, ist, es findet es einfach schneller". Der Wirtschaftsprüfer bekommt einen Entscheidungsvorschlag, zu dem er sich positionieren muss. Wenn er diesen bestätigt, erledigt die KI-Anwendung sämtliche weitere Arbeit, die zuvor von Organisationsmitgliedern ausgeführt werden musste. Insbesondere hakt sie die jeweilige Anforderung in einer Excel-Liste ab.

Natürlich besteht die Gefahr, dass sich informale Praktiken einspielen, um weitere Effizienzgewinne zu realisieren. Wenn Organisationsmitglieder die Erfahrung machen, dass die Technik keine Fehler macht, entsteht daraus die Versuchung, ihre Vorschläge ungelesen zu bestätigen. Der Prüfungsprozess würde sich dadurch weiter verkürzen, weil Organisationsmitglieder die Anhangstexte nicht mehr persönlich lesen müssten.

Bislang gibt es keinerlei Anzeichen dafür, dass Derartiges passiert. Es gibt zwar Interviewsequenzen, die zeigen, dass Organisationsmitglieder die Technik für leistungsfähig halten. Die Wirtschaftsprüfer betonen jedoch im gleichen Atemzug, dass sie nicht allein arbeiten darf: „obwohl wir bei vielen dieser Requirements hundertprozentig sicher sind, dass diese Zuordnung stimmt, […] müssen [wir] den Menschen bitten, einmal zu bestätigen, dass das auch wirklich so ist". In dieser Aussage zeichnen sich deutlich die Ansprüche der formalen Organisation ab, die größtmögliche Kontrolle über Prüfungsergebnisse verlangt.

5.4   Zwischenfazit

Die drei verschiedenen Umgangsformen mit künstlicher Intelligenz, die wir in diesem Kapitel herausgearbeitet haben, liefern eine Antwort auf die erste Forschungsfrage. Künstliche Intelligenz ist als vollwertiger Entscheidungsträger, kontrollbedürftiger Entscheidungsträger oder als Werkzeug von Organisationsmitgliedern an Entscheidungen beteiligt. Diese drei Rollen sind mit unterschiedlichen Ausmaßen von Entscheidungsgewalt verbunden. Während die Technik in einigen Organisationen selbstständig Entscheidungen trifft und nachfolgendes Entscheiden maßgeblich prägt, wird ihre Rolle in anderen Organisationen beschnitten.

Ein wichtiger Gesichtspunkt der Beteiligung künstlicher Intelligenz an Entscheidungen ist in diesem Kapitel allerdings unterbelichtet geblieben: ihre strukturerzeugende Wirkung. Wir haben festgestellt, dass KI-Anwendungen nachfolgendes Handeln von Organisationsmitgliedern orientieren. Ihr Einfluss geht jedoch über diese Impulse hinaus (siehe Abschnitt 8.1). KI-erzeugte Entscheidungsprämissen verändern Organisationen als Ganze.

Das Thema betrifft deshalb neben der ersten Forschungsfrage insbesondere auch die dritte Forschungsfrage, die sich für die organisatorischen Folgen künstlicher Intelligenz interessiert. Aus diesem Grund verschieben wir die weitere Auseinandersetzung mit KI-generierter Struktur auf Abschnitt 8.1. Dort untersuchen wir sowohl die Einflüsse künstlicher Intelligenz auf Entscheidungen als auch die Folgen für die Gesamtorganisation. Leser, die eine abschließende Antwort auf die Frage nach der Rolle künstlicher Intelligenz suchen, sollten die Lektüre daher in Kapitel 8 fortsetzen. Dazwischen befassen wir uns mit den Bedingungen, unter denen künstliche Intelligenz eine derart dominante Rolle in Entscheidungssituationen einnehmen kann (bzw. daran scheitert).

Warum künstliche Intelligenz (nicht überall) Entscheidungsträger wird

Wir haben in den vorausgehenden Kapiteln unterschiedliche Rollen künstlicher Intelligenz betrachtet. Die untersuchten Organisationen betrachten diese Umgangsformen als selbstverständlich. Aus einer organisationswissenschaftlichen Perspektive sind sie jedoch erklärungsbedürftig. Insbesondere hat Technik bislang kaum Anerkennung als Entscheidungsträger gefunden (siehe Kapitel 2). Zudem stellt sich die Frage, was die Unterschiede zwischen den untersuchten Fällen erklärt. Das führt uns zur zweiten Forschungsfrage. Wir müssen nachvollziehen, wie es dazu kommt, dass künstliche Intelligenz bestimmte Rollen einnimmt.

Zu diesem Zweck fragen wir in Abschnitt 6.1 nach den Bedingungen dafür, dass Organisationen künstliche Intelligenz als Entscheidungsträger behandeln können. Wir stellen fest, dass die Technik über bestimmte Eigenschaften verfügt, die sie aus der Perspektive der untersuchten Organisationen als Entscheidungsträger qualifizieren. In den anschließenden Kapiteln gehen wir der Frage nach, warum manche Unternehmen die Technik trotzdem nicht (oder nur eingeschränkt) als Entscheidungsträger behandeln.

6.1 · Was für KI als Entscheidungsträger spricht

Um die Eignung künstlicher Intelligenz als Entscheidungsträger zu erklären, haben wir mit dem systemtheoretischen Entscheidungsbegriff bereits ein Fundament gelegt (siehe Kapitel 3). Er verweist darauf, dass man über Selektionsfähigkeit verfügen (oder zumindest den Anschein erwecken) muss, um als Entscheidungsträger infrage zu kommen. Selektionsfähigkeit allein reicht allerdings nicht aus – sonst könnten Organisationen ihre Personalentscheidungen wahllos treffen. Neben dieser Grundvoraussetzung muss es etwas geben, das (potenzielle) Entscheidungsträger für Organisationen attraktiv macht.

© Der/die Autor(en), exklusiv lizenziert an Springer Fachmedien Wiesbaden GmbH, ein Teil von Springer Nature 2024
C. Scharff, *Wie künstliche Intelligenz Entscheidungen prägt*,
https://doi.org/10.1007/978-3-658-44262-0_6

Folglich diskutieren wir (1.), inwieweit künstliche Intelligenz selektionsfähig ist bzw. erscheint. Zudem untersuchen wir (2.), welche Besonderheiten sie als Entscheidungsträger auszeichnen.

Um Antworten zu finden, muss zunächst der Begriff „Selektionsfähigkeit" bestimmt werden. Diesbezüglich sind sich der klassische Entscheidungsbegriff (vgl. March 1994) und der systemtheoretische Entscheidungsbegriff (vgl. Luhmann 1988) einig. Selektionsfähigkeit ist die Kompetenz, Handlungsspielräume durch die Auswahl einer (oder mehrerer) Alternativen aus einem Pool an Möglichkeiten zu schließen. Für eine detaillierte Analyse ist es aber instruktiv, das Verständnis von Selektionen weiter zu differenzieren.

Das leisten Rammert (2016: 152 ff.), Schulz-Schaeffer und Rammert (2019) sowie Schulz-Schaeffer und Meister (2023). Sie unterscheiden insgesamt drei Kompetenz- bzw. Komplexitätsebenen, auf denen Selektionsleistungen stattfinden. Das erlaubt es, unterschiedliche Technologien (auch mit Menschen) dahingehend zu vergleichen, welches Niveau an Selektionsfähigkeit sie erreichen. Das ist für die Beantwortung unserer Fragen insofern aufschlussreich, als Selektionsleistungen auf höheren Kompetenzebenen eher geeignet sind, das Interesse von Organisationen zu wecken.

Die *simpelste Form von Selektionsfähigkeit* besteht Schulz-Schaeffer und Meister (2023: 366 f.) zufolge darin, nach vorgegebenen Kriterien aus vorgegebenen Möglichkeiten zu wählen. Sowohl die Kriterien als auch die Handlungsoptionen sind in Form fester Ablaufschemata verankert. Dadurch wird die Auswahl maßgeblich von außen bestimmt – und Technik nimmt eine ausführende Rolle ein. Unternehmen sind mit dieser niedrigen Stufe von Selektionsfähigkeit gut vertraut. Zum einen ist programmiertes Verhalten immer schon ein Grundpfeiler organisierter Kontexte (vgl. Luhmann 1988: 176 ff.). Zum anderen greifen Organisationen, insbesondere in der Produktion, seit langem auf technische Äquivalente für Entscheidungsprogramme zurück (vgl. Kühl 2011: 102 ff.).

Demgegenüber vollzieht sich auf der *mittleren Komplexitätsebene* ein deutlicher Sprung. Sie zeichnet sich dadurch aus, dass Technik selbstständig Wahlmöglichkeiten und Bewertungskriterien aus situationsbezogenem Wissen ableitet (vgl. Schulz-Schaeffer/Meister 2023: 367). Das bedeutet, dass sie „alternative Sinnmuster" nicht nur bearbeitet, sondern erzeugt (Schulz-Schaeffer/Rammert 2019: 50). Darin kommt ein hoher Grad an Selbstständigkeit gegenüber der Umwelt zum Ausdruck.

Auf der *höchsten Komplexitätsebene* kommt die Fähigkeit hinzu, situationsbezogenes Wissen selbstständig zu erschließen (vgl. Schulz-Schaeffer/Meister

2023: 368). Das vergrößert den Freiheitsgrad gegenüber der Umwelt ein weiteres Mal: Es entsteht ein unabhängiges Fundament für die Erarbeitung von Wahlmöglichkeiten und Bewertungskriterien.

Um künstliche Intelligenz in diesem Rahmen einzuordnen, müssen wir uns mit ihrer Funktionsweise vertraut machen. Wie in Abschnitt 4.2 besprochen, kommen in den untersuchten Organisationen neuronale Netzwerke zum Einsatz. Neuronale Netzwerke bestehen aus unzähligen Neuronen, die in Schichten angeordnet sind und Inputs arbeitsteilig bearbeiten (vgl. Ernst et al. 2020: 801 ff.). Die Neuronen der vorderen Schichten registrieren und verarbeiten die Merkmale eines Inputs. Neuronen tieferer Schichten bauen auf diese Vorleistungen auf.

Der Output des Netzwerks hängt davon ab, wie stark unterschiedliche Neuronen auf bestimmte Inputmerkmale (bzw. die Outputs vorausgehender Schichten von Neuronen) reagieren. Diesbezüglich spricht man vom „Gewicht", das einem Merkmal beigemessen wird (vgl. Nielsen 2015: o.S.). Je größer das Gewicht eines bestimmten Inputmerkmals für eines oder mehrere Neuronen ist, desto stärker beeinflusst dieses die Arbeit des Netzwerks.

Zu Beginn sind sämtliche Gewichte nach dem Zufallsprinzip eingestellt (Kipper 2020: 17). Weil das Netzwerk in diesem Zustand keine brauchbaren Ergebnisse hervorbringt, werden seine Gewichte durch einen Lernalgorithmus justiert. Das geschieht auf Grundlage von Trainingsdaten (vgl. Ernst et al. 2020: 802). Diese enthalten einerseits Inputs, die das Netzwerk bearbeitet. Andererseits stellen sie dem Algorithmus Musterlösungen bereit.

Der Lernalgorithmus bewertet die Outputs des Netzwerks und quantifiziert Abweichungen von den Musterlösungen in einer sogenannten „Verlustfunktion" (siehe hierzu Alpaydin 2016: 89). Auf Grundlage dessen passt er die Gewichte des Netzwerks sukzessive mit dem Ziel an, die Verlustfunktion zu minimieren. Dadurch vollzieht er statistische Zusammenhänge zwischen Inputmerkmalen und Outputs nach, die in den Trainingsdaten enthalten sind (vgl. Finlay 2017: 29 ff.). Im Ergebnis entsteht ein Netzwerk, das mit den Musterlösungen vergleichbare (wenn auch nicht identische) Ergebnisse hervorbringt.

Der Clou für die Unternehmenspraxis besteht darin, dass diese Lernprozesse fortgesetzt werden können. Neuronale Netzwerke lernen aus den Daten, die ihr die Organisation zur Verfügung stellt. Beispielsweise lernt die KI-Anwendung des Online-Reisebüros aus den Kaufentscheidungen von Kunden: „Da verwenden wir diese Eingaben die [der Kunde] macht, […] plus das, was er auf der Website klickt. […] Das nutzt das Machine Learning, um ähnlichen Nutzern Hotels vorzuschlagen".

Der Lernalgorithmus arbeitet demnach Zusammenhänge zwischen den Eigenschaften von Kunden (Inputmerkmale) und ihren Kaufentscheidungen heraus. Infolgedessen schlägt das Netzwerk bestimmten Kundengruppen Hotels vor, die den zurückliegenden Kaufentscheidungen dieser Gruppe entsprechen. Dabei kann es Veränderungen im Buchungsverhalten der Kunden erkennen und berücksichtigen, sofern sie in ausreichend großen Zahlen auftreten (siehe Abschnitt 6.2.4).

Diese Hintergrundinformationen erlauben es, künstliche Intelligenz mit Hilfe von Schulz-Schaeffer und Rammert (2019) einzuordnen. Dafür bleiben wir beim Beispiel des Online-Reisebüros. Dessen KI-Anwendung ist fähig, einem Schema folgend aus Alternativen zu wählen. Sie ordnet Kunden zu Kundengruppen zu und unterbreitet ihnen dementsprechende Hotelangebote. Damit erfüllt sie bereits die Anforderungen für die untere Komplexitätsebene.

Um zu bestimmen, inwieweit sie höhere Komplexitätsstufen erreicht, müssen wir ihre Handlungsoptionen und Auswahlkriterien analysieren. Es stellt sich die Frage, inwieweit diese selbstständig erarbeitet werden – und woher das Wissen dafür stammt. Die Handlungsoptionen sind unterschiedliche Hotelangebote, die die KI-Anwendung Kunden machen kann. Die Bewertungskriterien bestehen in denjenigen Merkmalen, die Kundengruppen voneinander differenzieren (wenn ein Kunde das Merkmal x aufweist, bekommt er die Angebote a_1, a_2 und a_3). Das situationsbezogene Wissen sind die Kaufentscheidungen der Kunden des Unternehmens.

Die KI-Anwendung erarbeitet sowohl Handlungsoptionen als auch Auswahlkriterien selbst. Wie oben beschrieben, verknüpft sie Attribute wie Familienstand, Urlaubsort etc. mit konkreten Hotelangeboten. Hinsichtlich der Wissensgrundlage bleibt sie allerdings von ihrer Umwelt abhängig. Sie muss mit Daten über Kaufentscheidungen versorgt werden. Dazu gehört insbesondere die Datenerfassung und -aufbereitung in maschinenlesbaren Formaten. Künstliche Intelligenz sieht nur, was die Organisation sie in Form von Daten sehen lässt bzw. sehen lassen kann (siehe hierzu Abschnitt 8.2).

Die KI-Anwendung des Online-Reisebüros erreicht folglich die zweite der drei von Schulz-Schaeffer und Rammert (2019) vorgeschlagenen Stufen. Und die Technik der anderen Unternehmen schlägt sich erwartungsgemäß vergleichbar. Das zentrale Charakteristikum künstlicher Intelligenz besteht fallübergreifend in Lernprozessen, im Rahmen derer Handlungsoptionen und Auswahlkriterien erarbeitet werden. Kleinere Unterschiede gibt es hinsichtlich der Bestimmung von Handlungsoptionen und der Wissensgrundlage. Diesbezüglich besitzen manche KI-Anwendungen mehr, und manche weniger Eigenständigkeit.

Die künstlichen Intelligenzen des Halbleiterherstellers und der Landwirtschaftsbetriebe sind in ihren Auswahlmöglichkeiten beschränkt. Erstere kann die

Qualität von Halbleitern als „funktionsfähig" oder „defekt" einordnen. Diese beiden Optionen sind in den Trainingsdaten angelegt, anhand derer die Technik lernt, den Zustand von Halbleitern zu beurteilen. Infolgedessen ist es unmöglich, weiterführende Handlungsoptionen zu erschließen.

Letztere beurteilt Kälber als „gesund" oder „krank". Erneut entspringt die Beschränkung dem Datenmaterial. Die ursprünglichen Trainingsdaten beschreiben Bewegungsmuster von Tieren und weisen deren Gesundheitszustand binärcodiert aus. Es bestehen allerdings Pläne, das Kompetenzspektrum der KI-Anwendung durch Zugang zu differenzierteren Daten auszubauen. Erst wenn das Datenmaterial unterschiedliche Krankheitsbilder enthält, werden diese den Lernprozessen als Entscheidungsoption zugänglich.

Selektionsleistungen der zweiten Komplexitätsstufe sind aus mehreren Gründen bedeutsam für Organisationen. Der erste besteht darin, dass die Technik als „nicht-triviale Maschine" (von Foerster 1993: 245 ff.) ein hohes Maß an Aufmerksamkeit erzeugt. Nicht-triviale Maschinen zeichnen sich im Gegensatz zu trivialen Maschinen dadurch aus, dass sie ihre Funktionsweise in Auseinandersetzung mit Inputs verändern: „Eine einmal beobachtete Reaktion auf einen gegebenen Stimulus muß in einem späteren Zeitpunkt *nicht* wieder auftreten, wenn der gleiche Stimulus auftritt" (von Foerster 1993: 247). Wer sie lang genug beobachtet, kann deshalb Veränderungen feststellen. Davon berichten unterschiedliche Interviewpartner.

Zum Beispiel erklärt einer der Wirtschaftsprüfer, dass künstliche Intelligenz „wenn [sie] genutzt wird, eben auch noch weiter lernt und dann eben auch weiß, das war ein richtiger Vorschlag". Die Technik berücksichtigt demnach fortlaufend neue Informationen und zieht daraus Rückschlüsse. Die Wirtschaftsprüfer werden darauf aufmerksam, wenn sie mit neuartigen Outputs konfrontiert werden. Die KI-Anwendung bewertet eine Textstelle anders als vorher[1].

Weil diese Veränderungen nicht von außen vorgegeben werden, können Organisationsmitglieder sie schlecht auf andere Instanzen zurückrechnen. Sie lenken die Aufmerksamkeit auf die Technik selbst. Der neuartige Output lässt sich als lebendiger Beweis von Selbstständigkeit bzw. Selbstbestimmtheit interpretieren. Dafür haben wir in Abschnitt 5.1 mehrere Beispiele analysiert. Interviewpartner aus unterschiedlichen Fällen bezeichnen künstliche Intelligenz als „selbstbestimmt" und „autonom". Ähnliches gilt für das obenstehende Zitat aus dem

---

[1] Dazu kommt, dass Organisationen mit einem übergeordneten Diskurs in der Umwelt konfrontiert sind, der die Lernfähigkeit und Eigenständigkeit künstlicher Intelligenz als Neuheit identifiziert (siehe hierzu u.a. Bory 2019). Daran ist auch die Wissenschaft maßgeblich beteiligt (siehe z.B. Tamò-Larrieux et al. 2022).

Fall des Online-Reisebüros. Der Geschäftsführer rückt darin „Machine Learning" als prägenden Einfluss auf die Leistungserbringung gegenüber der Kundenumwelt in den Fokus. Die KI-Anwendung gestaltet die Angebote des Unternehmens alleinverantwortlich.

Von Foerster (1993: 247) bringt diese Selbstbestimmtheit im Vergleich trivialer und nicht-trivialer Maschinen anschaulich auf den Punkt: „Das auszeichnende Merkmal der trivialen Maschine ist der Gehorsam, das der nicht-trivialen Maschine augenscheinlich Ungehorsam. Wie wir jedoch später sehen werden, ist auch die nicht-triviale Maschine gehorsam, aber anderen Stimmen gegenüber. Man könnte vielleicht sagen, sie gehorche ihrer eigenen Stimme".

Diese „eigene Stimme" setzt künstliche Intelligenz für die Organisation von anderer Technik ab. Statt als „feste Kopplung von kausalen Elementen" (Luhmann 2000: 364) vorhersehbar auf Inputs zu reagieren, sucht sie neue Wege. Das ist eine wesentliche Qualifikation für den Umgang mit Entscheidungssituationen, die eigenständige Impulse auf Seiten des Entscheidungsträgers verlangen. Selbstständigkeit allein reicht jedoch nicht aus, um die Übertragung von Entscheidungsgewalt zu motivieren. Sie muss mit inhaltlichen Kompetenzen zusammentreffen.

Die zweite bedeutsame Folge des Erreichens der zweiten Komplexitätsstufe besteht darin, dass Organisationsmitglieder auf spektakuläre Anpassungsleistungen hoffen. Sie erwarten, dass künstliche Intelligenz ihre Auswahlkriterien und Handlungsoptionen exakt auf die Bearbeitung komplexer und einzigartiger Problemsituationen ausrichtet. Auch dafür haben wir bereits Beispiele kennengelernt (siehe Abschnitt 5.1). Besonders eindrucksvoll ist diese Aussage aus dem Fall des Halbleiterherstellers: „Die Maschine lernt und nächstes Mal, wenn ich komplett neue Daten eingebe […], dann soll [sie] idealerweise […] fähig sein, in diesem neuen Dataset richtig aussortieren und klassifizieren zu können".

Der Interviewpartner wünscht sich, dass künstliche Intelligenz auf Grundlage ihrer Lernprozesse eine maßgeschneiderte Lösung für die Qualitätsprüfung von Halbleitern findet. Wie in Abschnitt 4.2.1 beschrieben, handelt es sich dabei um eine anspruchsvolle Aufgabe, die Organisationsmitglieder durch intensive Schulung und jahrelange Erfahrung perfektionieren. Künstliche Intelligenz soll diese Leistung im Optimalfall gleich nach ihrem ursprünglichen Training erledigen. Zudem kann sie während des laufenden Betriebs weiterlernen und ihre Entscheidungskriterien weiter verfeinern.

In anderen Fällen halten Organisationsmitglieder es auf Grund der Anpassungsfähigkeit der Technik sogar für möglich, dass sie Probleme bearbeitet, an denen Menschen scheitern. Ein Beispiel dafür liefert die Produktionsplanung des Automobilzulieferers (siehe Abschnitt 4.2.3). Diese bietet so viele Entscheidungsmöglichkeiten, dass Menschen sie nicht überblicken können. Deshalb hat man von Produktionsplanern niemals erwartet, dass sie optimale Reihenfolgen identifizieren. Von künstlicher Intelligenz verspricht man sich mehr.

Kurzgesagt verknüpfen Unternehmen die Erwartung hochgradig situationsangepasster Selektionsleistungen mit der Erwartung außergewöhnlicher Ergebnisqualität. In dieser Beziehung scheint die Technik nicht nur alle bisher dagewesenen Erscheinungsformen von Technik zu übertreffen. Auch Organisationsmitglieder, die komplexe Probleme bearbeiten, müssen den Vergleich fürchten.

Weil die Selektionsleistungen künstlicher Intelligenz gleichermaßen Aufmerksamkeit und Hoffnungen wecken, fragen sich viele Organisationsmitglieder, welche Probleme sie mit Hilfe künstlicher Intelligenz (besser) bearbeiten könnten. Wie ein Interviewpartner erklärt, identifizieren sie „viele Möglichkeiten, Prozesse so zu verändern, dass man große Vorteile hat". Das Online-Reisebüro will seine Kunden besser kennenlernen; der Automobilzulieferer will die unzähligen Möglichkeiten überblicken, seine Produktion zu organisieren, und die Landwirtschaftsbetriebe möchten Krankheiten zuverlässiger erkennen.

Das Interesse an KI-Anwendungen spüren insbesondere die Technikexperten der großen Unternehmen, also des Automobilzulieferers und des Halbleiterherstellers. Sie haben offene Türen für Mitglieder anderer Organisationseinheiten, die Interesse an künstlicher Intelligenz entwickeln. Sie erleben es immer häufiger, dass Produktionsingenieure „sich mit Problemen melden, die sie gern lösen würden". Es entstehen zwar nicht aus all diesen Anfragen KI-Projekte. Das Interesse verdeutlicht aber einen wachsenden Glauben daran, dass die Technik sich als Entscheidungsträger eignen könnte.

In vielen Unternehmen kommt es infolgedessen tatsächlich dazu, dass künstliche Intelligenz als Entscheidungsträger eingesetzt wird. Das haben wir für den Automobilzulieferer, den Halbleiterhersteller sowie das Online-Reisebüro eindeutig bestätigt (siehe Abschnitt 5.1). Die Landwirtschaftsbetriebe sowie die Bank gehen diesen Weg mit leichten Einschränkungen (siehe Abschnitt 5.2). Sie limitieren die Entscheidungsgewalt der Technik sachlich und zeitlich. Einzig die Wirtschaftsprüfungsgesellschaft schließt vollständig aus, ihre KI-Anwendung als Entscheidungsträger zu behandeln (siehe Abschnitt 5.3).

Die Unterschiede zwischen den Unternehmen geben uns in Anbetracht der Ergebnisse des vorliegenden Kapitels Rätsel auf. Warum führt das Versprechen eigenständiger und situationsangepasster Selektionsleistungen nicht in allen Fällen dazu, dass künstliche Intelligenz als Entscheidungsträger eingesetzt wird?

6.2   Was gegen KI als Entscheidungsträger spricht

Wir haben festgestellt, dass künstliche Intelligenz sich durch situationsangepasste Selektionsleistungen als Entscheidungsträger empfiehlt. Trotzdem schränken einige Organisationen ihre Entscheidungsgewalt ein (siehe Kapitel 5). Das
führen wir im Folgenden darauf zurück, dass die Technik nicht nur Vorzüge,
sondern auch mehrere Nachteile aufweist. Diese Defizite entdecken Organisationsmitglieder, wenn sie KI-Anwendungen persönlich ausprobieren. Dabei kann
sich das anfangs positive Technikbild ins Gegenteil verkehren.

Den ersten praktischen Zugang zu künstlicher Intelligenz finden die meisten
Organisationsmitglieder in Informationsveranstaltungen und Beratungsangeboten.
Ein gutes Beispiel dafür ist die Wirtschaftsprüfungsgesellschaft, die ihr Personal
flächendeckend schult: „die machen dann Veranstaltungen an jedem einzelnen
Standort mit ihren Leuten und erklären das dann nochmal". Dabei bekommen
die Wirtschaftsprüfer Gelegenheit, eine KI-Anwendung mit „eigenen Daten von
dem eigenen Mandaten" auszuprobieren. Auf dieser Grundlage können sie ihre
Entscheidungen darüber treffen, ob und wie sie die Technik gebrauchen wollen.

Ähnliche Angebote machen der Automobilzulieferer und der Halbleiterhersteller. Beide Unternehmen haben spezialisierte Abteilungen, die die Fachabteilungen
der Organisationen in Sachen künstlicher Intelligenz beraten und unterrichten. Bei
Schulungsveranstaltungen wird interessierten Organisationsmitgliedern Grundlagenwissen vermittelt: „Da [...] wird einfach mal so ein Bild gezeigt, was man
insgesamt eigentlich machen kann". Die Entscheidungsträger der beiden Organisationen haben demnach ebenfalls ein Verständnis von den Möglichkeiten und
den Grenzen künstlicher Intelligenz.

Das Online-Reisebüro hat eine Abteilung mit Softwareentwicklern sowie einen
Chief Technology Officer (CTO). Von diesen Experten lässt sich der Geschäftsführer über die Eigenschaften künstlicher Intelligenz unterrichten. Er beschreibt
eine Reihe von Meetings, in denen „man dann halt überhaupt mal schaut, was
gibt's jetzt da und was ist das Machine Learning jetzt eigentlich". Demnach ver-
mitteln die Technikexperten der Organisation eine Vorstellung der Technik, auf
der weiteres Handeln aufbaut.

Andere Organisationen probieren künstliche Intelligenz im Arbeitsalltag aus.
Die beiden Landwirtschaftsbetriebe testen eine KI-Anwendung in Absprache mit
dem Anbieter der Technik. Ein Landwirt erklärt: „ich habe die eben mal ange-
schrieben und angefragt, [...] ob man das nicht einmal testen könnte". Ähnlich

verhält es sich im Fall der Bank. Die Organisation sammelt in Zusammenarbeit mit einem Beratungsunternehmen praktische Erfahrungen mit künstlicher Intelligenz, bevor sie über den Einsatz der Technik entscheidet[2].

Bei diesen Erfahrungen spielt erneut der Umstand eine wichtige Rolle, dass künstliche Intelligenz als nicht-triviale Maschine wahrgenommen wird. Als solche erinnert sie Organisationsmitglieder nämlich an Menschen. Das illustriert das folgende Zitat: „[Die KI-Anwendung] arbeitet sich genauso in die Aufgabe ein, wie ein Mensch es machen würde". Der Interviewpartner, ein Wirtschaftsprüfer, schreibt sowohl Menschen als auch künstlicher Intelligenz die Fähigkeit zu, Probleme analytisch zu durchdringen und daraus zu lernen. Beide verbessern die Herangehensweise an ihre Arbeitsaufgaben eigenständig.

Derartige Vergleiche finden sich im Interviewmaterial mehrfach. Alle verweisen darauf, dass künstliche Intelligenz das nicht-triviale Wesen menschlicher Entscheidungsträger teilt. Beispielsweise erklärt ein Ingenieur hinsichtlich der Qualitätsprüfung durch künstliche Intelligenz: „Die [Organisationsmitglieder], die jahrelang solche Bilder gesehen haben, wissen, wie ein problematisches Bild aussieht, und das lernt die künstliche Intelligenz". Diese Aussage wiederholt das oben beschriebene Muster. Künstliche Intelligenz analysiert Produktionsdefekte und passt ihre Operationen darauf aufbauend an.

Zur Vergleichbarkeit von Menschen und Technik trägt außerdem bei, dass letztere in Arbeitsbereiche vordringt, die bislang Organisationsmitgliedern vorbehalten waren. Das geschieht in sämtlichen Unternehmen. Beispielsweise überträgt das Online-Reisebüro seine Kundenberatung auf eine KI-Anwendung; der Automobilzulieferer ersetzt Produktionsplaner, und die Landwirte lassen künstliche Intelligenz an ihrer Stelle Kälberkrankheiten diagnostizieren. Im Ergebnis sind Organisationsmitglieder mit einer menschenähnlichen Technologie konfrontiert, die typisch menschliche Arbeitsaufgaben erledigt.

Das ist für sich genommen bereits beachtlich. Es gibt aber weitere Gründe, sich mit den Ähnlichkeiten zwischen KI-Anwendungen und Organisationsmitgliedern auseinanderzusetzen. Wir stellen in den folgenden Kapiteln fest, dass sie dazu inspirieren, *Erwartungen zu übertragen*. Unternehmen konfrontieren die Technik mit Ansprüchen, die sie in Auseinandersetzung mit menschlichen Entscheidungsträgern gebildet haben. Diese haben zentrale Bedeutung für die Anschlussfähigkeit von Entscheidungen:

---

[2] Dieses Ausprobieren der Technik ist von den Tests und Verlässlichkeitskontrollen zu unterscheiden, die wir in Abschnitt 7.2.2 und Abschnitt 7.3.2 behandeln. Während der erste Eindruck ungezwungen zustande kommt, folgen Tests und Verlässlichkeitskontrollen einer strengen Systematik, die eine bestimmte Funktion erfüllt.

Entscheidungsträger sollen sich (1.) an Regeln orientieren, die ihr Handeln berechenbar machen (siehe Abschnitt 6.2.1). Sie müssen (2.) Rechenschaftspflicht für Fehler übernehmen (siehe Abschnitt 6.2.2). Darüber hinaus erwartet man (3.), dass sie ihre Entscheidungen begründen (siehe Abschnitt 6.2.3).

Es stellt sich heraus, dass künstliche Intelligenz diese Erwartungen allesamt enttäuscht. Das wirkt sich maßgeblich auf das Technikbild der Organisationen aus. Man hält sie für unberechenbar und zweifelt an der Qualität ihrer Entscheidungen. Dieser Eindruck lässt sich zwar mit einem Blick auf die technischen Eigenschaften neuronaler Netzwerke als Halbwahrheit entlarven (siehe Abschnitt 6.2.4). Er stellt dennoch eine Hürde für den Einsatz künstlicher Intelligenz dar.

6.2.1 Künstliche Intelligenz folgt unbekannten Programmen

Organisationen fordern von ihren Mitgliedern, dass sie Entscheidungsprogramme befolgen, die Orientierung geben und Berechenbarkeit herstellen. Wenn Organisationsmitglieder auf künstliche Intelligenz treffen, konfrontieren sie sie ebenfalls mit dieser Erwartung. Die Technik kann ihr allerdings nicht gerecht werden, weil ihre Entscheidungsprämissen sich von den Programmen unterscheiden, mit denen Unternehmen vertraut sind. Sie sind nicht beobachtbar und erzeugen deshalb keine Berechenbarkeit. Das wirft ein schlechtes Licht auf künstliche Intelligenz.

Entscheidungsprogramme sind Verhaltensregeln, die Entscheidungen von Organisationsmitgliedern vorstrukturieren (vgl. Luhmann 1988: 176 ff.). Das geschieht auf zweierlei Art und Weise. Programme können einerseits Reaktionen auf bestimmte Bedingungen vorgeben. In diesem Fall spricht man von Konditionalprogrammen (ebd.). Andererseits können sie Ziele ausweisen und die Wahl der Mittel freistellen. Dabei handelt es sich um Zweckprogramme (ebd.). In den untersuchten Organisationen findet sich vor der Einführung künstlicher Intelligenz insbesondere der erste Typ.

Unter den Kundenberatern des Online-Reisebüros gibt es verschiedene Regeln dafür, welche Hotels bestimmten Kundengruppen angeboten werden. Beispielsweise schlägt man Familienurlaubern grundsätzlich keine Unterkünfte in den Party-Vierteln von Palma (Mallorca) vor. Ein Interviewpartner erklärt: „Der Ballermann ist halt nichts für Familien. Das müssen wir natürlich wissen". Die Regel ist demnach eine Selbstverständlichkeit, die nicht hinterfragt wird. Abweichungen gibt es nur, wenn Kunden sie ausdrücklich einfordern.

Auch die Produktionsplaner des Automobilzulieferers haben Entscheidungsprogramme aufgestellt. Unter anderem gilt die Regel, „verplane die Aufgabe mit der höchsten Priorität zuerst und lege sie auf die Maschine, die als nächstes frei wird". Dieses Programm macht Entscheidungen davon abhängig, wie andere Abteilungen eine Arbeitsaufgabe beurteilen. Je höher ihre Priorität, desto schneller wird sie bearbeitet.

Bei den Landwirtschaftsbetrieben orientieren Programme die Diagnose von Krankheiten. Sie verbinden bestimmte Symptome mit Diagnosen. Beispielsweise lässt sich eine Nabelentzündung ertasten: „dann tastet man den Nabel ab, und der ist dann dicker als bei einem normalen Kalb. Dann weiß man schon, das hat eine Nabelentzündung". Zudem gibt es eine Reihe unspezifischer Symptome, die auf einen mangelhaften Gesundheitszustand hinweisen.

Die Beispiele veranschaulichen, dass Entscheidungsprogramme eine wichtige Funktion für Entscheidungsträger erfüllen. Sie orientieren Entscheidungen inhaltlich. Organisationsmitglieder müssen nicht sämtliche Entscheidungsalternativen aufarbeiten und bewerten, weil die Organisation einen Rahmen vorgibt. Insbesondere Konditionalprogramme schrumpfen den Raum des Möglichen stark zusammen, sodass Entscheidungsträger nur die Ausgangsbedingungen ihrer Entscheidung prüfen müssen, um die richtige Alternative auszuwählen.

Neben der inhaltlichen Orientierung von Entscheidungen erfüllen Programme eine zweite Funktion. Sie erlauben Organisationsmitgliedern, die nicht an der Entscheidung beteiligt sind, einen Blick in die Zukunft (Luhmann 1972: 88). Weil Organisationen Regeltreue zur Mitgliedschaftsbedingung machen (Kühl 2011: 15 ff.), dürfen Organisationsmitglieder unterstellen, dass Kollegen sich an Entscheidungsprogrammen orientieren. Unter dieser Bedingung ermöglicht die Kenntnis einer Regel, sich eine Vorstellung davon zu machen, wie zukünftige Entscheidungen ausfallen.

Vor der Einführung künstlicher Intelligenz funktioniert das in den untersuchten Unternehmen sehr gut. Wer mit den Regeln der Kundenberatung vertraut ist, kann antizipieren, wie Kunden behandelt werden. Und wer die Prämissen der Produktionsplanung kennt, kann schon vor der eigentlichen Entscheidung erahnen, welche Produktionsreihenfolge der Entscheidungsträger festlegt. Dies erleichtert die arbeitsteilige Bearbeitung komplexer Probleme.

Vor diesem Hintergrund stellt sich die Frage, ob künstliche Intelligenz technische Äquivalente für Entscheidungsprogramme bereithält. Diese Frage haben wir in Abschnitt 6.1 implizit bejaht. Die Lernprozesse künstlicher Intelligenz verknüpfen bestimmte Bedingungen auf der Inputseite mit bestimmten Entscheidungen auf der Outputseite. Es handelt sich folglich um Konditionalprogramme.

Diese erfüllen eine Orientierungsfunktion für die Entscheidungen der Technik. Diesbezüglich sind sie den Entscheidungsprogrammen gleichwertig, denen Kundenberater, Produktionsplaner und Landwirte folgen. Darüber hinaus besteht eine strukturierende Wirkung für nachfolgendes Entscheiden von Organisationsmitgliedern (siehe Abschnitt 8.1).

Hinsichtlich der zweiten Funktion, die Entscheidungsprogramme erfüllen, stellen Organisationsmitglieder jedoch Schwierigkeiten fest. Das zeigt die Aussage eines Interviewpartners aus dem Fall der Bank. Er beschwert sich: „Sie können einfach nicht abschätzen, was künstliche Intelligenz macht". Später ergänzt er noch, dass „alles Mögliche rauskommen kann". Für den Gesprächspartner ist es demnach unmöglich, konkrete Erwartungen zu bilden, obwohl die Entscheidungen der Technik durch Entscheidungsprämissen strukturiert sind.

Dieses Bild stützen andere Gesprächspartner. Ein Kundenberater des Online-Reisebüros erklärt beispielsweise, dass sich vorab „nicht sagen lässt", welche Hotelangebote die künstliche Intelligenz an Kunden verschickt. Organisationen müssen folglich bereit sein, sich von KI-Anwendungen überraschen zu lassen. Ihre Prämissen verwehren den Blick in die Zukunft, den sich Organisationsmitglieder wünschen.

Das lässt sich dadurch erklären, dass die Entscheidungsregeln künstlicher Intelligenz sich in einem wesentlichen Gesichtspunkt von menschengemachten Prämissen unterscheiden, ihrer Beobachtbarkeit. Programme können ihre Funktion als „Erwartungshilfe" nur unter der Bedingung erfüllen, dass sie inhaltlich bekannt sind (vgl. Luhmann 1972: 88). Ein unbekanntes bzw. unübersichtliches Programm hilft Organisationsmitgliedern nicht, kommende Entscheidungen zu antizipieren.

Die Funktionalität menschengemachter Entscheidungsprämissen beruht also darauf, dass sie für jedermann offensichtlich sind. Organisationsmitglieder kennen sowohl die Programme, die für die eigenen Entscheidungen gelten, als auch die Programme, die das Handeln anderer Stellen anleiten. Darüber hinaus bieten Organisationen Möglichkeiten, sich in Zweifelsfällen zu informieren bzw. rückzuversichern. Organisationsmitglieder können in Prozessbeschreibungen, Arbeitsverträgen oder Sitzungsprotokollen nachlesen, welche Regeln gelten.

Die Entscheidungsprämissen künstlicher Intelligenz sind für Organisationsmitglieder hingegen undurchsichtig. Das zeigt sich in der folgenden Aussage eines Wirtschaftsprüfers: „Also, [...] was da zwischendrin passiert, das kann man nicht nachvollziehen". Der Interviewpartner zerlegt die Entscheidungsprozesse künstlicher Intelligenz damit in beobachtbare und unbeobachtbare Bestandteile. Während Inputs und Outputs beobachtbar sind, ist das „Zwischendrin" unbeobachtbar.

Ein anderer Interviewpartner äußert sich auf die gleiche Art und Weise. Er kritisiert: „Man kann da nicht reinschauen". Diese Aussage konstatiert ebenfalls einen unbeobachtbaren Raum. Dabei fällt auf, dass beide Interviewpartner ihre ~~Aussagen in absoluter Manier vorausgesetzten. Zum einen gilt die Unbeobacht~~ senheit künstlicher Intelligenz für die Gesamtheit möglicher Beobachter, die mit dem Pronomen „man" bezeichnet wird. Zum anderen ist sie allumfassend. Es gibt keinerlei Indizien dafür, was sich im Inneren der Technik abspielt.

Für diese Undurchsichtigkeit gibt es technische Ursachen (vgl. Preece 2018: 4 sowie Adadi/Berrada 2018: 52145). Es ist zwar theoretisch möglich, die logischen Verknüpfungen innerhalb eines neuronalen Netzwerks nachzuverfolgen. Für Organisationsmitglieder ist das jedoch unpraktikabel, weil sie wesentlich zu groß und komplex sind: „Once [a neural network] becomes very large, and it has thousands of units per layer and maybe hundreds of layers, then it becomes quite ununderstandable" (Knight 2017). Unternehmen wären deshalb durch den Arbeitsaufwand überlastet, neuronale Netzwerke zu erklären.

Dazu kommt das Problem, dass künstliche Intelligenz sich in Lernprozessen verändert (siehe Abschnitt 6.1). Selbst wenn man sich ein Verständnis ihrer verschachtelten Programme erarbeiten würde, gäbe es folglich keine Garantie, dass es Bestand hat. Es müsste in regelmäßigen Abständen überprüft und aktualisiert werden, um Erwartungen zuverlässig zu orientieren. Die Programme künstlicher Intelligenz zu ergründen, wäre darum Sisyphusarbeit.

Diese technischen Bedingungen machen neuronale Netzwerke für Organisationen zu Black-Boxes (vgl. Voosen 2017: o.S.; Holzinger 2018: 138 ff.; Bathaee 2018: 890 ff.; Shrestha et al. 2019: 69; Kaminski 2020; Vater 2020: 323; Aust 2021: 14; Hutson 2021; Osterlund et al. 2021: 129; Schmitt 2023). Organisationsmitglieder müssen sich damit zufrieden geben, dass sie nicht verstehen, was im Inneren der Technik vor sich geht – und dass die Erwartungsbildung hinsichtlich des Outputs erschwert wird.

Künstliche Intelligenz erzeugt deshalb im Vergleich mit menschlichen Entscheidungsträgern einen nachteilhaften Eindruck. Sie erscheint Organisationsmitgliedern als unberechenbares Mysterium, das nach eigenen Maßgaben entscheidet. Der Interviewpartner aus dem Fall der Bank bringt das besonders deutlich auf den Punkt, indem er erklärt, dass der Output künstlicher Intelligenz „alles Mögliche" sein kann. Diese Aussage spricht den Programmen jeglichen Informationsgehalt ab. Organisationsmitglieder müssen auf „alles" vorbereitet sein.

Dieser Eindruck wird dadurch verstärkt, dass KI-Anwendungen selbständig aus Daten lernen und ihre Funktionsweise anpassen. Das wird an einem

Zitat aus dem Fall der Wirtschaftsprüfungsgesellschaft deutlich. Ein Interview-partner beschwert sich ausdrücklich darüber, dass er „nicht [weiß], [...] was künstliche Intelligenz lernt". Organisationsmitglieder fürchten demnach, dass sich die Programme der Technik spontan in Lernprozessen verändern. Jede Ein-sicht hinsichtlich der Funktionsweise künstlicher Intelligenz hätte demnach ein Ablaufdatum.

Diese Wahrnehmung hat negative Auswirkungen. Wie wir in Abschnitt 6.3 herausarbeiten, fällt es Organisationen schwer, sich auf unberechenbare Technik zu verlassen. Dies belastet den Einführungsprozess. Mancherorts wird die Ein-führung sogar grundsätzlich infrage gestellt, weil die Verantwortlichen sich davor fürchten, Entscheidungsgewalt zu übertragen. Unberechenbare Entscheidungen erscheinen als unberechenbares Risiko.

Unternehmen wie das Online-Reisebüro steigern die Berechenbarkeit künst-licher Intelligenz daher durch technische Eingriffe. Die Organisation filtert die Hotelangebote, die bestimmte Kundengruppen erhalten. Dafür erstellt sie Lis-ten mit Hotels, die den Bedarfen der jeweiligen Kunden entsprechen. Wenn der Output künstlicher Intelligenz von diesen Listen abweicht, wird er aussortiert. Im Ergebnis schlägt sie ausschließlich Hotels vor, die geschultes Personal als passfähig beurteilt hat.

Somit ergänzt die Organisation die undurchsichtige Programmierung künst-licher Intelligenz durch eine zusätzliche Wenn-Dann-Programmierung. Auf der einen Seite steht ein Input: Ein Kunde, der als Vertreter einer bestimmten Kun-dengruppe erkannt wird. Auf der anderen Seite steht eine Liste vorgefasster Entscheidungsmöglichkeiten, die auf diese Kundengruppe zugeschnitten sind.

Dadurch verringert sich der Einfluss maschinellen Lernens auf Entscheidun-gen. Künstliche Intelligenz analysiert zwar weiterhin statistische Zusammenhänge zwischen Kundenmerkmalen und Kaufentscheidungen. Die Ergebnisse werden allerdings anhand der Positivlisten der Organisation geprüft und gefiltert. Der Output bewegt sich somit innerhalb eines durch die Organisation vorgegebenen Rahmens. Menschengemachte Entscheidungsprämissen erhalten Vorrang vor den Lernprozessen künstlicher Intelligenz.

Der entscheidende Vorteil dieser ergänzenden Programmierung besteht darin, dass sie im Gegensatz zu den Lernprozessen künstlicher Intelligenz inhaltlich bekannt ist. Organisationsmitglieder können sich bei den zuständigen Experten darüber informieren, welche Entscheidungsmöglichkeiten sie eröffnet. So entsteht ein vergleichsweise zuverlässiges Bild kommender Entscheidungen. Überra-schungsmomente werden auf die Auswahl zwischen vorgefassten Alternativen begrenzt.

Es gibt jedoch auch Nachteile. Wie in Abschnitt 8.2 gezeigt wird, haben die untersuchten Organisationen große Datenbestände, die sie als Informationsgrundlage für Entscheidungen nutzen wollen. Die Verantwortlichen halten maschinelles Lernen diesbezüglich für unverzichtbar, weil es Daten systematisch in Entscheidungsprämissen übersetzt. Menschlichen Entscheidungsträgern sprechen sie die Fähigkeit ab, große Datenmengen auszuwerten.

Aus diesem Blickwinkel muss der Einfluss maschinellen Lernens vergrößert werden, um Entscheidungen an Daten auszurichten (siehe Abschnitt 8.2). Die Reglementierung künstlicher Intelligenz stört hingegen datenbasierte Entscheidungen. Zum einen können menschengemachte Entscheidungsprämissen Daten nicht in gleichem Umfang bzw. in gleicher Detailtiefe berücksichtigen. Zum anderen sind sie statisch. Das heißt, sie können sich nicht selbstständig an hinzukommende Daten anpassen.

Programmierung und maschinelles Lernen werden deshalb als Gegensätze aufgefasst. Das zeigt sich im KI-Verständnis, das ein Technikexperte des Automobilzulieferers vertritt. Künstliche Intelligenz bedeutet für ihn: „den Sprung machen, weg vom regelbasierten Programmieren […] hin zu einem implizierten Lernen aus Daten". Datenbasiertes Lernen setzt demnach zwingend eine Abkehr von den Programmen voraus, mit denen Organisationen vertraut sind. Diese Bewegung versteht der Interviewpartner als „Sprung", als bedeutsamen Fortschritt für sein Unternehmen.

Diese Aussage deckt sich mit der Praxis der untersuchten Organisationen. Sie gehen sparsam mit der Möglichkeit um, künstliche Intelligenz ergänzend zu reglementieren. Das Online-Reisebüro macht davon nur im Umgang mit den beiden Kundengruppen „Sportler" und „Familien" Gebrauch. Die Hotelangebote für diese beiden Gruppen werden durch Kundenberater kuratiert. Alle anderen Kunden erhalten die ungefilterten Vorschläge künstlicher Intelligenz. Diese resultieren allein aus deren Lernprozessen auf Grundlage von Kundendaten.

Damit bleibt das Ausgangsproblem allerdings bestehen: Die Prämissen, an denen sich Entscheidungen orientieren, sind unbeobachtbar und Entscheidungen erscheinen unberechenbar. Für dieses Problem gibt es keine einfache Lösung.

6.2.2 Künstliche Intelligenz übernimmt keine Rechenschaftspflicht

Eine weitere Erwartung, die Organisationen an künstliche Intelligenz richten, besteht darin, dass sie Rechenschaftspflicht übernimmt. Rechenschaftspflicht bedeutet, dass Entscheidungsträger für Fehler einstehen. Dies spielt eine wichtige Rolle für den Umgang mit Entscheidungen. Wer Verantwortung für Fehler übernimmt, gibt Entscheidungsempfängern damit zu verstehen, dass er Entscheidungskompetenz besitzt. Das erleichtert es, sich auf den Entscheidungsträger zu verlassen. Organisationsmitglieder ziehen jedoch auch den Umkehrschluss. Wer Rechenschaftspflicht ablehnt, weckt Zweifel an der Qualität seiner Entscheidungen. Darunter leidet künstliche Intelligenz.

Dass Entscheidungsträger rechenschaftspflichtig sind, ist für Organisationen selbstverständlich. Verantwortung für Fehler wird an sachliche Zuständigkeit gekoppelt und ist nicht delegierbar (Luhmann 1994: 182 ff.). Das gilt auch für die empirischen Fälle der Studie. Beispielsweise erklärt ein Wirtschaftsprüfer hinsichtlich der Prüfungsprozesse seines Unternehmens: „wenn jetzt irgendjemand feststellen würde, dass da ein Fehler drin ist, dann hat man sich an den Menschen zu wenden, dessen Unterschrift da drauf ist. Also das ist schon transparent, und das ist auch wichtig".

Wie der Interviewpartner darlegt, machen sich Entscheidungsträger durch Fehler angreifbar, die im Rahmen ihres Arbeitsprozesses auftreten. Die Organisation kann die Verantwortlichen im Schadensfall leicht identifizieren und sanktionieren. Im Fall der Wirtschaftsprüfer kommt dazu, dass Rechtsunterzeichner der Organisationsumwelt über den Bundesanzeiger bekannt gegeben werden. Dieser eindeutigen Zurechenbarkeit von Fehlern misst die Organisation hohe Bedeutung bei. Sie ergibt sich unter anderem aus der Funktion von Rechenschaftspflicht für Entscheidungsprozesse.

Luhmann (1994: 189) sieht in Rechenschaftspflicht einen Ersatz für soziale Mechanismen, die in einfachen Sozialsystemen wirken. Demzufolge können sich Organisationen nicht auf die Selbstinszenierung ihrer Entscheidungsträger verlassen, um Vertrauen zu erzeugen. Rechenschaftspflicht kann diese Funktion erfüllen, indem sie als Signal für Entscheidungskompetenz dient. Dies können wir mit Hilfe der Signalingtheorie (siehe Gambetta 2009) erklären.

Die Signalingtheorie geht davon aus, dass Handelnde Signale nutzen, um einander über unbeobachtbare Eigenschaften zu informieren. Signale sind beobachtbare Merkmale, die im Kommunikationsprozess hervorgehoben werden. Weil Akteure ein Interesse daran haben, einander zu täuschen, sind die Kosten dieser Signale bedeutsam. Gambetta (2009: 174 ff.) spricht von „hard-to-fake" Signals, wenn ein Signal jemandem hohe Kosten verursacht, der die fraglichen Eigenschaften *nicht* besitzt. Wie der Name andeutet, sind diese Signale besonders überzeugend. Sogenannte „weak" Signals haben hingegen kaum Überzeugungswert, weil sie geringe Kosten verursachen.

Die unbeobachtbare Eigenschaft, die im Kontext von Entscheidungssituationen eine Rolle spielt, ist die fachliche Kompetenz des Entscheidungsträgers. Für Organisationsmitglieder, die von der Entscheidung einer bestimmten Stelle betroffen sind, ist es auf Grund innerer Differenzierung und Spezialisierung schwierig, deren Fähigkeiten einzuschätzen (Luhmann 1994: 179). Die Qualität einer Entscheidung kann häufig nicht (oder erst im Nachhinein) beurteilt werden.

Wenn es einem Organisationsmitglied allerdings gelingt, sich als fachlich kompetenter Entscheidungsträger darzustellen, verlassen sich Entscheidungsempfänger auf seine Fähigkeiten. Sie unterstellen, dass er anschlussfähige Entscheidungen produziert, obwohl sie deren Qualität schlecht einschätzen können. Dabei spielt Rechenschaftspflicht eine entscheidende Rolle. Wenn ein Entscheidungsträger bereit ist, Rechenschaftspflicht zu übernehmen, signalisiert er fachliche Kompetenz.

Die Übernahme von Rechenschaftspflicht ist ein kostspieliges Signal, weil sie schlechten Entscheidungsträgern hohe Kosten verursacht. Wer schlechte Entscheidungen trifft, muss damit rechnen, durch die Organisation sanktioniert zu werden, sobald der Fehler auffällt. Wer an seinen Fähigkeiten zweifelt, scheut daher Rechenschaftspflicht. Ein fähiger Entscheidungsträger muss sich hingegen nicht vor Strafen fürchten. Er schätzt die Wahrscheinlichkeit von Fehlern gering ein. Folglich fällt es leichter, Verantwortung zu übernehmen, je mehr ein Entscheidungsträger von sich selbst überzeugt ist.

Vor diesem Hintergrund ergibt es für Organisationen und ihre Mitglieder Sinn, nicht nur die Übernahme von Rechenschaftspflicht als Signal für Entscheidungskompetenz zu interpretieren, sondern auch den *Umkehrschluss* zu ziehen. Wenn ein Entscheidungsträger Rechenschaftspflicht vermeidet, legt dies nahe, dass er nicht auf seine Entscheidungskompetenz vertraut. Er weist Rechenschaftspflicht zurück, um Sanktionen zu vermeiden.

Genau dieser Umkehrschluss wird künstlicher Intelligenz zum Verhängnis. Organisationsmitglieder bemerken, dass sie sich im Umgang mit Fehlern deutlich von Menschen unterscheidet. Ein Technikexperte des Automobilzulieferers beobachtet: „ein lernendes System kann ja gar nicht zur Verantwortung gezogen werden". Künstliche Intelligenz ist demnach grundsätzlich nicht in der Lage, für Fehler einzustehen.

Für diese Wahrnehmung gibt es eine einfache Erklärung. Künstlicher Intelligenz wird weder durch Organisationen im Speziellen noch durch die Gesellschaft im Allgemeinen ein Bewusstsein zugeschrieben (siehe z.B. Wah/Leung 2020 sowie Meissner 2020). Organisationsmitglieder gehen deshalb davon aus, dass sie Sanktionen nicht als Strafe erlebt. Würde man ihr dennoch Rechenschaftspflicht übertragen, würde diese ihren Signalwert einbüßen. Ein Entscheidungsträger, der nicht für negative Sanktionen empfänglich ist, setzt nichts aufs Spiel, wenn er Verantwortung übernimmt.

Das versetzt Organisationsmitglieder in Sorge. Ein Interviewpartner beschreibt seine Gedanken folgendermaßen: „Mit KI haben wir das Problem, […] auf was greifen Sie da zurück?". Das Zitat identifiziert die Unfähigkeit künstlicher Intelligenz, Rechenschaftspflicht zu übernehmen, als Herausforderung. Die Organisation benötigt eine Lösung für dieses Problem; der Gesprächspartner zeigt sich diesbezüglich allerdings ratlos.

Andere Interviewpartner äußern deutliche Kritik. Ein Wirtschaftsprüfer resümiert seinen Eindruck mit den Worten: „das ist erst mal unheimlich". Dass künstliche Intelligenz nicht für Fehler einsteht, löst bei ihm persönliches Unbehagen aus. Er möchte sich deshalb ursprünglich nicht auf ihre Entscheidungen verlassen. Genau wie es bei menschlichen Entscheidungsträgern der Fall wäre, entstehen Zweifel an der Entscheidungskompetenz der Technik.

Auf Grund dieser Schwierigkeiten suchen Interviewpartner gedanklich nach alternativen Verantwortungsträgern. Ein Wirtschaftsprüfer überlegt beispielsweise: „dann wäre […] der Anbieter von dieser Technik, die da eingesetzt wird, wieder haftbar". Indem er den Hersteller in Haftung nimmt, identifiziert er einen Ersatz für die Leerstelle, die künstliche Intelligenz hinterlässt. Ähnliche Ideen finden sich in der Literatur (siehe Hermann 2022: 52 ff.; Rodgers et al. 2023). Dabei wird jedoch die Einheit von Entscheidungsfindung und Rechenschaftspflicht in der Person des Entscheidungsträgers aufgelöst.

Eine theoretische Position, die dieses Szenario ausführlich ergründet, findet sich bei Kette (2022: 179 f.). Er geht davon aus, dass Organisationen „Verantwortlichkeitsproxys" für die Leistungen künstlicher Intelligenz suchen und finden. Seiner Meinung nach wird es „unumgänglich alternative Zurechnungsadressaten jenseits des Algorithmus zu identifizieren, um diesen die entsprechenden Verantwortlichkeiten zurechnen zu können. Hierzu ist es erforderlich, Stellen innerhalb der Organisation zu identifizieren, die als Adressaten entsprechender Verantwortlichkeitszurechnungen mobilisiert werden können, in dem sie behandelt werden, *als ob* sie für den algorithmischen Output und dessen Folgen verantwortlich wären".

Rechenschaftspflicht auf Unbeteiligte zu übertragen, ist allerdings kompliziert. Das zeigt das folgende Zitat aus dem Fall der Bank, das die Probleme einer Anlageberatung durch künstliche Intelligenz thematisiert. Der Interviewpartner warnt: „Dann versuchen Sie mal den Menschen zu finden, der dafür die Verantwortung übernimmt. […] Der [Mensch] wird vermutlich einen Teufel tun zu sagen, ‚ich halte dafür den Kopf hin'. Da drohen tatsächlich persönliche Strafen […]. Das heißt, er wird sehr, sehr vorsichtig sein".

Um Entscheidungen im Rahmen der Anlageberatung auf künstliche Intelligenz zu übertragen, bräuchte die Bank einen Verantwortlichen. Es würde sich allerdings kein Organisationsmitglied freiwillig bereiterklären, für die Fehler anderer Entscheidungsträger einzustehen. Sowohl Anlageberatung ein besonders stark reglementierter Geschäftsbereich ist, dürften sich die Probleme der Bank anderenorts wiederholen. Rechenschaftspflicht wird nur unter der Bedingung akzeptiert, Einfluss auf Entscheidungen ausüben zu können.

Bislang hat nur eines der untersuchten Unternehmen einen Lösungsansatz für dieses Problem gefunden. Dabei handelt es sich um den Automobilzulieferer. Dort hat man beschlossen, Rechenschaftspflicht auf Abteilungen zu verlagern. Die Organisationseinheiten, die künstliche Intelligenz einsetzen, müssen Fehler verantworten. Dies kann das Vertrauen Dritter in die Entscheidungen künstlicher Intelligenz stärken. Es gibt jedoch zwei Folgeprobleme.

Die Organisation muss erstens die Hemmschwelle senken, Rechenschaft für die Entscheidungen von KI-Anwendungen zu akzeptieren. Zu diesem Zweck werden zusätzliche Bedingungen für die Zurechnung von Fehlern formuliert. Die Organisation fragt im Schadensfall: „Wurden die Qualitätsstandards, die […] Fertigungsrichtlinien, die Qualitätsdirektiven eingehalten? Wurde weder grob fahrlässig, noch fahrlässig, noch vorsätzlich gehandelt?". Wenn diese Fragen zugunsten der Organisationseinheit beantwortet werden, entlässt man sie aus der Verantwortung. Dies senkt die Last der Rechenschaftspflicht.

Ein zweites Folgeproblem besteht darin, dass eine auf Abteilungsebene verankerte Rechenschaftspflicht abteilungsintern nicht als Signal für Entscheidungsqualität fungieren kann. Wenn Abteilungsmitglieder nach einer rechenschaftspflichtigen Instanz Ausschau halten, um sich hinsichtlich der Entscheidungsqualität rückzuversichern, sind sie mit sich selbst konfrontiert. Auf Grund dieser Zirkularität müssen Abteilungen alternative Mechanismen finden, sich von der Qualität der Entscheidungen künstlicher Intelligenz zu überzeugen (siehe Abschnitt 7.2).

Somit bleiben die Wurzeln des Problems vorerst bestehen. Organisationsmitglieder beginnen an der Qualität der Entscheidungen künstlicher Intelligenz zu zweifeln. Mal werden sie, wie oben zitiert, als „unheimlich" beschrieben, mal als „gewöhnungsbedürftig" und „unbefriedigend". Alle drei Aussagen bringen deutliche Skepsis zum Ausdruck. Wie wir in Abschnitt 6.3 feststellen, hat das weitreichende Folgen. Dass Organisationen und Abteilungen die Entscheidungen von KI-Anwendungen hinterfragen, ist (neben unbeobachtbaren Entscheidungsprämissen) ein zweites Hindernis für den Einsatz der Technik.

6.2.3   Künstliche Intelligenz begründet ihren Output nicht

Die dritte und letzte Erwartung, die Organisationen auf KI-Anwendungen übertragen, besteht in der Begründung von Entscheidungen. Begründungen rücken Entscheidungen in ein günstiges Licht, indem sie ausgewähltes Interpretationswissen bereitstellen. Davon profitieren Entscheidungsträger, wenn Entscheidungsempfänger die Qualität ihrer Entscheidungen infrage stellen. Wie im vorausgehenden Kapitel besprochen, ist das bei künstlicher Intelligenz der Fall. Die Technik ist allerdings nicht in der Lage, ihren Output zu begründen. Deshalb entgeht ihr eine wichtige Möglichkeit, die Weiterverarbeitung ihrer Entscheidungen abzusichern.

Die Erwartung, dass künstliche Intelligenz Entscheidungen begründen soll, kommt in den Interviews deutlich zum Ausdruck. Beispielsweise erklärt ein Wirtschaftsprüfer: „ich muss die Gründe verstehen, warum […] ein bestimmtes Ergebnis rauskommt". Damit weist der Interviewpartner Begründungen große Bedeutung zu. Er kann scheinbar nicht mit unbegründeten Entscheidungen arbeiten. Seine Aussage lässt aber keine Rückschlüsse darauf zu, warum ihm Begründungen wichtig sind.

Der Fall des Online-Reisebüros verhält sich ähnlich. Die Kundenberater des Unternehmens kontaktieren Softwareexperten, um „Fragen [zu] stellen". Sie wollen sich die Entscheidungen ihrer KI-Anwendung erklären lassen. Auch in diesem Fall bleibt allerdings unklar, warum Organisationsmitglieder Begründungen einfordern. Um diese Frage zu beantworten, müssen wir uns mit der Funktionsweise und der sozialen Relevanz von Begründungen auseinandersetzen.

Begründungen sind normalerweise Kommunikationsakte von Entscheidungsträgern, die Entscheidungsempfänger adressieren. Letztere erwarten von einer Begründung Einblicke in den Prozess der Entscheidungsfindung. Der Entscheidungsträger soll erklären, warum er eine bestimmte Auswahl getroffen hat. Wenn diese Erklärung Entscheidungsempfänger überzeugt, wird die Entscheidung weiterverarbeitet.

In der Unternehmenspraxis sind Begründungen häufig keine wahrheitsgemäßen Rekonstruktionen von Entscheidungen. Entscheidungsträger passen ihre Erklärungen an die Erwartungen ihrer Adressaten an (siehe hierzu u.a. Mills 1940 und Lohmeyer 2018). Das gilt insbesondere, wenn die tatsächlichen Beweggründe schlecht kommunizierbar sind. z.B. kann eine Abteilungsleiterin, die einen Dienstreiseantrag ablehnt, dies als Beitrag zur ökologischen Nachhaltigkeit des Unternehmens begründen.

Diese Flexibilität bei der Gestaltung von Begründungen hat zwei Funktionen. Sie erzeugt (1.) Spielräume bei der Entscheidungsfindung. Organisationsmitglieder müssen den Entscheidungsprozess nicht hundertprozentig an den Erwartungen ihres Publikums orientieren, wenn sie das Ergebnis durch vorgeschobene Motive beschönigen können. Das ermöglicht es, Zwecke zu verfolgen, die nicht durch die formale Organisation gedeckt sind.

⬛⬛ der Annahmewahrscheinlichkeit von Entscheidungen. Entscheidungsträger dürfen darauf hoffen, dass ihre Auswahl eher akzeptiert wird, wenn sie eine Begründung vortragen, die auf den Entscheidungsempfänger zugeschnitten ist (Willjes et al.: 237 ff.). Wer sein Publikum kennt, kann diesen Effekt im Voraus abschätzen und einplanen.

Begründungen entfalten ihre Wirkung dadurch, dass sie „Interpretationswissen" (vgl. Vollmer 1996: 162) bereitstellen. Sie verleiten Entscheidungsempfänger, die Entscheidung nicht für sich genommen zu beurteilen, sondern vor dem Hintergrund der durch den Entscheidungsträger bereitgestellten Informationen. Dadurch rücken sie die Auswahl in ein neues Licht. Eine Begründung, die bei Entscheidungsempfängern gut anschlussfähig ist, erzeugt einen vorteilhaften Eindruck.

Dieser Effekt zeigt sich wiederholt in empirischen Studien. Beispielsweise zeigen Wagner und Robinette (2020), dass begründete Entscheidungen besser akzeptiert werden als unbegründete Entscheidungen. Zu ähnlichen Ergebnissen kamen vorher schon Dzindolet et al. (2003) sowie Langer et al. (1978). Entscheidungsträger sind deswegen gut beraten, Begründungen bereit zu halten. Wie Brunsson und Brunsson (2017: 65) erklären, denken viele Organisationsmitglieder schon bei der Entscheidungsfindung darüber nach, wie ihre Auswahl anschließend gerechtfertigt werden kann.

Die erhoffte Wirkung können Entscheidungsträger sowohl durch vorgeschobene Motive als auch durch wahrheitsgemäße Erklärungen erzielen. Dabei unterscheiden sich allerdings die Ausgangsbedingungen sowie die Erfolgschancen. Ehrliche Entscheidungsträger sind nur unter der Bedingung erfolgreich, dass ihr Entscheidungsprozess den Ansprüchen der Entscheidungsempfänger gerecht wird. Motivkommunikation ist hingegen gänzlich darauf ausgerichtet, Wohlwollen zu erzeugen. Weil sie sich weniger mit Tatsachen belastet, kann sie ihre Adressaten leichter zufriedenstellen.

Damit haben wir einen Überblick über die Funktionsweise von Begründungen gewonnen. Auf dieser Grundlage können wir einen Erklärungsansatz dafür entwickeln, warum die oben zitierten Interviewpartner Begründungen für die Entscheidungen künstlicher Intelligenz einfordern. Dafür müssen wir Organisationsmitglieder als Entscheidungsempfänger betrachten, die mit den Entscheidungen einer KI-Anwendung konfrontiert sind.

Begründungen sind aus der Perspektive der Entscheidungsempfänger bedeutsam, wenn sie Entscheidungen anzweifeln. Auf Grundlage einer Begründung können sie eine Neubewertung der Entscheidung vornehmen. Wenn der Inhalt einer Entscheidung hingegen für alle Beteiligten akzeptabel ist, muss sie gewöhnlich nicht gerechtfertigt werden.

Die oben beschriebenen Reaktionen von Organisationsmitgliedern bringen demnach Unzufriedenheit mit Outputs künstlicher Intelligenz zum Ausdruck. Die Entscheidungsempfänger äußern zwar keine explizite Kritik. Sie geben aber zu verstehen, dass sie weitere Informationen benötigen, damit sie die Entscheidungen der Technik akzeptieren können. Dadurch wird implizit ein Drohszenario skizziert. Wenn es keine anschlussfähigen Gründe gibt, könnte die Weiterverarbeitung von Entscheidungen scheitern.

Diese Skepsis leitet sich aus den Problemen ab, die wir in den vorausgehenden Kapiteln besprochen haben (siehe Abschnitt 6.2.1 sowie Abschnitt 6.2.2). Weil die Programme künstlicher Intelligenz nicht beobachtbar sind, erscheint sie unberechenbar. Und weil sie keine Rechenschaftspflicht für Fehler übernimmt, zweifelt man an der Entscheidungsqualität. Insofern könnten KI-Anwendungen stark von Begründungen profitieren.

Leider hat künstliche Intelligenz auch in dieser Beziehung Schwierigkeiten. Ein Wirtschaftsprüfer erklärt: „Warum die [neuronalen Netze] das genau machen, weiß kein Mensch". Er macht sich keine Hoffnungen darauf, dass die Technik ihren Output erklärt. Gesprächspartner aus dem Fall des Online-Reisebüros äußern sich ähnlich. Ihnen fällt auf, dass „Man [...] den Grund dafür nicht benennen" und „nicht mehr nachvollziehen [kann], was da irgendwie genau einfließt".

Diese Aussagen sprechen künstlicher Intelligenz ebenfalls die Fähigkeit ab, Entscheidungen zu begründen. Die Gesprächspartner sehen darin ein grundsätzliches Problem. Das kommt insbesondere in der Aussage des Wirtschaftsprüfers zum Ausdruck, demzufolge „kein Mensch" die Ursachen des Outputs der Technik kennt. Damit schließt der Interviewpartner Technikexperten ein. Niemand kann die Begründungen liefern, die sich Organisationsmitglieder erhoffen.

Diese Schwierigkeiten sind darauf zurückzuführen, dass die Unternehmen bislang nicht über technische Verfahren verfügen, die Entscheidungsregeln künstlicher Intelligenz nachzuvollziehen. Selbstständige Nachforschungen hinsichtlich der Gründe von Entscheidungen sind ebenfalls unmöglich, weil die Technik eine Black-Box ist (siehe Abschnitt 6.2.1).

Das grundsätzliche Fehlen von Begründungen erzeugt bei Organisationsmitgliedern negative Reaktionen. Ein Interviewpartner aus dem Fall der Bank kommentiert es mit den Worten: „das ist natürlich höchst unbefriedigend". Durch den Gebrauch des Adverbs „höchst", verleiht er seiner Unzufriedenheit deutlichen Nachdruck. Das deutet darauf hin, dass sich fehlende Begründungen auf den Umgang mit Entscheidungen auswirken können.

Dieser Verdacht wird durch die Aussage eines Wirtschaftsprüfers gestützt. Er erklärt: „Es fällt mir schwer, mich darauf zu verlassen, wenn ich das nicht erklärt bekomme". Damit stellt der Interviewpartner eine klare Verbindung zu seinen Handlungen her. Zwar schließt er nicht aus, auf die Entscheidungen künstlicher Intelligenz aufzubauen. Es ist aber offensichtlich, dass es ihm widerstrebt.

Ein weiteres Zitat, das in diesem Zusammenhang interessant ist, stammt von einem Technikexperten des Automobilzulieferers. Er beschreibt unbegründete Entscheidungen als Problem für die Akzeptanz der Technik bei Produktionsingenieuren. Er sagt: „das ist, glaube ich, auch der Punkt, warum viele damit [mit der künstlichen Intelligenz] Probleme haben". Damit schlägt der Interviewpartner die gleiche Richtung ein, wie die Organisationsmitglieder der Bank und der Wirtschaftsprüfungsgesellschaft. Er geht jedoch einen Schritt über deren Aussagen hinaus.

Für den Technikexperten ist das Fehlen von Begründungen mehr als eine verpasste Chance, Anschlussfähigkeit herzustellen. Er sieht darin einen zusätzlichen Grund, den Output künstlicher Intelligenz zu problematisieren. Die Enttäuschungsreaktionen der Ingenieure belegen, dass sie Begründungen als Selbstverständlichkeit betrachten. Sie rechnen fest damit, dass Entscheidungsträger ihre Auswahl im Zweifelsfall rechtfertigen. Diese Erwartung haben sie im Umgang mit den Produktionsplanern gebildet, die die künstliche Intelligenz ersetzt.

Die ausbleibende Begründung erzeugt bei den Ingenieuren den Verdacht, dass es keine plausiblen Gründe für die Entscheidungen der Technik gibt. Sie fühlen sich in ihrer ursprünglichen Einschätzung der Entscheidungen bestätigt und üben deshalb Kritik. Diese bezieht sich nicht nur auf einzelne Entscheidungen. Künstliche Intelligenz wird als Problemquelle identifiziert und gerät unter Pauschalverdacht.

Entscheidungen nicht begründen zu können, ist unzweifelhaft ein Nachteil. Die Technik kann den schlechten Eindruck nicht ausgleichen, der durch unbeobachtbare Entscheidungsprämissen und fehlende Rechenschaftspflicht entsteht. Zudem enttäuscht sie eine weitere Erwartung, die für den Umgang mit Entscheidungsträgern bzw. Entscheidungen zentrale Bedeutung hat. Dadurch verschlechtert sich das Technikbild der Organisationsmitglieder zusätzlich.

In Anbetracht dieser sozialen Relevanz von Begründungen ist es folgerichtig, dass Organisationen sich mit dem Thema beschäftigen. Es besteht großes

Interesse an technischen Lösungen, die die Entscheidungen künstlicher Intelligenz erklären (siehe hierzu Montavon et al. 2018; De Fine Licht 2020; Vilone/Longo 2020; Rosbach 2020; Sudmann 2020; Borch/Min 2022; Tarafdar et al. 2022; Calvello 2023; Sloane et al. 2023; Kim et al. 2023). Wenn solche Ansätze flächendeckend verfügbar werden, könnten sie die Akzeptanz von KI-Anwendungen womöglich verbessern. Die Erfolgschancen sind jedoch differenziert zu betrachten.

Sämtliche Versuche, Entscheidungen künstlicher Intelligenz zu erklären[3], zielen auf tatsachengerechte Begründungen ab. Man möchte verstehen, warum künstliche Intelligenz zu einem bestimmten Output kommt. Wir haben allerdings festgestellt, dass wahrheitsgemäße Begründungen bestimmte Bedingungen erfüllen müssen, um die Anschlussfähigkeit von Entscheidungen zu sichern. Der Ablauf des Entscheidungsprozesses muss den Anforderungen der Entscheidungsempfänger entsprechen. Ansonsten können Begründungen die Verarbeitung von Entscheidungen sogar gefährden.

Der Erfolg von Begründungen beruht maßgeblich auf der Fähigkeit, zwischen tatsachengerechten Begründungen und erwartungsorientierter Motivkommunikation zu wechseln. Diese Fähigkeit lässt sich nicht auf künstliche Intelligenz übertragen. Erfolgreiche Motivkommunikation setzt nämlich voraus, dass Motive als Wahrheiten gedeutet werden (vgl. Gerth/Mills 1973). Das Wissen, dass künstliche Intelligenz Begründungen an die Erwartungen ihres Publikums anpasst, würde diese Illusion zerstören.

Dies dämpft die Hoffnung auf eine technische Lösung, die die Anschlussfähigkeit von KI-Entscheidungen erhöht. Organisationen müssen sich damit auseinandersetzen, dass künstliche Intelligenz ihren Output nicht adäquat begründen kann. Daraus ergeben sich weitere Folgen für den Umgang mit der Technik. In Abschnitt 6.3 identifizieren wir unbegründete Entscheidungen als dritten Faktor, der die Übertragung von Entscheidungsgewalt auf künstliche Intelligenz stört.

6.2.4 Zwischenfazit

Wir haben festgestellt, dass künstliche Intelligenz für Organisationsmitglieder mit menschlichen Entscheidungsträgern vergleichbar ist. Wenn sie der Technik in Informationsveranstaltungen begegnen oder sie eigenhändig ausprobieren dürfen,

---

[3] Bislang ist es nicht möglich, die kausalen Ursachen eines Outputs vollständig zu rekonstruieren (vgl. Aust 2021: 14; Preece 2018: 4; Jackszis 2021: 40 sowie London 2019: 17).

übertragen sie deshalb Erwartungen, die sie an ihresgleichen richten. Entscheidungen sollen sich (1.) an beobachtbaren Programmen orientieren. Zudem sollen Entscheidungsträger (2.) Rechenschaftspflicht übernehmen und (3.) ihre Auswahl begründen. Alle drei Erwartungen werden jedoch enttäuscht. Das hat negative Auswirkungen auf die Wahrnehmung der Technik und ihrer Entscheidungen.

Weil ihre Programme inhaltlich unbekannt sind, wirkt künstliche Intelligenz unberechenbar. Zudem weckt fehlende Rechenschaftspflicht Zweifel an ihrer Entscheidungskompetenz. Diese äußern sich darin, dass Organisationsmitglieder die Qualität von Entscheidungen infrage stellen. Ein Gesprächspartner bemerkt beispielsweise: „das ist den Leuten klar, dass […] es da Fehler gibt". Solchen Vorbehalten gegen Entscheidungen begegnen Entscheidungsträger gewöhnlich durch Begründungen. Diese kann die Technik jedoch nicht liefern.

Im Ergebnis wird künstliche Intelligenz als unberechenbare Technologie erlebt, die Entscheidungen von fragwürdiger Qualität produziert. Auch die Technikexperten, die KI-Einführungen für die untersuchten Unternehmen verantworten, reflektieren diese Zweifel. Einer von ihnen sagt diesbezüglich: „es braucht eben ein bisschen Überzeugungsarbeit". In dieser Aussage kommt zum Ausdruck, dass es Widerstände gegen künstliche Intelligenz gibt. Die Experten müssen diese bearbeiten, um den Einsatz künstlicher Intelligenz zu ermöglichen.

Ein anderer Interviewpartner spricht das deutlicher aus. Er stellt fest: „Sie müssen so gut wie jedem Stakeholder […] eines Werkes eigentlich nochmal wieder beweisen, dass das geht". Das Zitat lässt die Arbeit der Experten mühsam erscheinen. Sie müssen bei jedem Einsatz künstlicher Intelligenz Vertrauensgrundlagen schaffen. Dabei müssen sie individuell auf die Fachabteilungen eingehen. Der Umstand, dass künstliche Intelligenz anderenorts bereits erfolgreich funktioniert, scheint die Stakeholder nicht zufriedenzustellen.

Die Überzeugungsarbeit muss insbesondere diejenigen Organisationsmitglieder erreichen, die über den Einsatz künstlicher Intelligenz entscheiden. Dabei handelt es sich um Führungskräfte unterschiedlicher Hierarchiestufen. In einigen Unternehmen entscheiden Abteilungsleiter, in anderen die Unternehmensführung. Nur wenn dieses Personal von den Qualitäten künstlicher Intelligenz überzeugt wird, kann dieser Entscheidungsgewalt übertragen werden (siehe Abschnitt 6.3).

Die Technikexperten der untersuchten Organisationen entwickeln eine interessante Perspektive auf diese Hürden. Sie stellen fest, dass andere Organisationsmitglieder die Gefahren künstlicher Intelligenz in zweierlei Hinsicht dramatisieren. Ihnen zufolge ist künstliche Intelligenz (1.) relativ berechenbar. Darüber hinaus beurteilen sie (2.) die Entscheidungsqualität der Technik in den untersuchten Anwendungsfällen positiv.

Hinsichtlich der Berechenbarkeit künstlicher Intelligenz konstatiert ein interner Berater des Automobilzulieferers: „Wenn ich hundertmal dieselben Daten eingebe, kommen hundertmal dieselben Antworten raus". Organisationsmitglieder könnten demnach die Reaktionsweise der Technik studieren und Regelmäßigkeiten identifizieren. Aufbauend auf ihren Erfahrungen könnten sie Erwartungen hinsichtlich des Outputs bilden. Das gleicht die Nachteile aus, die durch die Unbeobachtbarkeit der Programme von KI-Anwendungen entstehen.

Auch die Lernprozesse künstlicher Intelligenz (vgl. Finlay 2017: 29 ff.) sind kein unüberwindbares Hindernis. Statistisches Lernen setzt voraus, dass ein bestimmter Zusammenhang vielfach beobachtet werden kann. Wenn sich die Vorlieben der Kunden des Online-Reisebüros verändern oder neue Kundengruppen auftauchen, kann es Tage oder Wochen dauern, bis genügend Daten vorhanden sind, die diese Zusammenhänge abbilden. Veränderungen der Funktionsweise künstlicher Intelligenz sind deshalb gewöhnlich keine sprunghaften Umbrüche.

Bezüglich der Entscheidungsqualität künstlicher Intelligenz stellen die Experten klar, „dass [sie] an die Qualität und den Wertbeitrag [ihrer] Produkte glauben". Damit zeichnen sie das Bild einer Technik, die durch ihre Entscheidungsergebnisse zum Unternehmenserfolg beiträgt. Das bedeutet zwar nicht, dass künstliche Intelligenz keine Fehler macht. Diese Fehler fallen aus Perspektive der Interviewpartner allerdings kaum ins Gewicht. Sie sind Beiwerk einer überwiegend erfolgreichen Technologie.

Davon überzeugen die Technikexperten mit der Zeit auch andere Organisationsmitglieder, indem sie die Entscheidungsqualität künstlicher Intelligenz testen (siehe Abschnitt 7.2.2) und sie mit menschlichen Entscheidungsträgern vergleichen (siehe Abschnitt 7.3.1). Dabei stellt sich heraus, dass die Technik bessere Entscheidungen trifft als die Organisationsmitglieder, die sie ersetzt. Auf Grund dieser Feststellung überdenken viele Entscheidungsträger ihre Einstellung zu KI-Anwendungen (siehe Abschnitt 7.2.4).

Die Experten entlarven das Technikbild ihrer Kollegen somit als soziale Konstruktion, die durch enttäuschte Erwartungen genährt wird. Vergleiche zwischen künstlicher Intelligenz und menschlichen Entscheidungsträgern machen Normabweichungen sichtbar, die wiederum die Wahrnehmung der Beteiligten prägen. Ohne die Menschenähnlichkeit künstlicher Intelligenz würden Organisationsmitglieder höchstwahrscheinlich vollkommen anders denken und handeln.

Zusammenfassend lassen sich die Probleme mit künstlicher Intelligenz als Variation des Uncanny-Valley-Phänomens beschreiben, das auf Beobachtungen von Mori (2012) zurückgeht. Er untersucht den Einfluss des Aussehens von Robotern auf Menschen. Dabei stellt er fest, dass die Akzeptanz von Robotern steigt, je menschenähnlicher sie aussehen. Das gilt allerdings nur bis zu einem gewissen Punkt, an dem die Akzeptanz dramatisch abfällt.

Dies erklären Mitchell et al. (2011) damit, dass Roboter, die sich deutlich von Menschen unterscheiden, als Roboter eingeordnet und beurteilt werden. Menschenähnliche Roboter werden jedoch mit Menschen verglichen. In diesem Vergleich drängen sich die verbleibenden Unterschiede zwischen Mensch und Roboter auf. Ein Roboter, der menschenähnlich aber nicht menschengleich ist, erscheint nicht als Roboter, sondern als schlechte Menschenkopie (Saygin et al. 2012).

Dieses Muster wiederholt sich im Umgang mit künstlicher Intelligenz. Während sich Mori (2012) mit dem Aussehen von Robotern befasst, geht es hier allerdings um die Funktionsweise der Technik. Als nicht-triviale Maschine erinnert sie Organisationsmitglieder an menschliche Entscheidungsträger. Genau wie Moris (ebd.) menschenähnliche Roboter scheitert sie allerdings daran, die Erwartungen zu erfüllen, die dieser Vergleich weckt. Ihre Entscheidungsprämissen sind nicht beobachtbar, sie begründet ihre Entscheidungen nicht und sie übernimmt keine Rechenschaftspflicht für Fehler.

Künstliche Intelligenz ähnelt also menschlichen Entscheidungsträgern, kann aber nicht über die verbleibenden Differenzen hinwegtäuschen. Sie erscheint als schlechte Kopie eines Organisationsmitglieds und ruft dadurch Sorgen hervor. Dieses Forschungsergebnis wirft neues Licht auf Beobachtungen, die andere Studien gemacht haben:

– Dietvorst (2016) sowie Dietvorst et al. (2018) stellen in Experimenten fest, dass Organisationsmitglieder „Algorithm Aversion" entwickeln, wenn sie fehlerhafte Entscheidungen künstlicher Intelligenz beobachten. Diese äußert sich in einer Ablehnung der Technik, die selbst dann Bestand hat, wenn diese im Vergleich mit Menschen bessere Entscheidungsergebnisse liefert.
– Kawaguchi (2021: 1329) beobachtet, dass die Angestellten eines Automatengeschäfts sich nicht auf den Output einer KI-Anwendung verlassen. Die Technik soll Entscheidungen über das Produktsortiment treffen, das in Automaten angeboten wird. Organisationsmitglieder setzen sich jedoch regelmäßig über ihre Auswahl hinweg.

Die Ablehnung künstlicher Intelligenz, die in diesen Arbeiten beschrieben wird, könnte möglicherweise durch die Kopräsenz von Ähnlichkeiten und Unterschieden im Vergleich mit menschlichen Entscheidungsträgern (mit-) erklärt werden. Diese Interpretation wird auch durch Santoro und Monin (2023) gestützt. Sie stellen fest, dass Menschen typisch menschliche Fähigkeiten fokussieren, wenn sie

mit künstlicher Intelligenz konfrontiert werden. Sie neigen zudem dazu, diesen
Fähigkeiten größere Bedeutung beizumessen als sie es ohne die Auseinandersetzung mit KI-Anwendungen getan hätten. Beides steigert die Wahrscheinlichkeit,
dass Normabweichungen der Technik problematisiert werden.

6.3   Entscheidungen über künstliche Intelligenz

Wir haben festgestellt, dass künstliche Intelligenz Erwartungen enttäuscht und
dadurch einen nachteilhaften Eindruck erzeugt. In diesem Kapitel gehen wir
den Folgen dieses negativen Technikbilds nach. Wir stellen fest, dass bei
Entscheidungsträgern, die über den Einsatz künstlicher Intelligenz bestimmen,
Unsicherheit aufkommt. Dieser Unsicherheit können sie aus dem Weg gehen,
indem sie die Rolle der Technik einschränken.

Für Entscheidungen über die Einführung künstlicher Intelligenz sind verschiedene Stellen zuständig. In kleineren Unternehmen liegt sie bei der Unternehmensführung. Beispielsweise hat sich der Geschäftsführer des Online-Reisebüros
intensiv mit künstlicher Intelligenz auseinandergesetzt. Er erzählt: „Ich habe viel
über das Thema gelesen und […] überlegt, wie könnten wir das einsetzen?". Auch
bei den Landwirtschaftsbetrieben sind Entscheidungen über künstliche Intelligenz
Chefsache. Hier entscheiden jeweils die Landwirte.

In größeren Unternehmen liegt die Zuständigkeit bei den Führungskräften
der betroffenen Organisationseinheiten. Diese können sich in ihrer Größe voneinander unterscheiden. Im Fall der Wirtschaftsprüfungsgesellschaft entscheiden
Teamleiter für eine niedrige zweistellige Zahl von Teammitgliedern. Genau wie
die Unternehmensführung der kleineren Organisationen geben sie den Rahmen
für sämtliche Technologienutzung vor. Ein Interviewpartner erklärt: „Ich muss
als Teamleiter bestimmen, ob wir solche Tools nutzen, also welche Tools wir
nutzen. Und ich muss entscheiden, wie wir sie nutzen".

Den größten Gegensatz stellt der Fall des Automobilzulieferers dar. Dort entscheidet „irgendjemand, der verantwortlich für eine Kostenstelle ist". Das sind
Abteilungsleiter, deren Abteilungen eine dreistellige Zahl von Mitgliedern haben
können. Die Entscheidung über künstliche Intelligenz berührt damit eine wesentlich größere Anzahl von Organisationsmitgliedern als in den vorausgenannten
Fällen.

Obwohl es Unterschiede hinsichtlich der Zuständigkeitsverteilung gibt, findet
sich über alle Fälle hinweg eine Gemeinsamkeit. Entscheidungen über künstliche
Intelligenz sind gewöhnlich Top-Down-Entscheidungen, die durch eine geringe
Anzahl von Personen geprägt werden. Die Perspektive, die diese Personen im

Rahmen ihrer Entscheidungsprozesse auf die neue Technologie entwickeln, ist deshalb besonders wichtig für ihre Unternehmen. Wir müssen sie im Folgenden rekonstruieren, um den Umgang mit künstlicher Intelligenz zu verstehen.

Entscheidungsträger stellen sich bei Entscheidungen über künstliche Intelligenz die Frage „will ich das überhaupt?". Das zeigt, dass der Einsatz der Technik möglich, aber nicht zwingend notwendig ist. Der Weg der Entscheidungsträger ist nicht von Anfang an vorgezeichnet. Das gilt der Tatsache zum Trotz, dass das Fallsample dieser Arbeit aus Organisationen besteht, die allesamt ein Interesse an künstlicher Intelligenz haben (siehe Abschnitt 4.2) und sich letztendlich für die Einführung entscheiden.

Obwohl die Entscheidung über künstliche Intelligenz immer eine Entscheidung für oder gegen die Technik sein muss, ist es den Entscheidungsträgern zufolge „keine einfache, eins-null-Entscheidung". Die Beteiligten identifizieren demnach mehr als zwei Alternativen, die sie ernsthaft berücksichtigen. Dadurch entsteht zusätzliche Komplexität für den Entscheidungsprozess. Die Möglichkeiten werden einzeln untersucht, bewertet und gegeneinander abgewogen. Dabei setzen die Entscheidungsträger fallübergreifend ähnliche Schwerpunkte.

Die verschiedenen Optionen, die ihnen zur Verfügung stehen, haben wir in Kapitel 5 kennengelernt. Künstliche Intelligenz kann als kompetenter Entscheidungsträger, als kontrollbedürftiger Entscheidungsträger oder als Werkzeug zum Einsatz kommen. Diese Möglichkeiten unterscheiden sich hinsichtlich des Einflusses, welcher der Technik zugestanden wird.

Im weiteren Verlauf des Entscheidungsprozesses ergründen die Entscheidungsträger, welche Konsequenzen die Alternativen für die Organisation hätten. Dies entspricht dem gewöhnlichen Ablauf zweckgeleiteter Entscheidungsprozesse (vgl. Brunsson 1985: 46 ff.; Simon 1955). Die Entscheidungsträger wollen auf Grundlage ihrer Prognosen eine Entscheidungsalternative auswählen, die den Zielen der Organisation dient. Der Blick in die Zukunft wird jedoch durch das Technikbild beeinflusst, das wir im letzten Kapitel diskutiert haben. Das können wir anhand von Zitaten nachvollziehen.

Einem Entscheidungsträger aus dem Fall des Automobilzulieferers zufolge besteht bei der Bewertung der Entscheidungsalternativen „eine gewisse Unsicherheit, was jetzt eigentlich zu erwarten ist". Den Beteiligten erscheint es unmöglich, die Auswirkungen des Einsatzes künstlicher Intelligenz einzuschätzen. Das lässt sich auf die Annahme zurückführen, dass die Technik unberechenbar ist (siehe Abschnitt 6.3). Unter dieser Prämisse ist es vergebliche Mühe, Zukunftsszenarien zu ergründen, an denen künstliche Intelligenz teilhat.

Auch die Zweifel an der Qualität des Outputs von KI-Anwendungen (siehe Abschnitt 6.2.3) schlagen sich in den Entscheidungsprozessen nieder. Ein Berater kommentiert die Erfolgsaussichten einer Entscheidung für den Einsatz künstlicher Intelligenz mit den Worten „man weiß es halt nicht vorher". Er macht sich offenbar Sorgen darüber, inwieweit der Output einer KI-Anwendung den Erwartungen der Organisation gerecht wird. Zu einer konkreten Einschätzung kann er sich allerdings nicht durchringen.

Auch ein Interviewpartner aus dem Fall der Bank äußert Bedenken. Er spricht davon, dass man „Angst davor hat, was da passieren könnte". Dieses Zitat benennt mangelhafte Entscheidungsqualität explizit als Grund, sich vor der Einführung künstlicher Intelligenz zu fürchten. Der Gesprächspartner lässt allerdings Raum für Zweifel, indem er den Konjunktiv gebraucht. Dass KI-Anwendungen unbrauchbare Entscheidungen treffen, erscheint als Möglichkeit neben anderen.

Das Zusammentreffen der zwei Vorbehalte gegenüber künstlicher Intelligenz erschwert den Entscheidungsprozess erheblich. Wenn die zukünftigen Entscheidungen künstlicher Intelligenz berechenbar wären, könnten Organisationsmitglieder beurteilen, inwieweit sie die Erwartungen der Organisation erfüllen. Würden die Entscheidungsträger der Entscheidungskompetenz künstlicher Intelligenz vertrauen, wäre es irrelevant, inwieweit sie berechenbar ist. Weil jedoch in beiderlei Hinsicht der Negativfall vorliegt, entsteht ein Problem.

Am deutlichsten tritt diese Belastung in den produzierenden Unternehmen zutage. Sie müssen detaillierte ökonomische Bewertungen vornehmen und den Einsatz neuer Technologien über deren Wertbeitrag rechtfertigen. Im Umgang mit künstlicher Intelligenz stolpern sie allerdings über die Frage, wie dieser Wertbeitrag zu bestimmen ist. Ein Berater erklärt: das „ist tatsächlich gar nicht immer so einfach. [...] Da kann man schon verschiedenartig rechnen". Ein anderer Gesprächspartner nennt den Wertbeitrag „einfach irgendein[en] Euro-Wert, den man sich überlegt".

Im ersten Zitat wird bereits deutlich, dass der Wertbeitrag keine objektive Wahrheit abbildet. Der Interviewpartner identifiziert verschiedene Berechnungsgrundlagen. Die Beteiligten müssen Vorannahmen hinsichtlich der Funktionalität künstlicher Intelligenz treffen, um deren Nutzen zu beziffern. Auf Grund der vermeintlichen Unberechenbarkeit der Technik fällt ihnen das schwer. Es entsteht ein großer Ermessensspielraum, den die Entscheidungsträger ausfüllen müssen.

Das zweite Zitat betont diesen Ermessensspielraum wesentlich stärker. Der prognostizierte Wertbeitrag künstlicher Intelligenz erscheint nicht als Produkt von Berechnungen, sondern als Produkt der Fantasie der Entscheidungsträger. Weil sie die Zukunft nicht vorhersehen und noch weniger berechnen können, müssen sie sich den Wertbeitrag selbst „überlegen". Diese Darstellung ist offensichtlich bewusst überspitzt, illustriert aber das Problem, mit dem die Entscheidungsträger kämpfen. Solange sie sich kein Bild von den Entscheidungen künstlicher Intelligenz machen können, fehlt ihren Berechnungen ein eindeutiger Orientierungspunkt.

Diese Schwierigkeiten können wir organisationstheoretisch mit demselben Begriff einfangen, den wir unterschwemmt gebrauchen. Entscheidungen über künstliche Intelligenz sind durch ein hohes Maß an „Unsicherheit" belastet. Unsicherheit bedeutet „that we cannot predict or foresee what will happen when acting or not acting" (Aspers 2018: 133). Entscheidungsträger empfinden diese Blindheit gegenüber den Folgen des eigenen Handelns als Hindernis, weil man von ihnen eine starke Zukunftsorientierung einfordert (Brunsson/Brunsson 2017: 39 ff.).

Vor diesem Hintergrund ist bedeutsam, dass die Unsicherheit bei Entscheidungen über künstliche Intelligenz nicht allumfassend ist. Unterschiedliche Entscheidungsaltarnativen sind in unterschiedlichem Ausmaß unsicherheitsbelastet. Darum können die Verantwortlichen die Folgen bestimmter Alternativen besser einschätzen als die Folgen anderer. Die Unterschiede sind davon abhängig, wie viel Entscheidungsgewalt ein Zukunftsszenario künstlicher Intelligenz zugesteht.

Das Höchstmaß an Unsicherheit empfinden die Führungskräfte angesichts der Möglichkeit, künstliche Intelligenz als vollwertigen Entscheidungsträger einzusetzen. Das bringt ein Interviewpartner aus dem Fall des Automobilzulieferers auf den Punkt, indem er diese Entscheidungsalternative als „technologische Wette" bezeichnet. Damit gibt er zu verstehen, dass er die Erfolgschancen nicht beurteilen kann. Entscheidungsgewalt auf künstliche Intelligenz zu übertragen, erscheint als Sprung ins Ungewisse.

Diese Einschätzung lässt sich dadurch erklären, dass künstliche Intelligenz als vollwertiger Entscheidungsträger eine große Anzahl nachfolgender Entscheidungen beeinflusst (siehe Abschnitt 5.1). Aus der Perspektive der Führungskräfte, die für die Einführungsentscheidung verantwortlich sind, sind deshalb nicht bloß die zukünftigen Entscheidungen der Technik unsicherheitsbelastet. Jeder Zweifel am Output künstlicher Intelligenz bedingt Zweifel an Folgeentscheidungen, die darauf aufbauen. Unsicherheit dehnt sich auf sämtliche Arbeitsprozesse aus, die direkt oder indirekt mit der Technik in Zusammenhang stehen.

Das Ausmaß der Unsicherheit verringert sich, wenn Entscheidungsträger darüber nachdenken, die Technik als kontrollbedürftigen Entscheidungsträger oder als Werkzeug einzusetzen (siehe Abschnitt 5.2 und Abschnitt 5.3). Ein Gesprächspartner aus dem Fall der Bank stellt diesbezüglich fest: „Das ist einfach verlässlicher, wenn ein Mensch im Spiel ist". Die Zukunft erscheint demnach der Einschätzung der Führungskräfte wesentlich besser zugänglich zu sein. Das ist dadurch zu begründen, dass beide Entscheidungsoptionen vorsehen, den Output der Technik durch Organisationsmitglieder zu kontrollieren[4].

Der Inhalt und die Qualität der Entscheidungen künstlicher Intelligenz bleiben zwar auch in diesem Fall unberechenbar. Indem man ihren Output überprüfen lässt, wird diese Unsicherheit jedoch eingedämmt. Die Organisation stellt sicher, dass sich potenzielle Fehlentscheidungen nicht unkontrolliert auf nachfolgendes Entscheiden auswirken. Damit ist künstliche Intelligenz als einzelner Unsicherheitsfaktor durch verlässliche Routinen gerahmt.

Der Unterschied zwischen künstlicher Intelligenz als kontrollbedürftigem Entscheidungsträger und künstlicher Intelligenz als Werkzeug besteht darin, dass erstere gewisse Freiräume für eigenständige Entscheidungen hat. Beispielsweise wird die KI-Anwendung der Landwirtschaftsbetriebe nicht kontrolliert, wenn sie Kälber als „gesund" ausweist. Innerhalb dieses Zuständigkeitsgebiets kann sich Unsicherheit entfalten. Die klaren Grenzen für die Beeinflussung nachfolgenden Entscheidens bilden gleichzeitig einen Schutzwall.

Als Werkzeug hat künstliche Intelligenz hingegen keinen von Organisationsmitgliedern unabhängigen Einfluss auf nachfolgendes Entscheiden. Es kann zwar trotzdem Unsicherheit hinsichtlich ihres Outputs auftreten. Diese bleibt jedoch isoliert und wird durch Kontrollen von Organisationsmitgliedern abgearbeitet. Beispielsweise kann die Wirtschafsprüfungsgesellschaft unterstellen, dass der Output ihrer künstlichen Intelligenz korrekt ist, wenn ein Organisationsmitglied ihn bestätigt bzw. berichtigt hat.

Die einzige Entscheidungsalternative, die aus der Perspektive der Entscheidungsträger nicht unsicherheitsbehaftet erscheint, ist der Verzicht auf künstliche Intelligenz. Die vermeintliche Berechenbarkeit dieser Alternative resultiert daraus, dass die Betroffenen den vertrauten Status quo in die Zukunft projizieren. Die bekannten Prozesse und Technologien erscheinen ihnen berechenbar. Beispielsweise erklärt ein Wirtschaftsprüfer, dass er sich im Umgang mit Computerprogrammen darauf verlassen kann, „dass das so funktioniert".

Im Vergleich der Entscheidungsalternativen gibt es somit einen klaren Verlierer. Dabei handelt es sich um die Möglichkeit, künstliche Intelligenz als vollwertigen Entscheidungsträger einzusetzen. Das spiegelt sich in der Beschwerde

---

[4] Diese Einsicht deckt sich mit den Beobachtungen von Aoki (2021), die feststellt, dass Organisationsmitglieder eher bereit sind, Entscheidungen künstlicher Intelligenz aufzugreifen, wenn Menschen daran beteiligt sind. Während Aoki (ebd.) allerdings davon ausgeht, dass menschliche Beteiligung Vertrauen erzeugt, stellt die vorliegende Arbeit eine andere Funktion in den Mittelpunkt. Menschen an den Entscheidungen künstlicher Intelligenz zu beteiligen, puffert Unsicherheit.

eines Interviewpartners aus dem Fall des Halbleiterherstellers. Er beklagt: „Gerade für einen deutschen Ingenieur ist es immer ein bisschen schwer, so einem Algorithmus die Entscheidung zu überlassen. […] Manche Leute befürchten, dass die [Technik] mal das macht und mal das macht". Die mit künstlicher Intelligenz verbundene Unsicherheit kommt in diesem Zitat darin zum Ausdruck, dass sie „mal das macht und mal das". Deshalb erscheint eine eigenständig entscheidende KI-Anwendung als großes Wagnis.

Aus dieser Perspektive betrachtet, müssen Unternehmen sich gegen künstliche Intelligenz entscheiden oder Unsicherheit zumindest durch Kontrollen begrenzen. Ein gutes Beispiel dafür ist die Wirtschaftsprüfungsgesellschaft, die künstliche Intelligenz als Werkzeug behandelt. Die Teamleiter der Wirtschaftsprüfungsgesellschaft müssen nach Abschluss ihrer Arbeit garantieren können, dass keine wesentlichen Fehler vorliegen. Deshalb ertragen sie die mit der Technik verbundene Unsicherheit nicht. Sie können keine Wette darauf eingehen, dass ihre Entscheidungen eine ausreichende Qualität haben.

Indem sie jeden Output durch Organisationsmitglieder prüfen lassen, dämmen sie Unsicherheit ein. Künstliche Intelligenz wird dadurch zum Vorschlagsgenerator menschlichen Handelns. Die Kontrolleure urteilen darüber, inwieweit ihr Output als Prämisse weiterer Entscheidungen taugt oder nicht. Diese Regelung macht die Einführung künstlicher Intelligenz für die Teamleiter berechenbar. Es fällt ihnen wesentlich leichter, sich für die Technik zu entscheiden, wenn sie wissen, dass deren Entscheidungen sich nicht ungefiltert auf nachfolgende Prüfungsprozesse auswirken.

Wir können also zusammenfassen, dass Entscheidungen über künstliche Intelligenz ein Katalysator für Unsicherheit sind, die aus dem Technikbild der Entscheidungsträger resultiert. Entscheidungen lenken die Aufmerksamkeit der Entscheidungsträger auf die Zukunft. Diese Zukunft erscheint allerdings unzugänglich, solange man von der Prämisse ausgeht, dass künstliche Intelligenz unberechenbar und fehleranfällig ist. Das ist problematisch, weil Entscheidungsträger bei Entscheidungen über künstliche Intelligenz eine unbestimmte Vielzahl zukünftiger Entscheidungen bedenken müssen, die durch den Output der Technik beeinflusst werden.

Obwohl Unsicherheit somit handfeste Auswirkungen auf Entscheidungen hat, ist sie keine objektive Tatsache. Wie wir in Abschnitt 6.2.4 erörtert haben, ist künstliche Intelligenz wesentlich berechenbarer als Organisationsmitglieder annehmen. Das bedeutet, dass Unsicherheit in der Perspektive des Beobachters entsteht (vgl. Dequech 1999; Broszewski 2015: 18 ff.). Daraus lässt sich wiederum schlussfolgern, dass man Unsicherheit abbauen kann, indem man diese Perspektive verändert. Diesen Umstand reflektieren die Technikexperten der untersuchten Organisationen.

Ein Interviewpartner im Fall des Halbleiterherstellers erklärt: „es ist letztendlich lösbar, wenn man den Leuten demonstrieren kann, es funktioniert und es funktioniert zuverlässig". Damit Entscheidungen für künstliche Intelligenz möglich werden, muss man demnach Entscheidungsträger davon überzeugen, dass künstliche Intelligenz hinsichtlich des Inhalts und der Qualität ihrer Entscheidungen berechenbar ist. Wie wir in Abschnitt 7.2 sehen werden, gibt es ein ganzes Arsenal von Lösungsmechanismen, die diesem Zweck dienen.

Wie Unternehmen mit Unsicherheit umgehen

Wir haben im letzten Kapitel herausgearbeitet, dass künstliche Intelligenz Unsicherheit im Sinne eines Nicht-Wissens über die Zukunft verursacht, das die Übertragung von Entscheidungsgewalt erschwert. Im Folgenden stellen wir fest, dass Organisationen unterschiedlich mit der Unsicherheit umgehen. Wir besprechen zunächst, dass sie sich hinsichtlich ihrer Unsicherheitstoleranz unterscheiden. Je höher die Unsicherheitstoleranz eines Unternehmens ausgeprägt ist, desto leichter fällt die Entscheidung für künstliche Intelligenz. Daraufhin stellen wir fest, dass Organisationen Unsicherheit gezielt bearbeiten. Sie löst sich allerdings nicht endgültig auf, sondern wird latenter Bestandteil des Arbeitsalltags.

7.1 Unsicherheitstoleranz

Wir befassen uns im Folgenden mit Unsicherheitstoleranz. Wir diskutieren, was dieses Phänomen auszeichnet, wie es zustande kommt und welche Rolle es für Entscheidungen über künstliche Intelligenz spielt. Dabei zeigt sich, dass Unsicherheitstoleranz von der Bedeutung abhängig ist, die Organisationen fehlerhaften Entscheidungen beimessen. Eine hohe Unsicherheitstoleranz erlaubt Organisationsmitgliedern Entscheidungen zu treffen, ohne sich der Folgen sicher zu sein. Das ist für die Einführung künstlicher Intelligenz bedeutsam.

Die Bedeutung von Unsicherheitstoleranz lässt sich durch den Vergleich gegensätzlicher Fälle verdeutlichen. Dafür empfehlen sich das Online-Reisebüro und der Halbleiterhersteller. Das Online-Reisebüro kann sehr gut mit Unsicherheit umgehen, während der Halbleiterhersteller zögerlich ist.

Die Einstellung des Online-Reisebüros kommt in dem folgenden Zitat des Geschäftsführers zum Ausdruck, das die Entscheidung über die Einführung künstlicher Intelligenz resümiert: „dann haben wir uns da halt vorgetastet und eingelesen und mal irgendetwas ausprobiert". Die Entscheidung ist demnach keine große Hürde. Man lässt sich davon überraschen, ob künstliche Intelligenz im Unternehmensalltag brauchbare Entscheidungen trifft oder nicht. Dabei zeigt der Interviewpartner keine große Sorge vor Fehlentscheidungen der Technik.

Im Gegensatz dazu werden die Entscheidungsträger des Halbleiterherstellers stark durch Unsicherheit beeinträchtigt. Das verdeutlicht das Zitat, das wir in Abschnitt 6.3 bereits analysiert haben: „Gerade für einen deutschen Ingenieur ist es immer ein bisschen schwer, so einem Algorithmus die Entscheidung zu überlassen". Unsicherheit läuft in dieser Organisation dem Interesse an fehlerfreien Produktionsabläufen entgegen. In Anbetracht dessen ist es naheliegend, sich gegen den Einsatz künstlicher Intelligenz zu entscheiden.

Wie Unternehmen mit Unsicherheit umgehen, macht demnach einen großen Unterschied für die Auseinandersetzung mit künstlicher Intelligenz. Was genau hat es also mit Unsicherheitstoleranz auf sich?

7.1.1 Einflüsse

Um nachzuvollziehen, wie Unsicherheitstoleranz zustande kommt, müssen wir uns zunächst mit dem Begriff auseinandersetzen. Wie in Abschnitt 6.3 erläutert, schaffen Entscheidungsträger in Organisationen sich zunächst einen Überblick über die Alternativen, die zur Auswahl stehen. Anschließend machen sie sich ein Bild von den Folgen, die mit diesen Alternativen verbunden wären. Erst wenn sie eine Vorstellung davon haben, auf welche Art und Weise sie die Zukunft des Unternehmens beeinflussen, treffen sie eine Entscheidung. Dieser Prozess wird durch künstliche Intelligenz gestört, weil Entscheidungsträger sich keine Vorstellung vom Inhalt und der Qualität ihres Outputs machen können.

Entscheidungsträger, die für Unsicherheit sensibel sind, können unter diesen Bedingungen keine Entscheidungsgewalt auf künstliche Intelligenz übertragen. Für sie kommen ausschließlich Entscheidungsalternativen infrage, deren Folgen absehbar sind. Deshalb bleiben nur wenige Optionen: Sie können auf den Einsatz von KI-Anwendungen verzichten. Oder sie können den Output künstlicher Intelligenz kontrollieren und korrigieren lassen, um die Berechenbarkeit seines Inhalts bzw. seiner Qualität zu erhöhen.

Unsicherheitstoleranz ermöglicht es, von diesem Muster abzuweichen. Entscheidungsträger mit hoher Unsicherheitstoleranz können eine Auswahl treffen, ohne klare Vorstellungen von den Folgen der gewählten Alternative zu haben. Sie akzeptieren Nicht-Wissen, statt sich davon beeinträchtigen zu lassen. Unsicherheitstoleranz sichert also Entscheidungsfähigkeit in Situationen ab, in denen sich die Zukunft der Vorstellungskraft der Organisationsmitglieder entzieht.

Auf Grundlage dieser Definition können wir erklären, wie Unsicherheitstoleranz entsteht. Kurzgesagt ist Unsicherheitstoleranz davon abhängig, *welche Auswirkungen fehlerhafte Entscheidungen künstlicher Intelligenz für eine Organisation haben.* Je stärker sich Fehler auswirken, desto geringer die Unsicherheitstoleranz. Wo Fehler dramatische Konsequenzen haben, möchten Organisationsmitglieder sich in Entscheidungssituationen ein möglichst klares Bild der Zukunft machen.

Die geringe Unsicherheitstoleranz des Halbleiterherstellers erklärt sich dadurch, dass Produktionsfehler bzw. Fehler in der Qualitätskontrolle hohe Kosten verursachen. Ein Interviewpartner erklärt: „wenn die Qualität nicht stimmt, dann wird es teuer. Ich meine, da braucht man nichts zu beschönigen". Entscheidungsträger wollen daher ein möglichst klares Bild davon haben, wie ihre Entscheidung über künstliche Intelligenz Produktionsprozesse beeinflusst.

Umgekehrt gilt auch: Je weniger Fehlentscheidungen eine Organisation bzw. Organisationseinheit gefährden, desto höher ist die Unsicherheitstoleranz. Das ist offensichtlich dadurch zu begründen, dass Entscheidungsträger auf den Blick in die Zukunft verzichten können, wenn sie keine negativen Konsequenzen fürchten müssen. Die Unberechenbarkeit künstlicher Intelligenz kann unter dieser Bedingung besser akzeptiert werden.

So ergibt sich die hohe Unsicherheitstoleranz im Fall des Online-Reisebüros. Die Organisation verkraftet es problemlos, wenn im Rahmen der Kundenberatung Fehlentscheidungen getroffen werden. Auch die Kundenberater, die vor der Einführung künstlicher Intelligenz den Kontakt zur Kundenumwelt halten, machen Fehler. Das erklären die Interviewpartner damit, dass Kunden im Emailkontakt wenige Informationen über sich preisgeben (siehe Abschnitt 7.2.2). Auf dieser schmalen Informationsgrundlage fällt es den Beratern schwer, passende Angebote zu finden.

Damit haben wir die Frage nach den Ursachen für Unsicherheitstoleranz allerdings erst zur Hälfte beantwortet. Wenn die Auswirkung fehlerhafter Entscheidungen das Niveau der Unsicherheitstoleranz bestimmen, müssen wir erklären, unter welchen Bedingungen Organisationen Fehler als Gefahr deuten – und unter welchen Bedingungen sie toleriert werden. Wir stellen fest, dass die Variationen in den untersuchten Fällen auf drei Unterschieden hinsichtlich des intendierten Einsatzkontextes künstlicher Intelligenz beruhen.

Das sind (1.) der Zusammenhang zwischen den Entscheidungen, die künstliche Intelligenz treffen soll, und dem Organisationszweck; (2.) die Kosten potenzieller Fehlentscheidungen künstlicher Intelligenz sowie (3.) die Erwartungen der Organisationsumwelt.

Die Bedeutung des ersten Einflusses können wir auf Grundlage der folgenden Äußerung eines internen Beraters des Automobilzulieferers nachvollziehen. Er stellt hinsichtlich der Auswirkungen potenzieller Fehler fest: „Das hat einfach auch viel mit Wichtigkeit des Problems zu tun". Der Interviewpartner ordnet mit dieser Aussage Arbeitsprozesse nach ihrem Beitrag zum Organisationszweck. In Prozessen, die einen direkten Beitrag zur Zweckerfüllung leisten, wiegen Fehler wesentlich schwerer als in Prozessen, deren Beitrag zum Organisationszweck nachrangig ist.

Die internen Berater des Automobilzulieferers beobachten, dass Entscheidungsträger in produzierenden Unternehmenseinheiten sich wesentlich mehr vor Fehlern fürchten als Entscheidungsträger in unterstützenden Einheiten[1]. Erstere tolerieren daher kaum Unsicherheit, sodass sie schlecht vom Einsatz künstlicher Intelligenz überzeugt werden können. Dahinter steht die Befürchtung, dass Fehlentscheidungen die Funktionsfähigkeit oder sogar den Bestand der Organisation gefährden könnten.

Wenn Prozesse nicht (oder nur mittelbar) mit dem Zweck einer Organisation oder Abteilung in Zusammenhang stehen, sind Fehler besser zu ertragen. Wenn die Einkaufsabteilung einer Unternehmung vergisst, neues Druckerpapier zu bestellen, entsteht dadurch weniger Schaden als durch eine fehlerhafte Programmierung von Produktionsmaschinen. Fehler können unter diesen Umständen ihren Schrecken verlieren, sodass mehr Unsicherheitstoleranz entsteht. Das erleichtert die Entscheidung für künstliche Intelligenz[2].

Der zweite Faktor, der sich auf die Bedeutung von Fehlern auswirkt, sind ökonomische Kosten. Je kostspieliger Fehler sind, desto schwerer wiegen sie. Diesen Zusammenhang haben wir einleitend bereits im Fall des Halbleiterherstellers beobachten können. Das Unternehmen produziert einzelne Teile von hohem

---

[1] Die Charakteristika dieser unterschiedlichen Kontexte erklärt Mintzberg (1979: 18 ff.) ausführlich.

[2] Der entspannte Umgang mit künstlicher Intelligenz in weniger erfolgskritischen Organisationseinheiten widerspricht den Forschungsergebnissen von Wenzelburger et al. (2022). Sie gehen davon aus, dass die Bearbeitung bedeutsamer Probleme die Akzeptanz künstlicher Intelligenz positiv beeinflusst. Das ist in den untersuchten Unternehmen absolut nicht der Fall. Die Differenzen sind möglicherweise dadurch zu erklären, dass Wenzelburger et al. (2022) ihre Analyse nicht auf der Befragung von Organisationsmitgliedern, sondern Privatpersonen aufbauen.

Wert. Fehler im Produktionsprozess bzw. in der Qualitätskontrolle sind deshalb bedeutsam. Man versucht mit aller Kraft, sie zu vermeiden. Ähnlich verhält es sich mit der Produktionsplanung des Automobilzulieferers.

Als Gegenbeispiel empfiehlt sich erneut das Online-Reisebüro. Beratungsfehler sind dort bereits eingepreist. Das Unternehmen kann nicht unterstellen, dass jedes Kundengespräch zu einem Verkaufsabschluss führt. Erfolgreiche Beratungen finanzieren Beratungsfehler mit. Natürlich sehen die Organisationsmitglieder darin keine Einladung, Fehler zu machen. Wenn Fehler auftreten, können sie damit aber wesentlich entspannter umgehen als der Halbleiterhersteller.

Die Bedeutung der Kosten für die Interpretation von Fehlern ließe sich theoretisch durch „Organizational Slack" (Cyert/March 1963: 36 ff.) moderieren. Organizational Slack bezeichnet die Differenz zwischen den Ressourcen, die einer Organisation oder Organisationseinheit zur Verfügung stehen, und der Summe an Ressourcen, die ein System benötigt, um Zahlungen zu tätigen, die notwendig sind, um seinen Fortbestand sicherzustellen. Dazu gehören beispielsweise die Gehälter der Organisationsmitglieder sowie Zahlungen an Lieferanten.

Slack würde es erlauben, die Kosten von Fehlentscheidungen abzufedern. Cyert und March (ebd.: 38) sprechen diesbezüglich von einem „finanziellen Kissen". Einer Organisation, die nach Abzug überlebensnotwendiger Zahlungen über Reserven verfügt, müsste es dementsprechend leichter fallen, mit Unsicherheit umzugehen. Dafür finden sich in den untersuchten Fällen allerdings keine Beispiele. Das liegt vermutlich auch daran, dass Kosten vielfach auf Abteilungs- und nicht auf Organisationsebene beurteilt werden. Die produzierenden Einheiten des Automobilherstellers verfügen z.B. über eigene Budgets, die eng kalkuliert sind. Überschüssige Ressourcen der Gesamtorganisation spielen für die Beurteilung von Fehlern daher keine Rolle.

Der dritte und letzte Einfluss auf das Gewicht von Fehlern sind die Erwartungen der Umwelt und deren Möglichkeiten, die Organisation mit Sanktionen zu belegen. Dies können wir am Fall der Wirtschaftsprüfungsgesellschaft verdeutlichen. Deren Organisationsmitglieder müssen zahlreiche gesetzliche sowie berufsständische Regelungen befolgen. Für Abweichungen können sie im schlimmsten Fall persönlich verantwortlich gemacht werden. In Anbetracht dessen gibt es eine geringe Toleranz für Fehler.

Mit Edelman und Suchman (1997: 483 ff.) stellen wir fest, dass die Wirtschaftsprüfungsgesellschaft (wie auch die Bank) sich in einer „regulierten Umwelt" bewegt: „Here, law appears as a system of substantive edicts, invoking societal authority over various aspects of organizational life. The rhetoric, if not the reality, of regulation is one of top-down sovereign control: The legal system [...] is taking the initiative directly to modify organizational behavior". Die

Umwelt verfügt zudem über Mittel, ihre Erwartungen gegenüber der Organisation durchzusetzen. In einer stark regulierten Umwelt haben Fehler daher gravierende Auswirkungen.

Umgekehrt nimmt die Bedeutung von Fehlern ab, je weniger reguliert die Umwelt einer Organisation ist. Wenn die Umwelt keine rechtlichen Regelungen dafür bereithält, wie Entscheidungen eines Unternehmens zu beurteilen sind, entfällt externer Druck. Fehler werden auf Grundlage formaler und informaler Regeln identifiziert und bestraft (vgl. Kühl 2011: 95 ff. und 113 ff.), ohne dass Sanktionen externer Entitäten ins Spiel kommen. Dies wirkt sich positiv auf die Unsicherheitstoleranz aus. Wenn keine rechtlichen Konsequenzen drohen, können Entscheidungsträger Nicht-Wissen über die Zukunft besser akzeptieren.

Dieses Steigerungsverhältnis wird auch in den untersuchten Fällen deutlich. Die beiden stark regulierten Organisationen, die Bank und die Wirtschaftsprüfungsgesellschaft, versuchen in ihrem Kerngeschäft um jeden Preis, Fehler zu vermeiden. Fehler haben hier deutlich mehr Gewicht als in allen anderen Organisationen.

Damit haben wir alle drei Einflüsse auf die Bedeutung von Fehlern bzw. die Unsicherheitstoleranz beleuchtet. Eine enge Kopplung von Prozessen mit dem Organisationszweck, hohe Kosten sowie stark regulierte Umwelten sorgen dafür, dass Organisationen Fehlern große Bedeutung beimessen. Damit sinkt die Unsicherheitstoleranz und es wird schwer, Entscheidungsgewalt auf künstliche Intelligenz zu übertragen. Die lose Kopplung von Prozessen mit dem Organisationszweck, niedrige Kosten und eine schwach ausgeprägte Regulierung begrenzen hingegen die Auswirkungen von Fehlern. Dies steigert die Unsicherheitstoleranz.

Die drei besprochenen Einflüsse können isoliert voneinander auftreten. Meist sind jedoch zwei oder mehr miteinander verknüpft. Oftmals lassen sie sich schlecht voneinander differenzieren. Beispielsweise können Umwelterwartungen (bzw. Sanktionen) hinsichtlich ihrer potenziellen Kosten für die Organisation beurteilt werden. Die Verflechtung verschiedener Einflüsse und deren Bewertung durch die untersuchten Unternehmen beleuchten wir im folgenden Kapitel.

Abschließend müssen wir noch einige übergreifende Gesichtspunkte erörtern. Das sind der Bezugspunkt der Unsicherheitstoleranz, die Möglichkeit eines strategischen Umgangs mit Unsicherheitstoleranz sowie die Ausprägungsmöglichkeiten von Unsicherheitstoleranz:

Unsicherheitstoleranz kann, muss aber nicht, für die gesamte Organisation gleich ausgeprägt sein. Wenn die Organisation intern differenziert ist (vgl. Luhmann 1994: 73 ff.), können die Teilsysteme, die bestimmte Aufgaben für die Organisation übernehmen, individuelle Unsicherheitstoleranzen entwickeln. Diese sind ebenfalls von den drei oben genannten Einflüssen abhängig. Das zeigt z.B.

das obenstehende Zitat des Beraters im Fall des Automobilzulieferers. Er stellt fest, dass unterschiedliche Organisationseinheiten sich deutlich hinsichtlich ihrer Unsicherheitstoleranz unterscheiden.

Organisationen können mit diesem Sachverhalt spielen. Sie können den Ein_ bau künstlicher Intelligenz dadurch erleichtern, dass sie einen Einsatzbereich mit einer hohen Unsicherheitstoleranz avisieren. Dabei muss es sich möglichst um einen Einsatzbereich handeln, in dem Entscheidungen keinen unmittelbaren Zusammenhang zum Organisationszweck (bzw. dem Zweck eines Teilsystems) haben, in dem Fehlentscheidungen geringe Kosten verursachen und der mit leicht zu erfüllenden Umwelterwartungen konfrontiert ist. Diesen Versuch können wir im Fall der Bank beobachten (siehe Abschnitt 7.1.2)

Ein weiterer Gedanke, den wir implizit behandelt haben, sind die Ausprägungsmöglichkeiten der Unsicherheitstoleranz. Unsicherheitstoleranz ist nicht binär ausgeprägt, sondern deckt ein Spektrum ab. Dieses beginnt bei absoluter Unfähigkeit, Entscheidungen unter unsicheren Bedingungen zu treffen. Es endet bei der Fähigkeit, Entscheidungen zu treffen, ohne die geringste Vorstellung von der Zukunft zu haben. Die meisten Organisationen verteilen sich zwischen den Endpunkten dieses Spektrums.

7.1.2 Empirische Ausprägungen

Mit Hilfe des obenstehenden Erklärungsansatzes können wir die Ausprägungen der Unsicherheitstoleranz in den untersuchten Unternehmen erklären. Dafür müssen wir uns gedanklich vor die Entscheidung über die Einführung künstlicher Intelligenz zurückversetzen und den von den Organisationen fokussierten Anwendungskontext untersuchen. Diesbezüglich sind drei Fragen zu beantworten, um das Sicherheitsbedürfnis der Entscheidungsträger einzuschätzen:

– In welchem Zusammenhang stehen die Entscheidungen, im Rahmen derer KI-Anwendungen zum Einsatz kommen sollen, zum Organisationszweck?
– Inwieweit verursachen Fehlentscheidungen Kosten?
– Welche Erwartungen richtet die Organisationsumwelt an die Entscheidungen?

Es stellt sich heraus, dass drei Unternehmen eine geringe Unsicherheitstoleranz haben. Sie können nicht ohne Weiteres Entscheidungsgewalt auf künstliche Intelligenz übertragen. Zwei Unternehmen haben eine sehr hohe Unsicherheitstoleranz. Ihnen fällt es leicht, sich für den Einsatz künstlicher Intelligenz zu entscheiden und sie als Entscheidungsträger zu behandeln. Die verbleibenden

Unternehmen bewegen sich zwischen den Extremen. Sie haben eine mittlere Unsicherheitstoleranz, die ihnen den Einsatz künstlicher Intelligenz zwar erlaubt, der Übertragung von Entscheidungsgewalt jedoch Grenzen setzt.

Wir betrachten zunächst die Unternehmen mit niedriger Unsicherheitstoleranz. Anschließend untersuchen wir die Unternehmen mit mittlerer und hoher Unsicherheitstoleranz. Dabei zeigen sich innerhalb dieser Gruppen deutliche Parallelen zwischen den Fällen. Sie teilen bestimmte Einflüsse – oder zeichnen sich durch das Fehlen anderer aus.

Das erste Unternehmen mit einer geringen Unsicherheitstoleranz ist der Automobilzulieferer. Die Entscheidungsträger, die für den Automobilzulieferer über den Einsatz künstlicher Intelligenz befinden, wollen die Technik zur Produktionsplanung einsetzen. In dieser Funktion besteht ein direkter Zusammenhang zwischen den Entscheidungen künstlicher Intelligenz und dem Organisationszweck, der Herstellung von Automobilbauteilen. Dieser Zusammenhang beeinflusst Unsicherheitstoleranz negativ.

Der Einsatz künstlicher Intelligenz zur Produktionsplanung bedeutet zudem, dass Fehlentscheidungen teuer sind. Die Produktion könnte verlangsamt und im schlimmsten Fall zum Stillstand gebracht werden. Beides verursacht unmittelbar Kosten. Zudem können Kettenreaktionen entstehen, weil die Bearbeitung verschiedener Produkte auf verschiedenen Maschinen miteinander koordiniert werden muss (siehe Abschnitt 4.2.3). Somit besteht ein zweiter negativer Einfluss auf die Unsicherheitstoleranz der Entscheidungsträger.

Der direkte Zusammenhang mit dem Organisationszweck sowie die hohen Kosten bedeuten, dass Fehlentscheidungen künstlicher Intelligenz dramatische Auswirkungen hätten. Das berücksichtigen die Organisationsmitglieder, die über den Einsatz künstlicher Intelligenz entscheiden. Sie müssen sicherstellen, dass in Folge ihrer Auswahl möglichst wenige Fehler eintreten. Dafür brauchen sie ein klares Bild vom Inhalt bzw. der Qualität zukünftiger Entscheidungen künstlicher Intelligenz.

Dieser Blick in die Zukunft scheint unmöglich, weil künstliche Intelligenz als unberechenbare Technologie gilt (siehe Abschnitt 6.3). Infolgedessen fällt es den Entscheidungsträgern schwer, der Technik Entscheidungsgewalt zu übertragen. In einem Kontext, der Fehler hart bestraft, erscheinen Menschen als bessere Entscheidungsträger. Im Vergleich mit künstlicher Intelligenz wirken sie berechenbar, weil sie die Erwartungen der Organisation erfüllen (siehe Abschnitt 6.2).

Der zweite Fall mit einer geringen Unsicherheitstoleranz ist der Halbleiterhersteller. Dort gestaltet sich die Situation ähnlich wie beim Automobilzulieferer, weil das Unternehmen künstliche Intelligenz ebenfalls in der Produktion einsetzen möchte. Künstliche Intelligenz soll Menschen bei der Qualitätsprüfung ersetzen.

Damit besteht eine enge Kopplung mit dem Organisationszweck. Fehlerhafte Teile, die nicht als solche erkannt und an Kunden ausgeliefert werden, gefährden die Zweckerfüllung. Das gleiche gilt für funktionsfähige Teile, die irrtümlich aussortiert werden.

Wie im letzten Kapitel besprochen, sind Fehlentscheidungen bei der Qualitätsprüfung kostspielig. Neben den Kosten defekter Halbleiter können auch beschädigte Kundenbeziehungen Kosten verursachen. Kunden, die defekte Teile geliefert bekommen, könnten ihren Lieferanten wechseln oder Preisnachlässe einfordern. Zumindest entsteht aber ein Vertrauensverlust, der sich zu einem späteren Zeitpunkt in Kosten übersetzen könnte.

Damit gibt es auch beim Halbleiterhersteller zwei Einflüsse, die Fehlentscheidungen Gewicht verleihen. Ähnlich wie der Automobilzulieferer, muss sich das Unternehmen vor dem unberechenbaren Output künstlicher Intelligenz fürchten. Diese Unsicherheit kann der Halbleiterhersteller nur vermeiden, indem er sich gegen die Einführung künstlicher Intelligenz entscheidet.

Das dritte Unternehmen mit geringer Unsicherheitstoleranz ist die Wirtschaftsprüfungsgesellschaft, die KI-Anwendungen im Rahmen ihrer Prüfungsprozesse einsetzen möchte. Dieser Anwendungskontext steht, genau wie bei den vorausgehenden Fällen, in direktem Zusammenhang mit dem Organisationszweck. Daher muss die Wirtschaftsprüfungsgesellschaft berücksichtigen, dass Fehlentscheidungen die Zweckverfolgung unmittelbar betreffen.

Fehler bei der Zuordnung von Textstellen verursachen zwar keine unmittelbaren Kosten. Wie oben besprochen, formuliert die Umwelt der Organisation jedoch Erwartungen an die Prüfungsarbeit, denen sie mit der Androhung von Sanktionen Nachdruck verleiht. Mit diesen Strafen können Kosten verbunden sein, die die Organisation empfindlich treffen. Neben den Kosten rechtlicher Auseinandersetzungen gehören dazu auch Kosten für einen eventuellen Reputationsverlust.

Somit gibt es drei Einflüsse, die die Wirtschaftsprüfungsgesellschaft motivieren, Fehlentscheidungen zu vermeiden. Die direkte Kopplung mit dem Organisationszweck, die Kosten sowie die Erwartungen der Umwelt sprechen allesamt dagegen, künstliche Intelligenz einzusetzen. Das erklärt, warum die Wirtschaftsprüfungsgesellschaft skeptisch gegenüber der Technik ist. Die dreifache Bedrohung durch Fehler macht sie zur vorsichtigsten Organisation unter den untersuchten Fällen.

Die Entscheidungsträger der Wirtschaftsprüfungsgesellschaft wollen die Zukunft möglichst genau ergründen und können Unsicherheit kaum ertragen. Es wäre unter diesen Umständen verharmlosend von einer „geringen Unsicherheitstoleranz" zu sprechen. Es herrscht Unsicherheitsaversion, die deutliche Auswirkungen auf die Entscheidung über künstliche Intelligenz hat. Selbst unter großen Kraftanstrengungen kann die Organisation ihr nur eine unbedeutende Rolle zugestehen (siehe Abschnitt 5.3).

Die Bank teilt eigentlich die Probleme der Wirtschaftsprüfungsgesellschaft. Würde sie künstliche Intelligenz im Kundengeschäft einsetzen, bestünde ein direkter Zusammenhang mit dem Organisationszweck. Zudem wären umfangreiche Umwelterwartungen und potenzielle Sanktionen zu berücksichtigen, die enorme Kosten verursachen können. Es wäre daher schwierig, künstlicher Intelligenz Entscheidungsgewalt zu übertragen.

Die Bank umgeht diese Probleme jedoch, indem sie hinsichtlich des Anwendungskontextes künstlicher Intelligenz eine strategische Entscheidung trifft. Es ist von vornherein klar, dass die Technik (wenn überhaupt) jenseits des Kerngeschäfts zum Einsatz kommen kann. Indem man die interne Revision als Anwendungskontext ins Auge fasst, verändert sich die Situation für die Entscheidungsträger, die über die Einführung künstlicher Intelligenz befinden müssen.

Im Kontext der internen Revision besteht einerseits ein loser Zusammenhang zwischen (Fehl-) Entscheidungen und Organisationszweck. Fehler künstlicher Intelligenz können unter Umständen unangenehme Folgen haben, beeinträchtigen die Zweckverfolgung der Organisation aber nur indirekt und zeitverzögert. Die Bank kann das Geld ihrer Kunden erfolgreich verwalten, unabhängig davon, wie die interne Revision arbeitet. Das verringert das Gewicht von Fehlentscheidungen.

Der bedeutendste Unterschied besteht jedoch darin, dass die interne Revision anders reguliert ist als das Kundengeschäft. Insbesondere bestehen im Kundengeschäft hohe Ansprüche an die Nachvollziehbarkeit individueller Beratungsentscheidungen. Vergleichbare Regeln gibt es für die interne Revision nicht. Das wirkt sich positiv auf das Gewicht von Fehlern aus und macht die Organisationseinheit zu einem attraktiveren Anwendungskontext.

Unter diesen Bedingungen herrscht unter den Entscheidungsträgern eine relativ hohe Unsicherheitstoleranz. Sie können darauf verzichten, sich ein genaues Bild der Zukunft zu machen. Das erlaubt ihnen, sich für den Einsatz der Technik zu entscheiden, obwohl sie unberechenbar erscheint.

Eine ähnlich hohe Unsicherheitstoleranz findet sich unter den Entscheidungsträgern des Online-Reisebüros. In diesem Fall gibt es nur eine einzige Einschränkung: In dem für künstliche Intelligenz vorgesehenen Anwendungskontext stehen Entscheidungen in direktem Zusammenhang mit dem Organisationszweck. Das Unternehmen möchte künstliche Intelligenz einsetzen, um seine Kunden zu beraten. Sie ist in dieser Funktion direkt für Geschäftsabschlüsse verantwortlich.

Davon abgesehen gibt es keine Hindernisse. Die Kosten von Fehlentscheidungen sind verglichen mit den anderen Fällen gering. Zudem hat die Organisation

Beratungsfehler, wie oben besprochen, bereits eingepreist. Unter diesen Umständen müssen sich Entscheidungsträger nicht davor fürchten, dass künstliche Intelligenz (zusätzliche) Kosten verursacht.

Umwelterwartungen spielen, im Gegensatz zu den beiden vorausgehenden Fällen, ebenfalls keine Rolle. Es gibt keine gesetzlichen Anforderungen an die Beratung von Kunden bei Hotelbuchungen. Genauso wenig gibt es Strafen für Beratungsfehler. Das nimmt Fehlentscheidungen den Schrecken, den sie für Unternehmen wie die Wirtschaftsprüfungsgesellschaft haben, die potenzielle Sanktionen in ihrem Handeln berücksichtigen müssen.

Insgesamt ist es für das Online-Reisebüro leicht, künstliche Intelligenz einzuführen. Die Entscheidungsträger, die sich mit dem Einsatz und der Rolle der Technik befassen, können Fehlentscheidungen bewusst in Kauf nehmen. Damit sinkt der Druck, die Folgen der Entscheidung über künstliche Intelligenz zu ergründen, auf ein Minimum.

Die Unsicherheitstoleranz der Landwirtschaftsbetriebe bewegt sich zwischen den vorgenannten Fällen. Weil die beiden Organisationen einander in dieser Beziehung ähnlich sind, können wir sie gemeinsam besprechen. In beiden Betrieben besteht eine enge Kopplung zwischen den fraglichen Entscheidungen und dem Organisationszweck. Die Landwirte wollen Kälberkrankheiten mit Hilfe künstlicher Intelligenz diagnostizieren. Fehlentscheidungen gefährden demnach die Gesundheit der Tiere, von deren Verkauf die Betriebe leben.

Die Kosten, die durch Fehlentscheidungen entstehen, sind allerdings im Vergleich mit anderen Fällen gering. Falsch-positive Diagnosen führen dazu, dass gesunde Tiere behandelt werden. Dadurch entstehen den Betrieben kaum finanzielle Schäden. Falsch-negative Diagnosen führen dazu, dass kranke Tiere unbehandelt bleiben, bis ihre Symptome einem Organisationsmitglied auffallen. Gewöhnlich verzögert sich dadurch nur die Genesung. Der schlimmste Fall, der krankheitsbedingte Tod eines Tieres, ist selten. Nur in diesem Fall entstehen ernstzunehmende Kosten.

Hinsichtlich der Diagnose von Tierkrankheiten gibt es kaum Umwelterwartungen, an denen die beiden Betriebe sich orientieren müssen. Die Interviewpartner berichten, dass sie in schweren Fällen verpflichtet sind, Tiermediziner zu konsultieren. Diese übernehmen dann sowohl die genaue Diagnose als auch die Behandlungsentscheidung. Ansonsten gibt es keine Vorschriften. Die Landwirte führen Diagnosen nach eigenem Ermessen durch und müssen keine Sanktionen für Fehlentscheidungen befürchten.

Somit ergibt sich für die Landwirtschaftsbetriebe eine mittlere Unsicherheitstoleranz. Sie können ein gewisses Maß an Fehlentscheidungen ertragen und arrangieren sich deshalb besser mit künstlicher Intelligenz als der Halbleiterhersteller, der Automobilzulieferer und die Wirtschaftsprüfungsgesellschaft. Sie sind allerdings nicht in der Lage, künstliche Intelligenz ohne Weiteres als vollwertigen Entscheidungsträger zu behandeln, wie wir es für das Online-Reisebüro und die Bank festgestellt haben.

Zusammenfassend finden sich unter den untersuchten Fällen einige Unternehmen, die keine Probleme haben, künstliche Intelligenz einzuführen. Anderen fällt es schwerer, diesen Schritt zu gehen. Für drei der Unternehmen ist es praktisch unmöglich, Entscheidungsgewalt auf künstliche Intelligenz zu übertragen. Sie ertragen die Unsicherheit nicht, die mit der Technik verbunden ist. Dieser Zustand ist jedoch nicht endgültig. Auch Unternehmen mit einer geringen Unsicherheitstoleranz können Mittel und Wege finden, sich mit künstlicher Intelligenz zu arrangieren.

Wie sich im folgenden Kapitel zeigt, gebrauchen diese Organisationen vertrauenerzeugende Mechanismen. Diese Mechanismen liefern Argumente dafür, dass der Output künstlicher Intelligenz fehlerfrei ist. Auf dieser Grundlage können Entscheidungsträger Vertrauen aufbauen, das sie in Entscheidungen für den Einsatz von KI-Anwendungen zum Ausdruck bringen. So gelingt es selbst Unternehmen wie dem Automobilzulieferer und dem Halbleiterhersteller, der Technik Entscheidungsgewalt zu übertragen.

7.2   Vertrauenerzeugende Mechanismen

Wir haben festgestellt, dass Organisationen im Zusammenhang mit der Einführung künstlicher Intelligenz durch Unsicherheit beeinträchtigt werden. Sie können diese Unsicherheit jedoch bearbeiten. Davon profitieren insbesondere Organisationen mit einer niedrigen Unsicherheitstoleranz. Wie wir im Folgenden feststellen, gebrauchen sie Faustregeln, Tests und Bürgschaften, um Unsicherheit zu reduzieren. Diese Mechanismen funktionieren alle auf die gleiche Art und Weise, und zwar indem sie auf Seiten der Organisationsmitglieder die Voraussetzungen für Vertrauensleistungen schaffen.

Vertrauen ist „die Erwartung einer künftigen Befriedigung, die zum Motiv für eigenes, sich festlegendes Verhalten wird" (Luhmann 1994: 72). Vertrauende müssen demnach glauben, dass sich der Erfolgsfall einstellt (vgl. Luhmann 2014). Davon kann man Organisationsmitglieder überzeugen, indem man Argumente dafür präsentiert, dass der Vertrauensempfänger „vermutlich keine Fehler macht" (Luhmann 1994: 180). Solche Argumente erzeugen zwar keine Sicherheit. Wenn sie es täten, wäre Vertrauen nicht notwendig. – Sie schenken aber begründete Hoffnung.

Gleichzeitig dienen dieselben Argumente als Rückversicherung für den Fall des Scheiterns. Gute Argumente sind für Dritte nachvollziehbar und rechtfertigen Vertrauen als Schlussfolgerung aus Fakten. Damit können Vertrauende ihr reproduzieren, falls ihr Vertrauen enttäuscht wird. Sie können im Nachhinein argumentieren, dass andere an ihrer Stelle zu den gleichen Ergebnissen gekommen wären. Diese Rationalisierung von Vertrauen über Sachargumente erleichtert Vertrauensleistungen zusätzlich.

Damit sind die Ansatzpunkte für die vertrauensbildenden Mechanismen umrissen, die wir im Folgenden besprechen. Faustregeln, Tests und Bürgschaften liefern Organisationsmitgliedern Argumente für die Entscheidungskompetenz künstlicher Intelligenz. Auf diese Art und Weise wirken sie dem negativen Technikbild der Organisationsmitglieder entgegen und ermöglichen die Übertragung von Entscheidungsgewalt.

7.2.1 Faustregeln

Der erste Mechanismus, von dem Organisationsmitglieder Gebrauch machen, sind Faustregeln. Faustregeln helfen, Entscheidungsgegenstände zu bewerten, indem sie Komplexität reduzieren. Wir stellen fest, dass sie teils in objektiven Tatsachen gründen, teils davon abweichen. Trotzdem erweisen sie sich als brauchbar. Das lässt sich dadurch erklären, dass Entscheidungsträger den Erfolg von Faustregeln analysieren und bewerten. Sie richten ihre Erwartungen an Faustregeln aus, die sich wiederholt bewähren und sortieren schlechte Regeln aus.

Einen ersten Einblick in die Funktionsweise von Faustregeln können wir anhand eines Zitats aus dem Fall des großen Landwirtschaftsbetriebs gewinnen. Dort sagt ein Interviewpartner: „wenn man mehr Daten […] hat, dann ist das natürlich auch besser". Die Aussage unterstellt, dass die Menge der Daten einen unmittelbaren Einfluss auf die Qualität der Arbeit künstlicher Intelligenz hat[3]. Künstliche Intelligenz mit einer breiten Datengrundlage ist erfolgreich, während KI-Anwendungen mit schmaler Datengrundlage scheitern.

Faustregeln setzen eine schlecht zu beurteilende Größe in Beziehung zu einer bekannten Größe (vgl. Kahneman/Frederick 2002: 54 f.). Organisationsmitglieder gebrauchen derartige Verknüpfungen, um unübersichtliche Situationen

---

[3] Dieser Zusammenhang wird auch in der Literatur angenommen. So z.B. bei Wagner (2020).

einzuschätzen. Die bekannte Größe ist in den untersuchten Fällen die Datengrundlage für den Einsatz künstlicher Intelligenz. Mit ihrer Hilfe wird die Entscheidungskompetenz der Technik beurteilt. Wie wir am Beispiel des Automobilzulieferers nachvollziehen können, fokussieren Organisationsmitglieder hierbei zwei verschiedene Gesichtspunkte.

Die internen Berater der Organisation bewerten zum einen, wie viele Daten vorhanden sind. Hat die Datenerhebung erst vor zwei Wochen begonnen? Oder wird ein Prozess bereits seit Jahren datenförmig erfasst, sodass hunderttausende Teile abgebildet sind? Diese Fragen beziehen sich auf die Anzahl der *Datensätze*. Ein Datensatz beschreibt einen Gegenstand, der einer Entitätsmenge gleichartiger Gegenstände zugehört (vgl. Eirund/Kohl 2000: 14 ff.). Wenn beispielsweise Daten über Motoren erfasst werden, die bestimmte Produktionsschritte durchlaufen, dann beschreibt ein Datensatz einen einzelnen Motorblock.

Zum anderen bewerten die Berater, wie viele *Attribute* ein Datensatz enthält, d.h. wie viele Merkmale eines bestimmten Gegenstands in den Daten erfasst werden (vgl. Eirund/Kohl 2000: 14 ff.). Ein Datensatz, der den Produktionsprozess eines bestimmten Teils beschreibt, könnte z.B. Informationen darüber enthalten, woher die Rohmaterialien für dieses individuelle Teil kommen; welche(n) Produktionsschritt(e) es vorher durchlaufen hat; welche konkrete Maschine es bearbeitet und wie schnell diese Bearbeitung abläuft. „Ursprung des Rohmaterials"; „vorherige Produktionsschritte"; „Maschine" und „Bearbeitungszeit" sind dann die Attribute des Datensatzes.

An diesen gut beobachtbaren Bezugspunkten orientieren sich die Faustregeln der Entscheidungsträger. Die erste Faustregel interpretiert die Anzahl der Datensätze, die in einer Datenbank enthalten sind, als Indikator für die Entscheidungsqualität künstlicher Intelligenz. Die internen Berater des Automobilzulieferers kommentieren beispielsweise: „es gibt schon Fälle […], wo man merkt, es gibt nicht genug Daten, […] um was vorherzusagen". Dieses Urteil baut auf statistischem Grundlagenwissen auf. Je mehr Datensätze eine Datenbank umfasst, desto höher wird die Aussagekraft von Korrelationen eingeschätzt (und umgekehrt).

Die zweite Faustregel interpretiert die Anzahl der Attribute, die einen Datensatz beschreiben, als einen weiteren Indikator für die Entscheidungsqualität künstlicher Intelligenz. Je mehr Attribute erfasst sind, desto besser schätzen Organisationsmitglieder den Output der Technik ein (und umgekehrt). Diese Denkweise kommt in der folgenden Aussage zum Ausdruck, in der ein Interviewpartner fehlende Informationen als Ursache für das Scheitern von KI-Projekten beschreibt: „Es kann zum Beispiel sein, dass es irgendwelche Einflussfaktoren gibt, die man in den Daten nicht hat. [...] Und dann kann es sein, dass am Schluss rauskommt, hat nicht geklappt".

Diese Regel berücksichtigt, dass Datenbanken ein verzerrtes Bild der Realität zeichnen. Es ist unmöglich, sämtliche Attribute, die einen Gegenstand charakterisieren, in einer Datenbank abzubilden. Organisationsmitglieder, die eine Datenbank aufbauen, müssen daher eine Auswahl treffen. Sie bestimmen diejenigen Eigenschaften, die sie für bedeutsam halten – und schließen andere aus. Beispielsweise könnte ein Produktionsingenieur zu dem Schluss kommen, dass die Größe und das Gewicht eines Motorblocks bedeutsam sind, nicht aber seine Farbe.

Künstliche Intelligenz arbeitet in ihren Lernprozessen mit dieser Auswahl. Ihr können somit wesentliche Merkmale eines Gegenstands vorenthalten werden. Ein Interviewpartner erklärt die Konsequenzen am Beispiel der Früherkennung von Anomalien in Produktionsprozessen: „da ist nicht immer klar, ob man's vorhersagen kann". Der Inhalt der Datenbank entscheidet demnach über den Erfolg des Projekts. Wenn Anomalien durch Attribute eines Teils entstehen, die nicht datenförmig erfasst sind, erkennt künstliche Intelligenz diesen Zusammenhang nicht.

Die große Herausforderung für KI-Projekte besteht vor diesem Hintergrund darin, dass die Beteiligten nicht wissen, welche Attribute bzw. welche statistischen Zusammenhänge von Bedeutung sind. Organisationsmitglieder können niemals mit Sicherheit feststellen, ob die Erfolgsvoraussetzungen für die Lernprozesse künstlicher Intelligenz gegeben sind. Die Faustregel ‚je mehr Attribute, desto besser' unterstellt in Anbetracht dessen, dass die Menge der in einer Datenbank erfassten Attribute die Erfolgswahrscheinlichkeit steigert. Je mehr Attribute ein Datensatz erfasst, desto wahrscheinlicher sind die relevanten Attribute enthalten.

Man kann für beide Faustregeln argumentieren, dass sie verlässlich Datenbanken identifizieren sollten, die für das Training künstlicher Intelligenz ungeeignet sind. Sowohl eine geringe Anzahl von Attributen als auch eine geringe Anzahl von Datensätzen sind Indizien dafür, dass der Einsatz künstlicher Intelligenz scheitert. Ein Interviewpartner aus dem Fall der Wirtschaftsprüfungsgesellschaft fasst dies pointiert zusammen: „Crap in, crap out". Eine schmale Datengrundlage führt nicht zu einer funktionsfähigen künstlichen Intelligenz.

Strenggenommen verbietet sich allerdings der Umkehrschluss. Eine große Anzahl von Attributen und Datensätzen garantiert nicht, dass künstliche Intelligenz anschlussfähige Entscheidungen trifft. Trotz einer hohen Anzahl von Attributen können bedeutsame Informationen über einen Gegenstand fehlen. Und eine hohe Zahl von Datensätzen erhöht zwar die statistische Aussagekraft von

Korrelationen, kann aber nicht garantieren, dass sie kausale Verhältnisse abbilden. Ob eine Datenbank einen, hundert oder hunderttausend Datensätze enthält, hat keine Auswirkungen auf den Realitätsbezug statistischer Zusammenhänge.

Beide Faustregeln reduzieren demnach Komplexität, indem sie die Anzahl von Attributen und Datensätzen als Indikatoren für Entscheidungsqualität behandeln. Sie ignorieren den Umstand, dass die Einflüsse auf das Lernen künstlicher Intelligenz zu vielschichtig sind, als dass man sie mit Hilfe zweier Größen voraussagen könne. Diese Komplexitätsreduktion erscheint aus einer wissenschaftlichen Perspektive als Ungenauigkeit. Für die Organisationspraxis besteht genau darin die Funktion von Faustregeln (Gigerenzer/Gaissmaier 2011: 454). Sie ermöglichen Voraussagen in einer Situation, in der sie eigentlich unmöglich sind.

Interessant ist, dass einige Organisationsmitglieder diesen Umstand wahrnehmen. Ein Interviewpartner erklärt: „Also es gibt Dinge, […] wo man mit zehn Datenpunkten weiß, okay, wir schaffen es nicht. Aber es gibt Projekte, wo man weiß, wir können es probieren, aber es ist eben nicht klar, ob […] ein Algorithmus in der Lage sein wird, alles umzusetzen, was man sich vorgestellt hat". Der Interviewpartner kann demnach KI-Projekte mit einer kleinen Datenbasis zuverlässig als schlechte Projekte identifizieren. Wenn viele Daten vorliegen, kann er die Entscheidungsqualität künstlicher Intelligenz allerdings nicht einschätzen.

Dieses Bewusstsein für die Komplexitätsreduktion von Faustregeln könnte eine Gefahr für ihre Anschlussfähigkeit darstellen. Faustregeln können nur unter der Bedingung Vertrauen erzeugen, dass alle Beteiligten an ihre Zuverlässigkeit glauben. Diese Bedingung scheint in den untersuchten Organisationen erfüllt. Aber wie kann es sein, dass die Organisationsmitglieder um die Limitationen ihrer Faustregeln wissen und trotzdem an deren Wirksamkeit glauben? Warum sollte man Entscheidungen auf Regeln aufbauen, deren blinde Flecke bekannt sind?

Die Erklärungskraft, die Organisationsmitglieder Faustregeln zuschreiben, ergibt sich Etzioni (1987: 497) zufolge aus wiederholtem Erfolg. Die Anwendung einer neuen Faustregel ist für Organisationsmitglieder ein Experiment. Man fokussiert ein bestimmtes Merkmal, über das Informationen bereitstehen, in der Hoffnung, dass es Rückschlüsse auf eine zu beurteilende Größe erlaubt. Die Organisationsmitglieder wagen damit einen Sprung ins Ungewisse. Erst wenn eine Regel sich mehrmals bewährt, orientieren sie ihre Erwartungen daran.

Genau das passiert in den untersuchten Fällen. Diejenigen Organisationen, die die meisten KI-Projekte durchführen, messen Faustregeln die größte Bedeutung bei. Ihre Entscheidungsträger gebrauchen sie fortlaufend, wobei jeder Erfolg ihre Aussagekraft in den Augen der Entscheidungsträger kräftigt. Der Zusammenhang zwischen der Breite der Datengrundlage und der Qualität des Outputs erweist sich für diese Organisationen als zuverlässig[4].

Wenn Faustregeln sich mehrfach bewähren, liefern sie demnach Argumente dafür, dass künstliche Intelligenz akzeptable Entscheidungen trifft. Auf die-ßen Argumenten können Entscheidungsträger Vertrauensleistungen aufbauen und künstlicher Intelligenz Entscheidungsgewalt übertragen. Das passiert in den meisten Fällen.

Die besten Beispiele bieten die produzierenden Unternehmen, die seit langer Zeit umfassend Daten sammeln. Sie haben „im Normalfall die Möglichkeit [...], auf ziemlich viele Datenquellen zuzugreifen". Wenn sie Faustregeln anwenden, kommen sie meist zu dem Schluss, dass „das ein guter Use Case [ist], [...] weil es die Daten gibt". Die breite Datengrundlage lässt sie auf den Erfolg ihrer KI-Projekte vertrauen.

In diesen Unternehmen gebrauchen Entscheidungsträger Faustregeln auch für eine Vorauswahl darüber, welche KI-Projekte sie realisieren. Wenn wenige Daten vorliegen, erscheint eine Problemlösung mit Hilfe künstlicher Intelligenz aussichtslos. Projekte, die diesen Test überleben, haben hingegen einen Vertrauensvorsprung. Das bedeutet, dass Organisationsmitglieder schon vor der Realisierung eines Projekts Erwartungen hinsichtlich der Entscheidungskompetenz der künstlichen Intelligenz bilden. An diesen Erwartungen richten sie ihr Handeln aus.

Zudem entwickeln Organisationsmitglieder Strategien, die auf Faustregeln aufbauen und die Entscheidungskompetenz künstlicher Intelligenz steigern sollen. Sie setzen bei der Datengrundlage an und versuchen, diese hinsichtlich der Anzahl der verfügbaren Datensätze und Attribute möglichst breit aufzustellen. Anschließend können sie auf diese Datengrundlage verweisen, um Vertrauen in ihre Technik zu rechtfertigen. Das geschieht beispielsweise im Fall des Onlinereisebüros.

Faustregeln können also über den gesamten Projektverlauf eine Rolle spielen. Entscheidungsträger orientieren ihr Handeln an diesen Regeln und können sie auch im Fall des Scheiterns gebrauchen, um sich zu rechtfertigen. Das gilt natürlich nur unter der Voraussetzung, dass Dritte ebenfalls an die Wirksamkeit von Faustregeln glauben. Derartige Rechtfertigungsmöglichkeiten für Vertrauen sind

---

[4] In der Wahrnehmung der Organisation sind Faustregeln demnach zweifelsfrei ein wertvolles Instrument. Einige wissenschaftliche Beiträge sehen ihre Zuverlässigkeit sogar als objektive Tatsache an. Czerlinski et al. (1999: 106 ff.) sowie Buzogány (2019: 55) stellen fest, dass Faustregeln in vielen Situationen bessere Ergebnisse herbeiführen als rationale Entscheidungsverfahren. Konsens ist das allerdings nicht (vgl. Gigerenzer 2011: 454).

im Umgang mit einer Technologie wertvoll, die für die Organisationsmitglieder eine Blackbox ist.

7.2.2 Tests

Tests sind der zweite vertrauenserzeugende Mechanismus, der in den untersuchten Fällen zum Einsatz kommt. Testergebnisse überzeugen Entscheidungsträger, weil Organisationen großen Aufwand betreiben, realistische Testbedingungen herzustellen. Darüber hinaus erzeugen Tests Bewertbarkeit. Mit ihrer Hilfe lassen sich Entscheidungen beurteilen, die sich ansonsten den Qualitätsurteilen von Organisationsmitgliedern entziehen.

Anhand des Online-Reisebüros können wir einen ersten Einblick in die Funktionsweise von Tests gewinnen. Das Unternehmen testet seine KI-Anwendung unmittelbar nach dem initialen Training, um ihre Einsatzfähigkeit sicherzustellen. Für seinen Test gebraucht das Reisebüro eine Datenbank, die Informationen über die Kunden der letzten drei Monate enthält. Man stellt der künstlichen Intelligenz die Informationen zur Verfügung, die Kunden bei ihren Anfragen preisgeben. Dazu gehören z.B. die Anzahl der Reisenden, Präferenzen für bestimmte Urlaubsregionen und Preisvorstellungen. Daten über die Kaufentscheidungen der Kunden werden allerdings zurückgehalten.

Die Technik erstellt für jeden in der Datenbank enthaltenen Datensatz ein Hotelangebot. Diese Angebote vergleicht das Unternehmen anschließend mit den Kaufentscheidungen, die Kunden tatsächlich getroffen haben. Im Rahmen des Tests bearbeitet die künstliche Intelligenz demnach Probleme, zu denen die Organisation bereits eine Lösung kennt. Ausgehend von diesen Lösungen schließen Entscheidungsträger auf ihre „Zuverlässigkeit". Wenn sie diejenigen Hotels vorschlägt, für die Kunden sich tatsächlich entschieden haben, wird sie als fähiger Entscheidungsträger beurteilt.

Auch die Wirtschaftsprüfungsgesellschaft setzt auf Tests: „Das ist nicht so, dass man in einem Unternehmen wie [unserem] Software einfach in die breite Masse geben kann, sondern da stehen Compliance-Prozesse dahinter, [...] in denen halt wirklich auf Herz und Nieren abgeprüft wird, ob die Systeme funktionieren. [...] Und das wird wirklich bis zum Erbrechen, also wirklich bis zum Erbrechen getestet". Das Unternehmen stellt demnach mit Hilfe von Tests sicher, dass Technik nicht gegen Gesetze oder berufsständische Regelwerke verstößt. Dafür werden Tests unter wechselnden Bedingungen mehrfach wiederholt.

Um die Wirkungs- und Funktionsweise von Tests zu erklären, müssen wir zunächst den Begriff bestimmen. Wir bauen dafür auf Pinch (1993: 28) auf,

der sich ebenfalls mit Technik befasst. „Test" bedeutet im Folgenden, dass
Organisationsmitglieder einen Testgegenstand anhand seiner Interaktion mit
einer Testumgebung bewerten[5]. Diese Definition lenkt unsere Aufmerksamkeit
zunächst auf die Testumgebung. Sie ist in den untersuchten Fällen in zweierlei
Hinsicht Interessant.

„Testumgebung" bedeutet einerseits, dass das Testobjekt und die Testaktivitä-
ten vom laufenden Betrieb entkoppelt sind. Die untersuchten Unternehmen stellen
dadurch sicher, dass der Output, den künstliche Intelligenz im Test produziert,
keine negativen Auswirkungen auf den Organisationsalltag hat. Tests bringen
insofern Misstrauen gegenüber dem Testobjekt zum Ausdruck. Während Menschen oftmals anhand ihrer Entscheidungspraxis bewertet werden, wird künstliche
Intelligenz aus Angst vor Fehlern abgeschottet.

„Testumgebung" bedeutet andererseits, dass der Testgegenstand *künstlich
erzeugten* Bedingungen ausgesetzt wird, zu denen er sich verhalten muss. Diese
Bedingungen werden von Organisationsmitgliedern hergestellt. Sie sollen geeignet sein, Aufschluss über die Funktionsweise des Testobjekts zu geben. In
den oben beschriebenen Fällen bearbeitet künstliche Intelligenz Daten, die die
Technikexperten der Unternehmen ausgesucht haben. Die Organisation unterstellt, dass diese Daten die Umstände repräsentieren, die der Technik im
Unternehmensalltag begegnen würden.

Damit sind die grundlegenden Merkmale von Tests umrissen, sodass wir uns
ihrer Wirkung widmen können. Wie Pinch (1993: 26) erklärt, steht in Tests „etwas
auf dem Spiel". Menschen oder Organisationen warten auf Testergebnisse, um
ihr Verhalten an diesen Ergebnissen zu orientieren. Der Test macht einen Unterschied dahingehend, wie Handelnde mit dem Testgegenstand umgehen. Auch
Marres und Stark (2020: 425 f.) stellen fest, dass Tests soziale Praxis verändern.
Sie erzeugen ein Ergebnis, zu dem nachfolgende Kommunikation sich verhalten
muss. Auf welche Art und Weise entfalten Tests diese Wirkung? Und warum
orientieren Menschen bzw. Organisationen ihr Entscheiden an Testergebnissen?

Tests stellen eine Ähnlichkeitsbeziehung zwischen den Testbedingungen und
der Situation her, in der das Testobjekt zum Einsatz kommen soll (Pinch 1993:
30 f.). Dadurch inspirieren sie Rückschlüsse auf die Leistungsfähigkeit des Testobjekts. Wenn es gelingt, eine glaubwürdige Ähnlichkeitsbeziehung zu schaffen,

---

[5] Pinch (ebd.) spricht eigentlich davon, dass in der Testumgebung ein „Bündel von Aktivi-
täten" mit dem Testgegenstand durchgeführt wird. Dies lässt den Testgegenstand allerdings
passiv erscheinen. Daher ist hier die Rede von der „Interaktion" des Testgegenstands mit
der „Testumgebung". Diese Formulierung lässt mehr Spielraum für Aktivität auf Seiten des
Testobjekts.

gilt ein Testgegenstand, der sich in seiner Testumgebung bewährt, als alltagstauglich. Umgekehrt gilt ein Testgegenstand, der in der Testumgebung versagt, als unbrauchbar. In unserem Fall schließt man von Testergebnissen auf die Entscheidungskompetenz künstlicher Intelligenz.

Welche Ähnlichkeitsbeziehungen für Testverantwortliche und Unbeteiligte plausibel sind, hängt laut Pinch (ebd.) vom jeweiligen sozialen Kontext sowie den Vorannahmen ab, die in diesem sozialen Kontext über den Testgegenstand bestehen. Es gibt keine objektive Beziehung zwischen den Bedingungen eines Tests und dem intendierten Anwendungskontext. Gemeinsamkeiten sind beobachterabhängig und werden erst durch die Organisation hergestellt.

Die Bedeutung der Ähnlichkeitsbeziehung zwischen Testbedingungen und Einsatzkontext kommt empirisch darin zum Ausdruck, dass die untersuchten Unternehmen für das Design ihrer Testumgebungen großen Aufwand betreiben. Der Automobilzulieferer bildet die reguläre Produktion in seinen Tests detailliert nach und das Online-Reisebüro versucht eine Situation zu schaffen, die dem Alltag der Kundenberatung gleichkommt.

Neben der Herstellung einer Ähnlichkeitsbeziehung erbringen Tests eine zweite Leistung. Sie erzeugen Bewertbarkeit (vgl. Potthast 2012: 8). Das ist im Fall künstlicher Intelligenz besonders voraussetzungsvoll, weil sie häufig Probleme bearbeitet, deren Lösungen die Organisation nicht kennt (siehe auch Abschnitt 8.1). Selbst Technikexperten können ihren Output daher nicht ohne weiteres als „gut" oder „schlecht" beurteilen. Die Bewertbarkeit, die Tests herstellen, ist also künstlich.

Diese Schwierigkeiten lassen sich am Fall des Onlinereisebüros nachvollziehen. Das Unternehmen gebraucht künstliche Intelligenz, um seinen Kunden Hotelangebote zu machen. Eine „gute Entscheidung" bedeutet in diesem Kontext, dass Angebote den Kundenwünschen entsprechen. Eine „schlechte Entscheidung" weicht hingegen von den Vorstellungen des Kunden ab. Dieses Bewertungsschema ist jedoch nicht alltagstauglich, weil viele Kunden ihre Anliegen derart unpräzise formulieren, dass das Unternehmen sie nicht versteht (siehe hierzu Abschnitt 7.2.2).

Ohne ein belastbares Verständnis der Kundenwünsche fehlt jegliche Bewertungsgrundlage für kundenbezogene Entscheidungen. Welche Messlatte sollte man für die Bewertung eines Hotelangebots anlegen, wenn der Kunde um „irgendwas Hübsches" bittet? Die Schwierigkeiten der Kundenberater verlagern sich durch die Automatisierung der Entscheidungsfindung auf künstliche Intelligenz[6].

Diese Probleme bestehen in beide Richtungen. Gute Entscheidungen sind genauso schwer zu erkennen wie schlechte. Dem Geschäftsführer des Unternehmens zufolge kommt es nur selten vor, dass Entscheidungen über Hotelangebote als „falsche Entscheidungen" wahrgenommen werden. Er erklärt: „Nein, das gibt es wirklich selten. [...] Das meiste ist wirklich so ein Ermessensspielraum". Das verdeutlicht, wie schwer es ist, die Entscheidungen der KI-Anwendung zu bewerten.

Ein weiteres Beispiel für die mangelhafte Bewertbarkeit von Entscheidungen liefert der Automobilzulieferer. Dort berichtet ein Interviewpartner: „Das ist [...] ein Problem, zu definieren, wann ist etwas total gut und wann nicht". Diese Aussage illustriert er an Hand einer künstlichen Intelligenz, die Diskurse im Internet nachverfolgt: „Also ich suche [...] Trends für eine bestimmte Wissensdomäne im Internet. [...] Dann kann ich plötzlich nicht mehr sagen, ob mein Ergebnis jetzt gut ist oder nicht, oder habe ich jetzt alles richtig gemacht oder nicht". Auf die Frage, wie die Organisation mit diesem Problem umgeht, antwortet der Berater: „Ja, das ist eine sehr gute Frage".

Weil den untersuchten Organisationen verlässliche Bewertungsmaßstäbe fehlen, müssen Tests sie künstlich herstellen. Zu diesem Zweck konfrontiert man künstliche Intelligenz mit bekannten Entscheidungssituationen. Damit sind Entscheidungen gemeint, die in der Vergangenheit getroffen wurden. Aus der Erfahrung, die die Organisation im Umgang mit diesen Entscheidungen gesammelt hat, kann sie akzeptable Lösungen ableiten. Beispielsweise unterstellt das Online-Reisebüro, dass die Buchungsdaten der letzten drei Monate die Interessen seiner Kunden widerspiegeln.

Im Vergleich mit diesen Lösungen wird der Testgegenstand bewertbar. Je näher künstliche Intelligenz an den Musterlösungen liegt, desto besser ist ihre Leistung. Je weiter sie davon abweicht, desto schlechter wird sie eingeschätzt. Tests kreieren somit eine neue Perspektive auf Entscheidungen, die sich im Alltag der Bewertung durch die Organisation entziehen.

Diese Leistung erkaufen Tests mit einem blinden Fleck. Die Lösungen vergangener Entscheidungsprobleme, die die Organisation kennt, sind offensichtlich keine bestmöglichen Lösungen. Das Online-Reisebüro kann beispielsweise nicht

---

[6] Dazu kommt das Problem, dass man sich von der Technik bessere Entscheidungen erhofft als von Organisationsmitgliedern. Aus dieser Perspektive laufen Menschen Gefahr, eventuelle Vorsprünge der technischen Lösung fehlzudeuten, wenn sie Bewertungskriterien aufstellen.

wissen, ob es Urlaubsangebote gegeben hätte, die seinen Kunden besser gefallen hätten als diejenigen, die sie gebucht haben. Die Buchungsdaten zeigen Lösungen auf, die sich als „satisficing" (March 1981: 567) beschreiben lassen. Das Unternehmen hat seinen Kunden Angebote gemacht, die *gut genug* waren, um sie zur Buchung zu bewegen.

Für die Herstellung von Bewertbarkeit ist die Qualität der Entscheidung allerdings nachrangig. Wichtig ist, dass eine Lösung bekannt ist, die von Dritten als richtige Lösung akzeptiert wird. Das ist im Beispiel des Online-Reisebüros gegeben. Die Entscheidungsträger akzeptieren jedes Hotelangebot, das zu einem Kaufabschluss führt.

Tests erzeugen also Vertrauen, indem sie (1.) eine glaubwürdige Ähnlichkeitsbeziehung zwischen Testbedingungen und Anwendungskontext und (2.) eine Bewertbarkeit des Untersuchungsgegenstands herstellen. Unter diesen Bedingungen sind Organisationsmitglieder bereit, von Testergebnissen auf Entscheidungskompetenz zu schließen. Wenn künstliche Intelligenz gut abschneidet, liefern Tests Argumente dafür, dass sie als Entscheidungsträger keine Fehler machen wird. Auf diesen Argumenten können Organisationsmitglieder Vertrauen aufbauen.

Das hilft Entscheidungsträgern, die über den Einsatz künstlicher Intelligenz entscheiden. Sie können mit Hilfe von Tests die Unsicherheit abbauen, die wir in Abschnitt 6.3 identifiziert haben. Zudem dürfen sie voraussetzen, dass Testergebnisse eine überzeugende Rechtfertigung für ihre Vertrauensleistung darstellen. Falls künstliche Intelligenz wider Erwarten Fehler machen sollte, können Entscheidungsträger darauf verweisen, dass sie in Anbetracht der Testergebnisse anschlussfähige Outputs erwarten durften. Dritte werden diese Argumentation akzeptieren, sofern sie die Ähnlichkeitsbeziehung zwischen Testbedingungen und Anwendungskontext für plausibel halten.

Die Mehrheit der untersuchten Organisationen gebraucht Tests, bevor über den Einsatz künstlicher Intelligenz entschieden wird. Einzelne Unternehmen nutzen Tests auch nach der Einführung. Auf diese Möglichkeit greift der Automobilhersteller zurück. Er lässt seine künstliche Intelligenz aus den Daten lernen, die im laufenden Betrieb anfallen, das Gelernte kommt jedoch nicht unmittelbar zum Einsatz. Durch das Lernen entstehen neue Versionen der künstlichen Intelligenz, die jeweils in der Testumgebung geprüft werden, bevor man sie in der Produktion zum Einsatz bringt. Nach jeder maßgeblichen Veränderung wird dadurch Vertrauen aufgebaut.

Die in diesem Kapitel vorgestellten Forschungsergebnisse liefern Belege für das theoretische Modell von Jacovi et al. (2021), das Tests als Voraussetzung für

Vertrauen in künstliche Intelligenz sieht. Sie decken sich zudem mit den Erkenntnissen von Feldman et al. (2019), die ebenfalls zu Vertrauen in Black-Boxes forschen. Ihnen geht es allerdings nicht um künstliche Intelligenz, sondern um Medikamente, deren Funktionsweise für den Patienten intransparent ist. Vertrauen in diese Mittel wird maßgeblich durch Studien bestimmt, die der Zulassung vorausgehen.

7.2.3 Bürgschaften

Ein weiterer Mechanismus, der den Einsatz von KI-Anwendungen erleichtert, sind Bürgschaften. Bürgschaften bedienen sich der persönlichen Beziehungen und Expertise von Technikexperten, um Argumente für die Entscheidungskompetenz künstlicher Intelligenz zu schaffen. Genau wie Faustregeln und Tests, ermöglichen sie Vertrauensleistungen bei Entscheidungen über die Einführung künstlicher Intelligenz. Die Glaubwürdigkeit von Bürgschaften beruht auf dem Preis von Fehlleistungen, für den Bürgen persönlich einstehen müssen.

Ein Interviewpartner beschreibt Bürgen als „Träger, die die Ideen in ihre eigene Organisation rein tragen". Damit meint er, dass Bürgen ihre Abteilungen mit künstlicher Intelligenz vertraut machen. Sie vertreten die Technologie in einem sozialen Kontext, der noch keine eigene Beziehung zu ihr aufgebaut hat. Durch dieses Engagement gelingt es, Vorbehalte abzubauen und künstliche Intelligenz zu einem Bestandteil der Organisationseinheit zu machen. Das macht Bürgen zu einem wichtigen Bindeglied für die Verbreitung künstlicher Intelligenz.

Wie Bürgschaften funktionieren, können wir an einem Beispiel von Gambetta (2009: 189 ff.) nachvollziehen. Gambetta untersucht Mafia-Familien, die sich auf Bürgschaften verlassen, um die Vertrauenswürdigkeit neuer Kontakte sicherzustellen. Auf Grund der illegalen Natur ihrer Geschäfte, sind Mafiosi gegenüber Unbekannten misstrauisch. Sie befürchten, dass sich Ermittler in ihre Organisationen einschleusen. Daher lassen sie sich nur unter einer Bedingung auf neue Beziehungen ein. Ein Bekannter muss die Vertrauenswürdigkeit eines Unbekannten bezeugen:

> „A third mafioso, a guarantor who knows both parties in their capacity as mafiosi, is always required to certify membership. The third mafioso knows that the other two are too, either by having witnessed their initiation ritual or by having been introduced to one of them in the past by yet another mafioso. The introduction is then conventionally phrased in one of the following ways: ‚this is our friend', ‚this is the same thing', ‚this is like you and me' or ‚this is the same thing, this is our thing" (ebd.: 189 f.).

Gambettas (ebd.) Beispiel zeigt, dass Bürgschaften sich durch drei Gesichtspunkte auszeichnen. Sie bauen (1.) auf verlässliche Beziehungen auf. Den anderen Parteien ist die Vergangenheit des Bürgen bekannt, weil ihre kriminellen Karrieren miteinander verflochten sind. Man hat zusammengearbeitet, an Einführungsritualen teilgenommen oder ist einander vorgestellt worden. Es besteht persönliches Vertrauen, das aufeinander bezogenes Handeln ermöglicht (vgl. Granovetter 1985: 487 ff.).

Die Vertrauensbeziehung zum Bürgen wird (2.) auf Unbekannte erweitert, deren Verlässlichkeit infrage steht. Der Bürge versichert, dass Vertrauen in die jeweils anderen Parteien genauso gerechtfertigt ist, wie Vertrauen in ihn selbst. Für diese Empfehlung steht er persönlich ein. Die Bürgschaft ist demnach (mindestens) eine Dreierbeziehung, in der der Bürge eine vermittelnde Position zwischen den anderen Beteiligten einnimmt.

Der Bürge verleiht seiner Empfehlung (3.) Nachdruck, indem er etwas aufs Spiel setzt. Er wird für potenzielle Probleme in der neuentstehenden Dreierkonstellation verantwortlich gemacht. Dabei riskiert er seinen Ruf, seine Karriere und (im Fall der Mafia) sein Leben. Diese Last können Bürgen nur akzeptieren, wenn sie den Schadensfall vermeiden. Sie müssen daher vorsichtig auswählen, welche Personen sie miteinander bekannt machen. Bürgschaften erzeugen also Sicherheit für die Beteiligten, indem sie Bürgen mit Rechenschaftspflicht (vgl. Luhmann 1994: 172 ff.) belasten.

Die drei Merkmale der Bürgschaft ermöglichen voraussetzungsvolle soziale Beziehungen zwischen Personen, die keine persönliche Vorgeschichte haben. Nachdem Gambettas (ebd.) Mafiosi einander vorgestellt werden, verlassen sie sich unhinterfragt aufeinander. Sie sprechen beispielsweise offen über Straftaten, die sie vor Normalbürgern nicht erwähnen können. Zudem richten sie ihr kriminelles Handeln unter der Annahme aus, dass der Neue vertrauenswürdig ist.

Die aus dem Mafia-Beispiel abgeleiteten Charakteristika von Bürgschaften können wir auch in gesetzeskonformen Organisationen finden. Die Bürgen, die für künstliche Intelligenz einstehen, haben als Abteilungsmitglieder persönliche Beziehungen zu den Personen, die überzeugt werden sollen. Ihre Kollegen wissen zudem, dass Bürgen über Prozesskenntnisse verfügen. Außerdem sind sie als Technikexperten bekannt. Sie müssen: „neue Ansätze super spannend [finden] und […] da richtig Lust drauf [haben]". Bürgen haben auf Grundlage dieser Doppelkompetenz bereits Organisationsprobleme ihrer Abteilungen gelöst.

Die Bürgschaft legt nahe, das persönliche Vertrauen in Kollegen auf künstliche Intelligenz zu übertragen. Ein Bürge mit intimen Kenntnissen der Abteilung und ihrer Prozesse sollte einschätzen können, inwieweit eine Technologie erfolgsversprechend ist. Daher folgt man seinem Urteil. Künstliche Intelligenz profitiert von der Glaubwürdigkeit, die sich Organisationsmitglieder in der vorausgehenden Beziehung mit ihrer Organisationseinheit erarbeitet haben.

Dabei gehen Organisationsmitglieder, genau wie Gambettas (2009) Mafiosi, ein Risiko ein. Sie verlieren im Schadensfall zwar nicht ihr Leben. Sie bezahlen aber mit ihrer persönlichen Beziehung zu anderen Organisationsmitgliedern sowie mit ihrem Ruf als Technik-Experten und Problemlöser. Kurzgesagt, Bürgen büßen sozialen Status ein, wenn künstliche Intelligenz ihre Versprechen enttäuscht. Man ignoriert den Rat von Organisationsmitgliedern, die kostspielige Fehlentscheidungen inspirieren.

Dieses Risiko des Bürgen ist seinen Adressaten bewusst. Sie unterstellen, dass er seine Empfehlungen mit Bedacht ausspricht, um seine Position im Gefüge der Abteilung nicht zu gefährden. Sein Wort wird damit zu einem gewichtigen Argument, die Fehlerfreiheit künstlicher Intelligenz vorauszusetzen. Es liefert den Entscheidungsträgern einer Abteilung die Grundlage für Vertrauensleistungen. Genau wie Faustregeln und Tests ermöglichen Bürgschaften den Sprung ins Ungewisse.

Dabei ist wichtig zu betonen, dass Bürgen die Entscheidungen künstlicher Intelligenz nicht voraussehen können. Deren Inhalt und Qualität bleiben auf Grund der Komplexität maschinellen Lernens im Dunkeln (siehe Abschnitt 6.2.1). Auch Bürgen geben nur ‚educated guesses' darüber ab, inwieweit künstliche Intelligenz die speziellen Organisationsprobleme ihrer Abteilung bearbeiten kann.

Ihre Arbeit wird aber dadurch erleichtert, dass vertrauenerzeugende Mechanismen einander ergänzen. Bürgen können zum einen Faustregeln anwenden, um sich ein Bild von der Entscheidungsqualität künstlicher Intelligenz zu machen. Zum anderen können sie Testergebnisse nutzen, um ihr Urteil zu fundieren. So werden verschiedene vertrauenerzeugende Mechanismen stufenweise aufeinandergeschichtet. Das erleichtert es, sich durch Empfehlungen persönlich zu exponieren.

Für andere Organisationsmitglieder formt sich durch die Kombination unterschiedlicher Mechanismen ein Gesamtbild. Sie stellen fest, dass es eine Vielzahl von Argumenten gibt, sich auf künstliche Intelligenz zu verlassen. Wenn Faustregeln und Testergebnisse für den Einsatz künstlicher Intelligenz sprechen und sich darüber hinaus ein Experte aus den eigenen Reihen für die Technik einsetzt, erscheint eine Zukunft mit künstlicher Intelligenz weniger bedrohlich.

Damit haben wir die Funktionsweise von Bürgschaften fast vollständig nachverfolgt. Es bleibt aber die Frage nach den Beweggründen des Bürgen. Das klassische Motiv für Bürgschaften besteht in Freundschaftsbeziehungen (vgl. Hahn 2012). In unserem Fall macht es aber keinen Sinn, nach persönlichen Beziehungen zwischen Bürgen und künstlicher Intelligenz zu fragen. Technikexperten unterhalten genauso wenig freundschaftliche Beziehungen zu KI-Anwendungen wie die restlichen Organisationsmitglieder.

Es gibt sachliche Gründe, die Bürgen motivieren. Die Bürgschaft wird nicht nur im Fall des Scheiterns, sondern auch im Erfolgsfall mit dem Bürgen verbunden. Wenn seine Abteilung vom Einsatz künstlicher Intelligenz profitiert, sticht er als dasjenige Organisationsmitglied hervor, das die Innovation ermöglicht hat. In einem Unternehmen, dass großen Wert auf Effizienzsteigerungen legt, kann das ein entscheidender Karrierevorteil sein. Das gilt für alle produzierenden Unternehmen. Sie messen und analysieren die Leistung ihrer produzierenden Einheiten genau – und belohnen Fortschritte.

Auf diese Motivation deuten die Verfahren hin, über die Bürgen gewonnen werden. Wie Interviewpartner im Fall des Automobilzulieferers erklären, findet man Bürgen durch Selbstselektion: „die werden meistens nicht von uns gefunden. Also entweder die schreiben uns direkt an, alternativ kann es auch sein, dass irgendein Manager sagt, ‚ich hab eine Idee, redet mal mit dem'. Aber im Zweifel melden die sich selbst". Die Eigeninitiative der Bürgen zeigt, dass sie ein großes Interesse an künstlicher Intelligenz haben und an deren Erfolg glauben. Es fällt ihnen daher leicht, ihre Karriere mit der Technik zu verknüpfen.

Ein interessanter Unterschied zwischen Faustregeln und Tests auf der einen Seite und Bürgschaften auf der anderen Seite besteht darin, dass sie die Voraussetzungen für ihre Wirksamkeit auf unterschiedliche Art und Weise schaffen. Damit diese Mechanismen Vertrauen in künstliche Intelligenz erzeugen können, müssen sie ihrerseits das Vertrauen der Organisationsmitglieder genießen. Faustregeln und Tests erzeugen es durch wiederholte erfolgreiche Anwendung bzw. durch die Herstellung einer glaubwürdigen Ähnlichkeitsbeziehung.

Bürgschaften verlassen sich hingegen darauf, dass bereits eine Vertrauensbeziehung zum Bürgen besteht, die dieser selbst durch seine Arbeit aufgebaut hat. Dieser externe Modus der Vertrauenserzeugung bedeutet, dass Bürgschaften nur unter bestimmten Bedingungen brauchbar sind. Die Organisation muss über Personal verfügen, dass sich zum Bürgen eignet. Wenn unter den Organisationsmitgliedern keine Vertrauensbeziehungen bestehen, sind Bürgschaften ausgeschlossen. In diesem Fall bieten sich Tests und Faustregeln an, die die Bedingungen ihrer Wirksamkeit selbst herstellen.

Abschließend muss der Erklärungsanspruch des vorliegenden Unterkapitels eingeschränkt werden. Die Schlussfolgerungen über Bürgschaften sind auf Grundlage eines einzelnen Falls entstanden. Dabei handelt es sich um den Automobilzulieferer, der Bürgschaften in der Mehrheit seiner KI-Projekte gebraucht. Jenseits dessen gibt es keine weiteren Fälle, in denen Bürgschaften zum Einsatz kommen. Es ist zwar anzunehmen, dass dieser Mechanismus anderenorts gebraucht wird, weil es sich um eine im Alltag weit verbreitete soziale Figur handelt. Auf Grund der dünnen Datenbasis, bleibt es jedoch bei einer Vermutung. Zudem könnte das Phänomen facettenreicher sein als der Einzelfall zeigt.

7.2.4 Zwischenfazit

Solange der Inhalt und die Qualität des Outputs künstlicher Intelligenz unberechenbar erscheinen, haben Organisationen Schwierigkeiten, ihr Entscheidungsgewalt zu übertragen. Die in den vorausgehenden Kapiteln vorgestellten Mechanismen bearbeiten dieses Problem, indem sie die Wahrnehmung der Technik beeinflussen (siehe Abbildung 7.1). Sie liefern anschlussfähige Argumente dafür, dass sie ein kompetenter Entscheidungträger ist bzw. wäre. Abschließend müssen wir einen Blick auf die einzelnen Fälle werfen und untersuchen, wie die besprochenen Mechanismen ihr Verhältnis zu künstlicher Intelligenz verändern.

Abbildung 7.1 Vertrauenerzeugende Mechanismen im Kontext der KI-Entscheidung

Mit Hilfe von Faustregeln, Tests und Bürgschaften gelingt es mehreren Unternehmen, künstliche Intelligenz in verantwortungsvollen Positionen einzusetzen, obwohl sie eine geringe Unsicherheitstoleranz haben. Für Organisationen mit hoher Unsicherheitstoleranz ändert sich hingegen wenig. Sie sind nicht auf vertrauenerzeugende Mechanismen angewiesen, um künstliche Intelligenz einzuführen.

Das erste Unternehmen, für das vertrauenerzeugende Mechanismen große Bedeutung haben, ist der Automobilzulieferer. Der Organisation ist es auf Grund geringer Unsicherheitstoleranz eigentlich nicht möglich, künstliche Intelligenz einzuführen (siehe Abschnitt 7.1.2). Weil sich Entscheidungen in der Produktionsplanung unmittelbar auf die Zweckverfolgung der Organisation auswirken und Fehlentscheidungen mit hohen Kosten verbunden sind, wollen sich Entscheidungsträger ein möglichst genaues Bild von der Zukunft machen. Dem steht künstliche Intelligenz im Weg, solange sie unberechenbar wirkt.

Der Automobilzulieferer macht von der ganzen Palette vertrauenerzeugender Mechanismen Gebrauch. Faustregeln werden schon zu Beginn eines KI-Projekts eingesetzt. Das Unternehmen realisiert ausschließlich Projekte mit breiter Datenbasis. Gleichzeitig werden einflussreiche Organisationsmitglieder als Bürgen eingebunden. Sobald funktionsfähige Technik existiert, finden Tests statt. Hierbei betreibt der Automobilzulieferer großen Aufwand, um eine glaubwürdige Ähnlichkeitsbeziehung zwischen Testumgebungen und Anwendungskontext herzustellen (siehe Abschnitt 7.2.2).

Auf diese Art und Weise sammelt das Unternehmen vielfältige Argumente für die Entscheidungskompetenz seiner Technik. Eine breite Datenbasis, gute Testergebnisse und das Wort von Experten machen es für Organisationsmitglieder plausibel, dass sie sich unter Alltagsbedingungen bewährt. Diese Annahme reicht aus, um Vertrauensleistungen zu inspirieren: Die Entscheidungsträger, die im Namen des Automobilzulieferers über den Einsatz künstlicher Intelligenz bestimmen, setzen sie als Entscheidungsträger ein (siehe Abschnitt 5.1). Der Automobilzulieferer überwindet somit die Grenzen, die ihm seine geringe Unsicherheitstoleranz auferlegt.

Eine ähnliche Entwicklung macht der Halbleiterhersteller durch. Wie wir bereits wissen, ist er hinsichtlich seiner Unsicherheitstoleranz mit dem Automobilzulieferer vergleichbar. Auch der Halbleiterhersteller muss durch Fehlentscheidungen negative Auswirkungen auf seine Zweckverfolgung sowie hohe Kosten fürchten. Daher wird die Entscheidungsfindung der Organisation stark durch Unsicherheit belastet. Vor diesem Hintergrund ist erwartbar, dass sie sich ebenfalls auf vertrauenerzeugende Mechanismen verlässt. Es kommen sowohl Faustregeln als auch Tests zum Einsatz.

Damit erzielt der Halbleiterhersteller das gleiche Ergebnis wie der Automobilzulieferer. Es gelingt trotz der geringen Unsicherheitstoleranz, künstliche Intelligenz einzuführen und ihr Entscheidungsgewalt zu übertragen. Im Ergebnis bestimmt die Technik die Qualität von Halbleitern und ihr Output wird in nachfolgenden Entscheidungen weiterverarbeitet (siehe Abschnitt 5.1). Somit finden sich unter den untersuchten Fällen gleich zwei Unternehmen, die der Technik, ihrer geringen Unsicherheitstoleranz zum Trotz, ein hohes Maß an Verantwortung zugestehen[7].

---

[7] Diese Erkenntnis harmoniert mit der Beobachtung von Callen (2021), dass Organisationsmitglieder dem Output von Algorithmen folgen, sofern sie Indizien für seine Richtigkeit

Anders verhält sich der Fall der Wirtschaftsprüfungsgesellschaft. Sie erträgt noch weniger Unsicherheit als der Automobilzulieferer und der Halbleiterhersteller (siehe Abschnitt 7.1.2). Das liegt insbesondere an den strengen Auflagen, die ihr das Rechtssystem und berufsständische Vereinigungen machen. Dazu kommen eine starke Kopplung des Anwendungskontextes mit dem Organisationszweck und hohe Kosten für Fehler. Ohne vertrauenerzeugende Mechanismen wäre es für das Unternehmen undenkbar, künstliche Intelligenz zu benutzen, geschweige denn ihr Entscheidungsgewalt zu übertragen.

Die Organisation hat demnach viel zu gewinnen, indem sie Vertrauen in künstliche Intelligenz aufbaut. Sie gebraucht Faustregeln sowie Tests. Insbesondere Letzteren weist man große Bedeutung zu (siehe Abschnitt 7.2.2). Das Unternehmen erzielt allerdings andere Ergebnisse als der Automobilzulieferer und der Halbleiterhersteller. Unsicherheitsreduzierende Mechanismen ermöglichen den Einsatz künstlicher Intelligenz, ihr kann aber keine von Menschen unabhängige Entscheidungsgewalt zugestanden werden. Die Technik wird als Werkzeug menschlicher Entscheidungsträger behandelt, die ihren Output kleinteilig auf Fehler prüfen (siehe Abschnitt 5.3).

Die Differenzen zwischen den untersuchten Fällen offenbaren die Grenzen vertrauenerzeugender Mechanismen. Sie verändern die Wahrnehmung künstlicher Intelligenz, sind aber kein Allheilmittel. Faustregeln, Tests und Bürgschaften beseitigen die Unsicherheit nicht vollständig, die von künstlicher Intelligenz ausgeht. Für Organisationen wie die Wirtschaftsprüfungsgesellschaft stellt die verbleibende Restunsicherheit eine große Belastung dar. In Anbetracht der widrigen Ausgangsbedingungen ist der bloße Einsatz künstlicher Intelligenz bemerkenswert.

Damit haben wir die Wirkung vertrauenerzeugender Mechanismen für alle drei Organisationen besprochen, die eine geringe Unsicherheitstoleranz haben. Das Online-Reisebüro erzeugt dazu einen deutlichen Kontrast. Es beginnt seine Auseinandersetzung mit künstlicher Intelligenz mit einer hohen Unsicherheitstoleranz, weil Fehlentscheidungen kaum Kosten verursachen und nicht durch die Umwelt sanktioniert werden (siehe Abschnitt 7.1.2). Der Einsatz der Technik wäre deshalb vermutlich ohne vertrauenerzeugende Mechanismen möglich gewesen.

---

finden. Die vorliegende Arbeit ergänzt diesbezüglich die Einsicht, dass Organisationen nicht auf Indizien für die Richtigkeit der Entscheidungen künstlicher Intelligenz warten, sondern sie selbst herstellen.

Trotzdem gebraucht die Organisation Faustregeln und Tests. Anhand der Faustregeln wird es als Qualitätsmerkmal interpretiert, dass die Datengrundlage der KI-Anwendung breit aufgestellt ist. Sobald die Technik einsatzbereit ist, werden zudem Tests durchgeführt (siehe Abschnitt 7.2.2). Nachdem diese ebenfalls positiv ausfallen, sind die Entscheidungsträger des Online-Reisebüros absolut von der Kompetenz ihrer KI-Anwendung überzeugt. Dies ermöglicht es, ihr weitreichende Entscheidungsgewalt einzuräumen.

Der zweite Fall, in dem eine hohe Unsicherheitstoleranz herrscht, ist die Bank (siehe Abschnitt 7.1.2). Weil der Anwendungskontext künstlicher Intelligenz lose mit dem Organisationszweck gekoppelt ist, Fehler kaum Kosten verursachen und keine Sanktionen durch die Umwelt drohen, ist das Unternehmen in seiner Entscheidung genauso frei wie das Online-Reisebüro. Daher ist es interessant, dass auch die Bank vertrauenerzeugende Mechanismen nutzt.

Die Bank führt gleich nach dem initialen Training ihrer künstlichen Intelligenz Funktionstests durch, in denen die Technik gut abschneidet. Die eingehende Prüfung ist ein zusätzlicher Anhaltspunkt dafür, dass Unternehmen Unsicherheit so weit wie möglich reduzieren, selbst wenn das bestehende Ausmaß ihre Entscheidung eigentlich nicht behindert. Je berechenbarer Technik erscheint, desto wohler fühlen sich Entscheidungsträger.

Trotz der erfolgreichen Tests behandelt die Bank ihre KI-Anwendung allerdings nicht als vollwertigen Entscheidungsträger. Wie in Abschnitt 5.2 beschrieben, wird ihr Output unter bestimmten Bedingungen durch Organisationsmitglieder kontrolliert. Daraus können wir einen weiteren Rückschluss auf die Rahmenbedingungen ziehen, die Unsicherheitstoleranz und unsicherheitsreduzierende Mechanismen für Entscheidungsträger setzen. Offensichtlich schaffen sie einen Möglichkeitsraum, der nicht ausgenutzt werden muss.

Entscheidungsträgern, die gut mit Unsicherheit umgehen oder Vertrauen aufbauen können, steht es offen, künstliche Intelligenz als vollwertigen Entscheidungsträger einzusetzen. Sie können aber auch, wie die Entscheidungsträger der Bank, darauf verzichten. In diesem Fall schaffen sie einen komfortablen Puffer. Die Technologie ist weit davon entfernt, ihre Unsicherheitstoleranz zu durchbrechen.

Die letzten beiden Fälle, die Landwirtschaftsbetriebe, können wir zusammen besprechen, weil sie sich auch in ihrem Umgang mit vertrauenerzeugenden Mechanismen ähneln. Für beide Unternehmen haben wir in Abschnitt 7.1.2 eine mittelgroße Unsicherheitstoleranz festgestellt. Es gibt kaum Umwelterwartungen, dafür besteht aber eine starke Kopplung zwischen Diagnoseentscheidungen und dem Organisationszweck. Fehlentscheidungen verursachen zudem Kosten, die sich zwischen den Extremen bewegen, die wir in den anderen Fällen beobachten können.

Keiner der beiden Landwirtschaftsbetriebe benutzt Faustregeln, Tests oder Bürgschaften, um seine Handlungsspielräume zu erweitern. Deshalb müssen sie sich bei ihrer Entscheidung über künstliche Intelligenz in dem Rahmen bewegen, den ihnen ihre (mittelstark ausgeprägte) Unsicherheitstoleranz setzt. Folglich wird der Technik die Rolle eines kontrollbedürftigen Entscheidungsträgers zugewiesen, um die verbleibende Restunsicherheit zu kontrollieren (siehe Abschnitt 6.3).

Wir können zusammenfassen, dass Entscheidungsträger sich mit vertrauenerzeugenden Mechanismen zusätzliche Handlungsspielräume schaffen. Organisationen, die Faustregeln, Tests und Bürgschaften einsetzen, können Entscheidungen treffen, die ihre Unsicherheitstoleranz eigentlich nicht zulässt. Es gibt allerdings weder einen Zwang, diese Mechanismen zu gebrauchen, noch die dadurch entstehenden Möglichkeiten auszunutzen.

Zusammengenommen erklären die „Unsicherheitstoleranz" der Unternehmen sowie der Einsatz vertrauenerzeugender Mechanismen die Entscheidungen über die Rolle künstlicher Intelligenz zuverlässig. Wie oben geschehen, lässt sich der Verlauf der untersuchten Fälle durch diese Einflüsse sinnvoll nachvollziehen. Die Technik erhält großen Einfluss, wenn große Unsicherheitstoleranz besteht bzw. Unsicherheit auf ein für die Organisation akzeptables Niveau reduziert wird. Hingegen wird ihr Einfluss von Organisationen beschnitten, die eine geringe Unsicherheitstoleranz haben – und dies nicht durch unsicherheitsreduzierende Mechanismen ausgleichen können.

Für die letztgenannten Organisationen ist die Beschränkung der Rolle künstlicher Intelligenz die Ultima Ratio, die nach dem Einsatz von Tests, Bürgschaften und Faustregeln verbleibende Restunsicherheit zu bekämpfen. Eine Zukunft, in der künstliche Intelligenz von Menschen kontrolliert wird, um Fehlentscheidungen auszufiltern, erscheint grundsätzlich sicherer als eine Zukunft, in der sie eigenständig agiert (vgl. Abschnitt 6.3). Deshalb ist die Einschränkung der Technik eine attraktive Option für Unternehmen wie die Wirtschaftsprüfungsgesellschaft.

7.3   Fortlaufendes Unsicherheits-Management

Wir haben in den vorausgehenden Kapiteln festgestellt, dass Unternehmen mehrere Möglichkeiten haben, Unsicherheit einzudämmen. Man könnte daher vermuten, dass diese bei der Einführung künstlicher Intelligenz beseitigt ist. Das ist in gewisser Hinsicht richtig. Es gelingt sämtlichen Organisationen, Unsicherheit auf ein Niveau zu reduzieren, das den Einsatz der Technik erlaubt. Die Zweifel am Inhalt und an der Qualität ihres Outputs verschwinden damit jedoch nicht endgültig.

Wir müssen feststellen, dass Organisationsmitglieder sich auch nach der formalen Entscheidung über die Rolle künstlicher Intelligenz Sorgen über zukünftige Entscheidungen machen. Dafür gibt es Beispiele aus mehreren Fällen. Sie werfen die Frage auf, warum Unsicherheit trotz des großen Aufwands persistiert, den die untersuchten Organisationen betreiben. Diesbezüglich zeigt sich, dass die Technik gelegentlich unerwarteten Output produziert, der Organisationsmitgliedern die Differenzen zwischen Mensch und Technik erneut in Erinnerung ruft.

Dass nach der Einführung künstlicher Intelligenz noch Unsicherheit aufkommt, lässt sich an Zitaten nachvollziehen. Ein Wirtschaftsprüfer erklärt: „Das […] wird auch trotz allem immer noch diskutiert". Der Interviewpartner nimmt damit implizit auf die vertrauenerzeugenden Maßnahmen Bezug, die die Organisation vor der Einführung der Technik eingesetzt hat. Diese haben zwar Unsicherheit so weit reduziert, dass eine KI-Anwendung eingeführt werden konnte. Sie haben sie aber nicht vollständig ausgeräumt. Das überrascht vor dem Hintergrund, dass die Organisation künstliche Intelligenz „auf Herz und Nieren" prüft (siehe Abschnitt 7.2.2).

In anderen Unternehmen gestaltet sich die Situation ähnlich. Ein Technikexperte des Halbleiterherstellers sagt: „es gibt auch noch bei uns, denk ich, viel Skepsis teilweise". Auch in dieser Organisation überdauern die Vorbehalte demnach die offizielle Entscheidung über die Rolle der Technik. Der Interviewpartner schränkt seine Aussage allerdings ein. Zum einen unterstreicht er durch den Selbstbezug „denk ich", dass es sich um einen subjektiven Eindruck handelt. Zum anderen spricht er davon, dass die Unsicherheit nur „teilweise" existiert. Das deutet darauf hin, dass sie nur in bestimmten Organisationseinheiten oder nur zu bestimmten Zeitpunkten auftritt.

Auch die Technikexperten des Automobilzulieferers sind mit Zweifeln konfrontiert. Sie erleben „schon auch so eine gewisse Abwehr oder Angsthaltung, wenn man […] das Gefühl hat, es passiert etwas total verrücktes". Organisationsmitglieder fürchten sich demnach unter bestimmten Bedingungen vor künstlicher

Intelligenz. Wenn sie von der Arbeitsweise bzw. den Arbeitsergebnissen der Technik überrascht werden, kommt es zu Abwehrreaktionen. Hier deutet sich an, dass Unsicherheit gefährlich für die Organisation sein kann. Im schlimmsten Fall wird der Umgang mit KI-Anwendungen verweigert oder es spielen sich informale Lösungen für das Trash in der Jespublikan ein.

Bevor wir uns den Folgen der Unsicherheit widmen, müssen wir uns aber mit ihren Ursachen auseinandersetzen. In den obenstehenden Zitaten zeichnet sich bereits ab, dass das erneute Aufflammen von Unsicherheit auf Entscheidungen zurückzuführen ist, die Erwartungen von Organisationsmitgliedern enttäuschen. Dafür finden sich in den Fällen des Automobilzulieferers, der Landwirtschaftsbetriebe sowie der Wirtschaftsprüfungsgesellschaft weitere Indizien:

Die Technikexperten des Automobilzulieferers berichten von Beschwerden über künstliche Intelligenz, die sich auf konkrete Outputs beziehen: „was wir dann häufig bekommen haben, waren irgendwelche Screenshots vom [Output der künstlichen Intelligenz] mit Pfeilen drauf, ‚warum ist das hier und nicht da?'". Die Beschwerdeführer haben demzufolge klare Erwartungen, wie sich Entscheidungen inhaltlich gestalten sollten. Sie monieren, dass künstliche Intelligenz von diesen Vorstellungen abweicht, und fordern Rechtfertigungen ein.

Auch die Landwirte bemerken Output, der ihren Erwartungen zuwiderläuft. Einer von ihnen erinnert sich: „Da war ein Kalb, das eigentlich nichts gehabt hat. […] Da hat es auch schon mal angeschlagen". Die künstliche Intelligenz erzeugt in diesem Fall Fehlalarm. Sie weist eine Krankheit bei einem Tier aus, das dem Landwirt zufolge gesund ist. Er beobachtet das Kalb über mehrere Tage hinweg und kann keine Probleme feststellen. Dadurch entsteht ein nachteilhafter Eindruck von der Entscheidung der KI-Anwendung.

Auf ähnliche Weise berichten Wirtschaftsprüfer über ihre Alltagserfahrungen mit künstlicher Intelligenz. Einer von ihnen bemerkt: „das kann eben auch Fehler ausspucken". Damit erklärt der Interviewpartner problematischen Output zu einem wiederkehrenden Bestandteil seines Arbeitsalltags. Scheinbar hat er schon mehrfach fehlerhafte Entscheidungen erlebt. Diese Häufung lässt sich dadurch erklären, dass die Wirtschaftsprüfungsgesellschaft als einzige Organisation jeden Output im Detail kontrollieren lässt. Deshalb ist es in diesem Fall wesentlich wahrscheinlicher als in anderen, dass problematische Entscheidungen auffallen.

Die von den Organisationsmitgliedern beobachteten Fehler konterkarieren das Bild, das die untersuchten Unternehmen vor der KI-Einführung mit Hilfe vertrauenerzeugender Mechanismen erzeugt haben. Wie wir in Abschnitt 7.2 besprochen haben, liefern Faustregeln, Tests und Bürgschaften Argumente dafür, dass künstliche Intelligenz ein verlässlicher Entscheidungsträger ist. Auf diese Argumente bauen Organisationsmitglieder Vertrauensleistungen auf. Wenn jedoch

Fehlentscheidungen beobachtbar werden, können dadurch erneut Zweifel entstehen. Jeder Fehler ruft die Unterschiede zwischen künstlicher Intelligenz und menschlichen Entscheidungsträgern in Erinnerung.

Für die Technikexperten des Automobilzulieferers ist das ärgerlich. Ihnen zufolge gehören Fehler zum Organisationsalltag dazu, unabhängig davon, wer entscheidet: „Weil, wenn wir ganz nüchtern drauf sind, 100 Prozent Fehlerfreiheit gibt es nicht". Zudem produziert künstliche Intelligenz gewöhnlich nicht mehr Fehler als menschliche Entscheidungsträger. Die gelegentlichen Fehlleistungen reichen aber aus, um den nachteilhaften Eindruck wiederzuerwecken, der schon die Einführung künstlicher Intelligenz erschwert hat.

Unabhängig davon, inwieweit diese Sorgen gerechtfertigt sind, können sie den Arbeitsalltag belasten und unerwünschte Konsequenzen mit sich bringen. Insbesondere könnten Organisationsmitglieder den Status infrage stellen, den die Organisation der Technik in formalen Entscheidungen zugewiesen hat. Das geschieht zwar in keinem der untersuchten Fälle. Das Negativ-Szenario verdeutlicht aber, dass Organisationen ein Interesse daran haben, Unsicherheit unter Kontrolle zu bringen.

Deshalb gibt es in vielen Unternehmen ein fortlaufendes Unsicherheitsmanagement, das die Sorgen der Organisationsmitglieder bearbeitet und die Rolle künstlicher Intelligenz stabilisiert. Die Organisationen verlassen sich auf Vergleiche und Verlässlichkeitskontrollen, deren Funktionsweise an Faustregeln, Tests und Bürgschaften erinnert. Mit diesen Methoden und ihren Wirkungen beschäftigen wir uns in den folgenden Unterkapiteln im Detail.

Dabei stellen wir fest, dass Vergleiche und Verlässlichkeitskontrollen den in Abschnitt 7.2 beschriebenen Mechanismen in mancher Hinsicht überlegen sind. Sie gewinnen ihre Argumente für die Entscheidungskompetenz künstlicher Intelligenz aus dem laufenden Betrieb. Infolge dessen müssen sie keine Hypothesen bilden, sondern können auf konkrete Leistungen verweisen. Das steigert ihre Überzeugungskraft gegenüber zweifelnden Organisationsmitgliedern. Trotzdem können sie das Unsicherheitsproblem, wie wir am Ende des Kapitels erörtern, nicht endgültig aus der Welt schaffen.

7.3.1 Vergleiche

Vergleiche zwischen künstlicher Intelligenz und Organisationsmitgliedern sind der erste Mechanismus, den die untersuchten Unternehmen gebrauchen, um Unsicherheit zu bearbeiten. Gemeinhin bedeutet „Vergleich" ein In-Beziehung-Setzen von zwei oder mehr Vergleichsobjekten, das dem Zweck dient, Gemeinsamkeiten und Unterschiede herauszuarbeiten. Ein umfassender Vergleich mit Organisationsmitgliedern könnte für die Wahrnehmung künstlicher Intelligenz allerdings nachteilhaft sein, weil die Technik in bestimmten Vergleichsgesichtspunkten Nachteile gegenüber Menschen aufweist (siehe Abschnitt 6.2). Dieses Problem müssen Vergleiche umgehen, wenn sie Zustimmung zu KI-Anwendungen erzeugen sollen.

Die Funktionsweise von Vergleichen können wir im Fall des Automobilzulieferers beobachten. Ein Technikexperte des Unternehmens äußert sich folgendermaßen: „Wir schauen uns den Durchsatz an [...] und vergleichen. Und wenn der Durchsatz sich gesteigert hat, dann sind wir zufrieden". Das Unternehmen vergleicht demnach den Durchsatz, der durch die Planungsarbeit von Organisationsmitgliedern erreicht wurde, mit dem Durchsatz, den künstliche Intelligenz erzielt. Andere Merkmale der Technik sind irrelevant.

Der Vergleich schließt an die betriebswirtschaftliche Logik der Verantwortlichen an. Es werden Vergleichsgesichtspunkte ausgewählt, die schon vor der Einführung künstlicher Intelligenz genutzt wurden, um den Erfolg organisatorischer Neuerungen zu bewerten. Für einen internen Berater aus dem Fall des Automobilzulieferers sind Vergleiche vor diesem Hintergrund „die beste Diskussionsebene, um zu sagen, war es erfolgreich oder nicht". Schneidet die Technik im Vergleich gut ab, unterstellt man, dass sie auch zukünftig bessere Ergebnisse erzielt als Produktionsplaner.

Deshalb können die Berater, die künstliche Intelligenz in unterschiedlichen Abteilungen einführen, mit Vergleichen Zustimmung für den Einsatz der Technik generieren. Das funktioniert so gut, dass die Vergleichsergebnisse offenbar zum zentralen Gesprächsgegenstand für Beratungsgespräche werden. Dem Resümee eines Beraters zufolge, sind Vergleiche „das Entscheidende [...], über das sich das Ganze multipliziert".

Weitere Organisationen, die Vergleiche einsetzen, sind das Onlinereisebüro, der Halbleiterhersteller sowie der familiengeführte Landwirtschaftsbetrieb. Das Reisebüro gebraucht künstliche Intelligenz, um seinen Kunden Hotelangebote zu machen. Diese Aufgabe haben früher Kundenberater erledigt. Mit deren Leistung vergleicht die Organisation ihre KI-Anwendung. Konkret setzt man die Anzahl der Buchungen, die durch Angebote künstlicher Intelligenz zustande kommen, mit der Anzahl der Buchungen in Beziehung, die Organisationsmitglieder zuvor erreicht haben.

Der Halbleiterhersteller setzt künstliche Intelligenz ein, um Produktionsfehler auf digitalen Fotografien zu identifizieren und fehlerhafte Teile auszusortieren. Auch diese Arbeit wurde zuvor von Organisationsmitgliedern ausgeführt, die Aufnahmen von Halbleitern auf Computerbildschirmen begutachten mussten. Um

Vertrauen in künstliche Intelligenz zu schaffen, vergleicht das Unternehmen die Anzahl der Fehler, die Menschen in der Vergangenheit identifiziert haben, mit der Anzahl der Fehler, die künstliche Intelligenz erkennt.

Der Landwirtschaftsbetrieb lässt künstliche Intelligenz Kälberkrankheiten diagnostizieren. Die Technik kommt damit ebenfalls in einem Arbeitsbereich zum Einsatz, der zuvor von Menschen beherrscht war. Die Organisation vergleicht die Milchmenge, die Kühe vor und nach der Einführung künstlicher Intelligenz produzieren. Dahinter steht die Annahme, dass sich bessere Diagnosen auf die Tiergesundheit auswirken, die wiederum die Milchproduktion beeinflusst. Eine Erhöhung der Milchmenge wird als Indiz für die Entscheidungskompetenz künstlicher Intelligenz gewertet.

Damit haben wir nachvollzogen, welche Vergleichsgesichtspunkte die untersuchten Organisationen auswählen. Um die Leistung von Vergleichen umfassend zu würdigen, müssen wir uns jedoch auch mit denjenigen Vergleichsmöglichkeiten befassen, die sie ignorieren. Wir haben in Abschnitt 6.2 festgestellt, dass künstliche Intelligenz mehrere Nachteile gegenüber Organisationsmitgliedern aufweist. Weil ihre Programme für Beobachter undurchsichtig sind, erscheint sie unberechenbar (siehe Abschnitt 6.2.1); sie kann keine Rechenschaftspflicht für Fehler übernehmen (siehe Abschnitt 6.2.2) und sie kann ihre Entscheidungen nicht begründen (siehe Abschnitt 6.2.3).

Indem Vergleiche bestimmte Zahlen kommunizieren, blenden sie diese Nachteile künstlicher Intelligenz aus. Weder im Fall des Automobilzulieferers noch in den Fällen des Online-Reisebüros und des Halbleiterherstellers arbeiten Vergleiche eine Liste von Gemeinsamkeiten und Unterschieden zwischen Organisationsmitgliedern und KI-Anwendungen heraus. Die kollektive Aufmerksamkeit wird stattdessen auf Messgrößen fokussiert, die die Überlegenheit der Technik demonstrieren. Diese Größen werden in den Mittelpunkt der internen Kommunikation gerückt.

Die Organisation profitiert davon, dass Zahlen Aufmerksamkeit binden (Vollmer 2004: 457 ff.) und einen Anschein von Objektivität erwecken (siehe dazu insb. Heinz 2007). Die Zahl tritt mit dem Anspruch auf, Wirklichkeit abzubilden, keine Laune desjenigen, der sie kommuniziert. Hinter Zahlen verbergen sich allerdings Entscheidungen von Organisationsmitgliedern, die sie auswählen bzw. errechnen (vgl. Kühl 2007). Diese Entscheidungen werden durch die Kommunikation der Zahl unsichtbar.

Durch den Gebrauch von Zahlen setzen Vergleiche den Organisationsmitgliedern Scheuklappen auf. Sie brauchen sich kein eigenes Bild von den

Gemeinsamkeiten und Unterschieden zwischen Mensch und künstlicher Intelligenz zu machen, sondern konzentrieren sich auf die Größen, die man ihnen anbietet (vgl. Vollmer 2004: 457 ff.). Anstelle der enormen Komplexität des Sachverhalts beschäftigt sich der interne Beobachter mit der Frage, welche der beiden ~~Tahlen, die einen ihon gehaltvoller, größer ist als die andere.~~

In Anbetracht der Vorteile der Fokussierung von Vergleichen über Zahlen ist es nicht überraschend, dass sämtliche Unternehmen sich darauf verlassen. Der Automobilzulieferer berechnet den Durchsatz der Produktion; das Onlinereisebüro konzentriert sich auf die Buchungsquote und der Halbleiterhersteller berechnet den Anteil der Produktionsfehler, die künstliche Intelligenz und Menschen erkennen: „Welche Bilder hat die gefunden? Welche Bilder haben die [Organisationsmitglieder] gefunden? Rechnen wir es hoch auf 100.000 Stück pro Woche". In keinem der Fälle spielen die Unterschiede zwischen Mensch und Technik eine Rolle, die jenseits dieser Zahlen bestehen.

Auf dieser Grundlage regen Zahlenvergleiche dazu an, Analogien zu bilden. Sie rufen bei Organisationsmitgliedern Erinnerungen daran wach, dass sie sich auf die Entscheidungen der Kollegen verlassen konnten, die man künstlicher Intelligenz gegenüberstellt. In Anbetracht dessen legt der Vergleich nahe, Gleiches gleich zu behandeln. Wenn die Entscheidungen des Kollegen gut genug waren und der Output der künstlichen Intelligenz vergleichbar (oder besser!) ist, dann sollte dieser Output ebenfalls akzeptabel sein.

Diesbezüglich bauen Vergleiche, ähnlich wie Bürgschaften (siehe Abschnitt 7.2.3), auf dem persönlichen Ansehen individueller Organisationsmitglieder auf. Damit Organisationsmitglieder sich auf Vergleiche verlassen, muss künstlicher Intelligenz ein Entscheidungsträger gegenübergestellt werden, der das Vertrauen Anderer genießt. Wenn künstliche Intelligenz mit Organisationsmitgliedern verglichen wird, deren Entscheidungen pausenlos infrage gestellt werden, verfehlen positive Vergleichsergebnisse ihre Wirkung.

Zusammenfassend sind Vergleiche also gerade *keine* umfassende Analyse der Gemeinsamkeiten und Unterschieden zwischen Menschen und künstlicher Intelligenz. Ihre Leistung besteht darin, Aufmerksamkeit mit Hilfe von Zahlen zu binden und zu lenken. Dabei stellen sie eine logische Verbindung zu vertrauten Entscheidungsträgern her, zu denen Organisationsmitglieder bereits belastbare Vertrauensverhältnisse aufgebaut haben.

Auf diese Weise liefern Vergleiche, genau wie Faustregeln, Tests und Bürgschaften, handfeste Argumente für die Entscheidungskompetenz künstlicher Intelligenz: Die Technik trifft bessere Entscheidungen als der Entscheidungsträger, auf den sich die Organisation jahrelang verlassen hat. Diese Feststellung

rechtfertigt Vertrauensleistungen. Schließlich stellt die KI-Anwendung den Ver-
gleichsergebnissen zufolge eine offensichtliche Verbesserung gegenüber dem
Status-quo dar.

Dafür, dass Organisationsmitglieder tatsächlich auf diese Art und Weise argumentieren, bietet einer der Landwirte ein interessantes Beispiel. Er erklärt:
„ich glaube schon, dass [die KI-Anwendung] das eher erkennt als ich selber".
Künstliche Intelligenz wird hier in einem direkten Vergleich besser bewertet als menschliche Entscheidungsträger. Dadurch rechtfertigt der Landwirt sein
Vertrauen in ihre Entscheidungen.

Ähnlich sprechen die Interviewpartner aus dem Fall des Automobilherstellers
über künstliche Intelligenz. Einer von ihnen stellt fest: „Bisher war es immer
so, dass die Lösung, die von den Menschen vorgeschlagen wurde, schlechter
war". Die Technik schlägt menschliche Entscheidungsträger in der Produktionsplanung vernichtend. Obwohl sie gelegentlich unerwarteten Output produziert, ist
es deshalb sinnvoll, sich auf ihre Entscheidungen zu verlassen.

7.3.2   Verlässlichkeitskontrollen

Neben Vergleichen sind Verlässlichkeitskontrollen ein beliebtes Mittel, um Unsicherheit zu reduzieren. Sie wirken über Umwege: Mit Kontrollen machen sich
Organisationen das Misstrauen zu eigen, das gegenüber einem Entscheidungsträger besteht (vgl. Luhmann 2014: 106). Sie stellen infrage, dass Entscheidungen
formalen Erwartungen genügen und machen sie daher zum Gegenstand von Qua-
litätsprüfungen. Diese kritische Einstellung des Instruments verleiht Prüfungs-
ergebnissen ihre Glaubwürdigkeit. Sie können schlechte Entscheidungsträger
überführen – und gute Entscheidungsträger von jedem Verdacht reinwaschen.

Die Wirkungsweise von Kontrollen können wir anhand des familiengeführten
Landwirtschaftsbetriebs nachvollziehen. Der Landwirt zweifelt zunächst daran,
dass künstliche Intelligenz Kälberkrankheiten erkennt, und führt daher Kontrollen
durch: „Also die erste Zeit habe ich meine Kälber ganz normal, wie vorher auch,
öfters kontrolliert und beobachtet [...]". Demnach überprüft der Interviewpartner
den Gesundheitszustand jedes einzelnen Tieres. Anschließend vergleicht er seine
Beobachtungen mit den Diagnosen der Technik, um sich ein Bild von deren
Leistung zu machen.

Die Kontrollen helfen dem Interviewpartner, Vertrauen in die künstliche Intelligenz zu fassen. Er erklärt: „Ich wurde da so positiv überzeugt". Demnach
beweist die Fehlerkontrolle dem Landwirt, dass die Technik den Gesundheitszustand der Kälber zuverlässig erkennt. Das ermöglicht es ihm, sein eigenes

Handeln an ihren Diagnosen auszurichten, ohne sie pausenlos hinterfragen zu müssen.

Derartige „Systemkontrollen der Verlässlichkeit" (Luhmann 1997: 175) sind keine Neuheit im Umgang mit künstlicher Intelligenz. Sie gehören schon immer zum Repertoire vertrauensbildender Maßnahmen, das in Organisationen zum Einsatz kommt. Weil Vertrauen, wie in Abschnitt 7.2 erklärt, nur unter der Annahme zustande kommt, dass das Gegenüber keine Fehler macht, ist Kontrolle Luhmann (1997: 180) zufolge in Organisationen ein zentraler Mechanismus für das Entstehen von Vertrauen: „In der Fehlerkontrolle liegt [...] zu Recht auch die organisatorische Anknüpfung für [...] die rationale Legitimation des Vertrauens".

Verlässlichkeitskontrollen machen sich die Tatsache zunutze, dass Entscheidungen in der Retrospektive leichter zu beurteilen sind als im Moment der Auswahl aus Alternativen (vgl. Fischhoff 1975). Das gilt insbesondere im Umgang mit künstlicher Intelligenz, die meist Probleme bearbeitet, für die Organisationen noch keine Routinen entwickelt haben (siehe Abschnitt 8.1). Wenn genügend Zeit verstrichen ist, lässt sich für den Kontrolleur leicht erkennen, welche Folgen sich eingestellt haben – sodass diese mit den formalen Erwartungen abgeglichen werden können.

Davon profitiert auch der Landwirt. In dem Moment, in dem die künstliche Intelligenz ein Tier als gesund oder als krank diagnostiziert, können die Organisationsmitglieder den Wahrheitsgehalt dieser Aussage selten feststellen. Sie müssen darauf warten, ob sich die typischen Krankheitssymptome einstellen, anhand derer sie den Gesundheitszustand der Tiere beurteilen. Diese Symptome treten erst Stunden oder Tage nach der technischen Diagnose auf. Rückblickend kann der Landwirt den Output der künstlichen Intelligenz aber problemlos mit seinen eigenen Tierbeobachtungen abgleichen.

Wie der Fall des Automobilzulieferers zeigt, haben Verlässlichkeitskontrollen einen stichpunktartigen Charakter. Das Unternehmen ermuntert seine Produktionsingenieure in der Einführungsphase, den Output der künstlichen Intelligenz kleinteilig zu kontrollieren. Ein Berater erklärt: „wenn jetzt jeder nochmal immer alles gegencheckt, bringt es nichts. Aber es wäre auch blöd, es nicht am Anfang zu machen, weil vielleicht passt irgendwas nicht". Die Überprüfung von Entscheidungen soll demnach kein Dauerzustand sein. Die Organisation möchte nicht, dass ihre Mitglieder den Output künstlicher Intelligenz im Alltag hinterfragen. In der Einführungsphase sind Kontrollen aber ausdrücklich erwünscht, um Fehler auszuschließen.

Die Kontrolle der künstlichen Intelligenz durch das Fachpersonal ist demnach einerseits Ausdruck von Misstrauen (vgl. dazu Luhmann 2014: 106). Anderseits ist sie der Schlüssel zu einem vertrauensvollen Umgang mit der Technik.

Wenn keine Fehler entdeckt werden, gewinnt die Organisation Belege für deren Entscheidungskompetenz. Verlässlichkeitskontrollen fokussieren Misstrauen auf einen begrenzten Zeitraum, um es zu verdrängen. Im Alltag können Organisationsmitglieder „ihr Vertrauen in das Funktionieren dieses Mißtrauens [setzen]" (ebd.).

Dass Verlässlichkeitskontrollen sich selbst (phasenweise) überflüssig machen, unterscheidet sie von Überwachungsmaßnahmen. Letztere bringen ein tiefgründiges Misstrauen gegenüber Entscheidungsträgern zum Ausdruck, das nicht durch Momentaufnahmen befriedigt werden kann. Dieser Pauschalverdacht der Organisation wird durch Überwachung für jedermann sichtbar gemacht. Das kann zusätzliche Ängste vor schlechten Entscheidungen schüren.

Verlässlichkeitskontrollen institutionalisieren hingegen sowohl Misstrauen als auch Vertrauen (ebd.). Die Organisation verdeutlicht ihren Mitgliedern, dass sie nicht blind davon ausgeht, dass Entscheidungsträger ihre Arbeit zufriedenstellend erledigen. Sie zeigt aber auch, dass vergangene Leistungen honoriert werden und Vertrauen rechtfertigen. Ein Organisationsmitglied, das sich in Kontrollen bewährt, gilt (mindestens bis zur nächsten Kontrolle) als verlässlicher Entscheidungsträger, dessen Arbeit nicht weiter hinterfragt werden muss.

Diesen Effekt können Organisationen auf Dauer stellen, indem sie Verlässlichkeitskontrollen periodisch wiederholen. Regelmäßige Überprüfungen geben der Organisation und ihren Mitgliedern tagesaktuelle Argumente, die Vertrauensleistungen rechtfertigen. Es ist leicht, sich auf Entscheidungsträger zu verlassen, von denen man weiß, dass ihre Arbeit regelmäßig überprüft wird. Auf diese Weise kann die formale Organisation langfristig das Misstrauen an sich ziehen, das Organisationsmitglieder anderen Entscheidungsträgern entgegenbringen.

Solche institutionalisierten Kontrollen finden sich in mehreren Fällen. Der Automobilzulieferer, der Halbleiterhersteller, die Wirtschaftsprüfungsgesellschaft sowie das Online-Reisebüro kontrollieren die Entscheidungen künstlicher Intelligenz regelmäßig. Für die produzierenden Unternehmen ist das eine Selbstverständlichkeit. Sie evaluieren auch die Leistung menschlicher Entscheidungsträger. Die Wirtschaftsprüfungsgesellschaft und das Online-Reisebüro setzen Verlässlichkeitskontrollen exklusiv dafür ein, die Entscheidungsqualität künstlicher Intelligenz festzustellen.

Damit die gewünschte Wirkung eintritt, müssen Organisationen sicherstellen, dass Verlässlichkeitskontrollen „unabhängig von den persönlichen Motivationsstrukturen der jeweils Beteiligten funktionieren" (Luhmann 2014: 62). Nur wenn die Verantwortlichen als objektive Gutachter gelten, hat ihr Wort Gewicht. Jeder Verdacht, dass Verlässlichkeitskontrollen zur Verfolgung persönlicher Ziele zweckentfremdet werden könnten, schmälert die Aussagekraft der Ergebnisse und entwertet sie als Vertrauensgrundlage. Es ist demnach entscheidend, an welchen Stellen Unternehmen diese Aufgabe verankern.

Empirisch liegt die Verantwortung interessanterweise häufig bei Stellen, die schwerlich als unabhängig bezeichnet werden können. Meist handelt es sich um KI-Experten sowie Fachpersonal derjenigen Abteilungen, die KI-Anwendungen einsetzen. Beide Gruppen sind eindeutig persönlich vom Einsatz künstlicher Intelligenz betroffen. KI-Experten profitieren vom Erfolg der Technik und ihrer Verbreitung, weil sich dadurch ihre Position in der Organisation festigt. Und das Fachpersonal muss in seinem Arbeitsalltag mit künstlicher Intelligenz umgehen.

Hier liegt ein potenzieller Fallstrick für die Wirkung von Verlässlichkeitskontrollen. Die untersuchten Organisationen halten die Verantwortlichkeit der angesprochenen Stellen aber für unumgänglich, weil ihnen die meiste Kompetenz zugesprochen wird, den Output künstlicher Intelligenz zu bewerten. Ein gutes Beispiel dafür bietet das Online-Reisebüro. Hier hält die Organisation das Fachwissen ihrer Kundenberater für unverzichtbar, um die Leistungen der Technik einzuschätzen und zu bewerten.

Mit dieser Vorgehensweise haben die untersuchten Organisationen bislang keine Probleme. Die Kundenberater des Reisebüros sind zwar nicht unparteiisch, sie genießen aber hohes Ansehen. Das Unternehmen ist folglich gerne bereit, sich auf ihr Urteil zu verlassen. Ähnliches gilt für die Technikexperten der anderen Organisationen. Im Datenmaterial finden sich keine Anhaltspunkte für Zweifel an der Urteilsfähigkeit der Stellen, die für Verlässlichkeitskontrollen zuständig sind. Im Gegenteil, Kontrollen entfalten offensichtlich ihre Wirkung und ermöglichen im Organisationsalltag einen vertrauensvollen Umgang mit künstlicher Intelligenz.

7.3.3 Zwischenfazit

Sowohl Vergleiche als auch Verlässlichkeitskontrollen liefern aussagekräftige Belege für die Entscheidungskompetenz künstlicher Intelligenz. Sie sind Faustregeln, Tests und Bürgschaften überlegen, weil sie diese Argumente aus dem laufenden Betrieb gewinnen. Dass künstliche Intelligenz bessere Arbeitsergebnisse erzielt als ein Produktionsplaner, hat für Organisationsmitglieder mehr Gewicht als die Empfehlung eines Kollegen. Das macht Vergleiche und Verlässlichkeitskontrollen zu einem verlässlichen Mittel im Kampf gegen Unsicherheit.

Vergleiche kommen vorrangig als erste Hilfe zum Einsatz, weil Organisationen sie unkompliziert durchführen können, wenn sie über geeignete Daten verfügen. Das ist insbesondere in den produzierenden Unternehmen der Fall. Wenn sie feststellen, dass fehlerhafte Entscheidungen Zweifel an der Entscheidungs-kompetenz künstlicher Intelligenz wecken, können sie deren Erfolge mit Hilfe von Vergleichen öffentlichkeitswirksam herausarbeiten. Es bedarf lediglich einer Gegenüberstellung geeigneter Zahlen, um den Fokus auf die Leistungsfähigkeit einer KI-Anwendung zu verschieben.

Verlässlichkeitskontrollen eignen sich, wie oben beschrieben, hervorragend als wiederkehrende Lösung. Die Organisation kann Skepsis gegenüber künstlicher Intelligenz anlassbezogen aufgreifen und abarbeiten. Oder sie kann routine-mäßig Kontrollen durchführen, um die vertrauenerzeugende Wirkung auf Dauer zu stellen. Dadurch zeigen Organisationen, dass sie die Sorgen ihrer Mitglie-der ernstnehmen und im Zweifelsfall die notwendigen Schlüsse ziehen. Zudem bekommt die Technik in regelmäßigen Abständen das Siegel der formalen Organisation.

Weder Vergleiche noch Verlässlichkeitskontrollen leugnen die Existenz von Fehlentscheidungen. Sie setzen unerwarteten Output aber in einen anderen Kon-text. Wenn eine KI-Anwendung nachweislich bessere Ergebnisse produziert als ein menschlicher Entscheidungsträger, sind Fehler kein Ausdruck einer unbe-rechenbaren Technologie. Sie erscheinen als Einzelfall, als Ausreißer in einer ansonsten gelungenen Gesamtleistung. Zusammenfassend stellt die Organisation negativen Eindrücken, die durch Fehler genährt werden, ein positives Gesamtbild gegenüber, das auf aktuellen Zahlen aufbaut[8].

Auf diese Weise wird ein Puffer gegen Unsicherheit erzeugt. Organisationsmit-glieder könnten zukünftige Fehler wohlwollender betrachten, wenn sie nicht als Indikator für die Leistungsfähigkeit künstlicher Intelligenz gelten. Unsicherheit kann allerdings nicht ausgeschlossen werden. Wenn zu viele fehlerhafte Out-puts auftreten, überschatten sie die Wirkung von Vergleichen und Kontrollen. Die Aufmerksamkeit wandert dann erneut auf die Besonderheiten der Technik und ihre Unterschiede zu menschlichen Entscheidungsträgern. Dadurch aktua-lisiert sich die Unsicherheit der Organisationsmitglieder. Sie muss deshalb als unvermeidbarer Bestandteil der Arbeit mit künstlicher Intelligenz verstanden werden.

---

[8] Vergleiche und Verlässlichkeitskontrollen bestätigen die Entscheidungskompetenz künst-licher Intelligenz natürlich nicht zwangsläufig. Damit sie eine Wirkung entfalten können, müssen sie ergebnisoffen sein. Obwohl es dafür keine empirischen Beispiele gibt, lässt sich schlussfolgern, dass schlechtes Abschneiden in Vergleichen und Kontrollen Unsicherheit verstärken würde. Fehler erscheinen dadurch als Ausdruck eines allgemeinen Versagens der Technik. Dies würde die Organisation zwingen, die Entscheidungsgewalt künstlicher Intel-ligenz einzuschränken, um Unsicherheit zu reduzieren. Die hier diskutierten Mechanismen können die Rolle künstlicher Intelligenz also auch infrage stellen.

Ein dauerhaftes Unsicherheitsmanagement kann sich insbesondere auf Verlässlichkeitskontrollen verlassen. Aber auch die anderen vertrauenerzeugenden Mechanismen haben darin einen Platz. Empirisch spielen neben Verlässlichkeitskontrollen insbesondere Tests eine Rolle. Der Automobilzulieferer führt regelmäßig Tests mit seinen KI-Anwendungen durch, nachdem diese Lernprozesse durchlaufen haben. Auf diese Weise wird Vertrauen aufgebaut, nachdem die Technik die Prämissen ihres Entscheidens in Auseinandersetzung mit Produktionsdaten verändert hat.

Derartige Maßnahmen könnten für lange Zeit notwendig sein. Unsicherheit wird erst dann endgültig verschwinden, wenn ihre Ursachen beseitigt sind. Die Erwartungsbrüche künstlicher Intelligenz (siehe Abschnitt 6.2) müssten folglich entweder vermieden oder normalisiert werden. Wenn sich Organisationen bzw. ihre Mitglieder daran gewöhnen, dass Technik Entscheidungen trifft, ohne sich an Entscheidungsprogrammen zu orientieren, Begründungen abzugeben und Rechenschaftspflicht zu übernehmen, gibt es keine Anlässe für Unsicherheit mehr.

Dieser Gewöhnungsprozess könnte bereits eingesetzt haben. Wie lange er dauert und ob er jemals abgeschlossen wird, lässt sich gegenwärtig nicht beurteilen. Bis dahin sind Organisationen auf vertrauenerzeugende Mechanismen angewiesen. Mit ihrer Hilfe schaffen sie einerseits die Grundlage dafür, Entscheidungsgewalt auf künstliche Intelligenz zu übertragen. Andererseits festigen sie die formale Rolle, die sie der Technik zuweisen, indem sie Organisationsmitglieder von der Qualität ihrer Entscheidungen überzeugen. Sie garantieren, dass KI-Anwendungen weiterhin als „kompetente" Entscheidungsträger behandelt werden.

Damit haben wir die ersten beiden Forschungsfragen beantwortet. Wir wissen auf welche Art und Weise künstliche Intelligenz an Entscheidungen beteiligt ist (siehe Kapitel 5); wie es dazu kommt, dass Organisationen künstlicher Intelligenz eine bestimmte Rolle zuweisen – und wie diese Rolle stabilisiert wird. Wir können uns daher der dritten und letzten Forschungsfrage zuwenden, der Frage nach den Folgen der Beteiligung künstlicher Intelligenz an Entscheidungen. Das geschieht im nächsten Kapitel.

Nachdem wir erklärt haben, unter welchen Bedingungen künstlicher Intelligenz Entscheidungsgewalt zugestanden (bzw. verwehrt) wird, bleibt nur noch eine Forschungsfrage übrig: Welche Folgen hat die Beteiligung künstlicher Intelligenz an Entscheidungen? Teilantworten auf diese Frage haben wir bereits gefunden. Insbesondere haben wir festgestellt, dass die Berechenbarkeit von Entscheidungen leidet; dass die Technik keine Rechenschaftspflicht übernimmt und dass sie ihren Output nicht begründet. Alle drei Umstände beeinflussen Organisationen maßgeblich. Wir haben diese Veränderungen jedoch nicht explizit als „Folgen" des KI-Gebrauchs, sondern unter einer anderen Prämisse behandelt:

Es hat sich herausgestellt, dass alle drei Gesichtspunkte empirisch bereits *vor* der Einführung künstlicher Intelligenz relevant sind. Organisationen setzen sich intensiv mit den Veränderungen auseinander, die künstliche Intelligenz verursachen könnte, und lassen sich davon in ihrer Entscheidung über die Rolle der Technik beeinflussen. Das alles geschieht zu einem Zeitpunkt, zu dem „Folgen" noch „potenzielle Folgen" sind. Organisationsmitglieder können zwar im Erstkontakt mit künstlicher Intelligenz feststellen, dass sie sich von Menschen unterscheidet. Sie können die Auswirkungen dieser Unterschiede allerdings noch nicht erleben.

In den folgenden Kapiteln befassen wir uns mit den verbleibenden Folgen, die durch die Beteiligung künstlicher Intelligenz an Entscheidungen eintreten. Dabei handelt es sich um Folgen, die bei der Entscheidung über die Technikeinführung weniger prominent diskutiert werden als die obengenannten Punkte. Sie sind den untersuchten Unternehmen aber dennoch weitgehend bewusst. Einige der in den nachstehenden Kapiteln behandelten Konsequenzen werden nicht nur erwartet, sondern sind sogar ausdrücklich erwünscht (siehe insb. Abschnitt 8.2).

Insgesamt behandeln wir drei schwerpunktmäßige Veränderungen durch den Einsatz künstlicher Intelligenz, die jeweils ein Bündel von Folgen umfassen. Das sind die Automatisierung der Strukturgebung der Organisation; die Veränderung ihrer Informationsverarbeitungskapazität sowie der Abbau von Interpretationskompetenz.

Diese Folgen ergeben sich, ähnlich wie die in Abschnitt 6.2 besprochenen Gesichtspunkte, aus Differenzen zwischen KI-Anwendungen und menschlichen Entscheidungsträgern. Dabei finden sich aber auch funktionale Eigenarten künstlicher Intelligenz. Funktional ist z.B. automatische Anpassung von Organisationsstruktur (siehe Abschnitt 8.1). Dysfunktional sind hingegen neuentstehende blinde Flecke in der Datenverarbeitung (siehe Abschnitt 8.2) sowie der Abbau von Interpretationskompetenz im Umgang mit statistischen Zusammenhängen (siehe Abschnitt 8.3).

8.1   Automatisierung der Strukturerzeugung

Dieses Kapitel zeigt, dass KI-Anwendungen als Entscheidungsträger Organisationsstruktur setzen. Das ist für sich genommen bereits bemerkenswert, weil sie dadurch gestalterischen Anteil an Unternehmen gewinnen. Darüber hinaus identifizieren wir zwei bedeutsame Folgen. Künstliche Intelligenz ermöglicht (1.) die Bearbeitung von Entscheidungsproblemen, die Organisationen nicht verstehen. Darüber hinaus identifiziert sie (2.) (Umwelt-) Veränderungen, die Strukturwandel notwendig machen und leistet dadurch einen Beitrag zur Anpassungsfähigkeit von Unternehmen.

Um die strukturellen Auswirkungen künstlicher Intelligenz zu analysieren, benötigen wir einen Strukturbegriff. Dafür greifen wir auf die systemtheoretische Entscheidungstheorie zurück, die wir in Kapitel 3 eingeführt haben. Ihr Strukturverständnis ist weit gefasst: Was auch immer einschränkt, „was auf was folgen kann", ist Struktur (Luhmann 2019d: 345). Obwohl sich dieser Ansatz vorrangig für die Beeinflussung von Entscheidungen durch Entscheidungen interessiert, erlaubt er, eine große Bandbreite von Sachverhalten bzw. Ereignissen auf Bindungseffekte zu untersuchen.

Dem Strukturbegriff folgend, müssen wir den Einfluss von KI-Anwendungen auf die Entscheidungsergebnisse der untersuchten Organisationen beleuchten. Es stellt sich die Frage, inwieweit KI-Anwendungen bestimmte Entscheidungen wahrscheinlicher machen als andere. Um diese Frage zu beantworten, betrachten wir einerseits den Output künstlicher Intelligenz und dessen Voraussetzungen. Andererseits müssen wir uns mit Entscheidungen auseinandersetzen, die an diesen Output anschließen. Dafür nutzen wir die vorausgehenden Forschungsergebnisse als Grundlage.

Der Weg zu einer Entscheidung beginnt unter Beteiligung künstlicher Intelligenz mit Lernprozessen. Wie in Abschnitt 6.1 erläutert, bestimmen Lernprozesse den Umgang der Technik mit Inputs. Beispielsweise identifiziert die KI-Anwendung des Halbleiterherstellers statistische Zusammenhänge zwischen bestimmten Eigenschaften in Datensätzen und Produktionsfehlern. Auf Grundlage dessen bewertet sie die Qualität von Halbleitern. Lernprozesse erzeugen also ein Problemverständnis, das unter bestimmten Bedingungen zu bestimmten Entscheidungen führt.

Auf diese Art und Weise schränkt maschinelles Lernen hinsichtlich des Outputs künstlicher Intelligenz ein „was auf was folgen kann" (ebd.). Somit entsteht Struktur. Diese ist wirksam, bis nachfolgende Lernprozesse andere Zusammenhänge identifizieren. Wie in Abschnitt 6.2.4 besprochen, sind solche Veränderungen zeitintensiv. Beispielsweise muss die KI-Anwendung des Online-Reisebüros mehrfach mit neuen Mustern im Kaufverhalten einer Kundengruppe konfrontiert werden, damit diese im Rahmen von Lernprozessen zu Veränderungen führen.

Die Beschreibung der Struktureffekte künstlicher Intelligenz ist damit aber noch nicht vollständig. Der durch maschinelles Lernen vorstrukturierte Output steht nämlich selten für sich allein. Wenn Organisationen ihn als Entscheidung behandeln, beeinflusst er nachfolgende Arbeitsprozesse. Dafür haben wir in Abschnitt 5.1 mehrere Beispiele besprochen. Das Reisebüro versendet bestimmte Hotelangebote, die Landwirte planen die Pflege ihrer Tiere und die Revisionsabteilung der Bank organisiert die Prüfung von Verträgen. All diese Handlungen orientieren sich an Entscheidungen künstlicher Intelligenz.

Damit akzeptieren die Unternehmen die strukturellen Voraussetzungen, unter denen diese Entscheidungen zustande kommen. Die Weiterverarbeitung des Outputs von KI-Anwendungen trägt die Ergebnisse maschinellen Lernens tief in die Organisation hinein. Es entsteht eine Kausalkette, die mit den Lernprozessen künstlicher Intelligenz beginnt und sich über sämtliche Arbeitsprozesse erstreckt, die mit der Technik in Berührung kommen. Die Hotelbuchungen des Reisebüros, die Tagesplanung der Landwirte und das Prüfungshandeln der Revisionsabteilung der Bank sind somit ursächlich auf maschinelles Lernen zurückzuführen.

Beispielsweise könnte die KI-Anwendung der Landwirtschaftsbetriebe lernen, ein bestimmtes Bewegungsmuster mit einer Krankheit in Zusammenhang zu bringen (siehe Abschnitt 4.2.4). Wenn sie dieses Bewegungsmuster nach Abschluss des Lernprozesses bei einem Kalb identifiziert, weist sie das Tier als „krank" aus. An dieser Diagnose richten Organisationsmitglieder wiederum ihr Handeln aus. Sie planen mehr Zeit für Besuche bei dem Tier ein und führen detaillierte Beobachtungen seines Ess- bzw. Trinkverhaltens durch. Dafür verschieben sie andere Aufgaben. Wenn sich die Diagnose bestätigt, schließt sich zudem eine medikamentöse Behandlung an.

Indem künstliche Intelligenz diese Entscheidungen jenseits ihres Outputs beeinflusst, bildet sie Organisationsstruktur. Das ist organisationstheoretisch höchst beachtenswert. Die Neuheit besteht allerdings nicht darin, dass Technik als Struktur fungiert. Neu ist, dass Technik ohne nennenswertes Dazutun von Menschen Struktur hervorbringt. Diese Urheberschaft für Struktur unterscheidet künstliche Intelligenz von anderen Technologien. Man kann auch die Mechanik von Produktionsanlagen oder klassische Computerprogramme als Struktur betrachten (siehe z.B. Moormann 2016: 232). Diese Struktur ist allerdings von Menschen abhängig, die sie entwerfen, programmieren bzw. konstruieren und in Organisationen einführen.

Die organisationswissenschaftliche Bedeutung des Struktureffekts künstlicher Intelligenz lässt sich mit Hilfe des systemtheoretischen Organisationsverständnisses einfangen. Die Systemtheorie betrachtet Organisationen als Aneinanderreihung von Entscheidungen (siehe Abschnitt 3.3). Wenn künstliche Intelligenz Entscheidungszusammenhänge strukturell prägt, beeinflusst sie demnach das Wesen der Organisation. Sie gewinnt einen schöpferischen Anteil an der sozialen Welt. In dieser Beziehung ähnelt sie Managementpersonal, das Strukturentscheidungen für die Arbeit anderer Organisationsmitglieder fällt und dadurch den Charakter eines Unternehmens prägt.

Obgleich diese Schlussfolgerung dramatisch erscheint, zeigt ein Blick auf die untersuchten Fälle, dass es sich keineswegs um ein Theorieartefakt handelt. Künstliche Intelligenz tritt internen sowie externen Beobachtern von Organisationen in einer enormen Bandbreite von Entscheidungen gegenüber, die sie unmittelbar und mittelbar prägt. Dadurch nimmt sie deutlichen Einfluss auf die Gestalt der Unternehmen und den Arbeitsalltag ihrer Entscheidungsträger:

– Jedes Produkt, dass der *Automobilzulieferer* in seiner Fertigungsanlage herstellt, ist Gegenstand der Entscheidungen künstlicher Intelligenz. Ihre Prämissen bestimmen die Belegung von Maschinen; sie bestimmen, zu welchem Zeitpunkt ein Teil die Produktion verlässt, und sie löst terminliche Konflikte in eine Reihenfolge auf. Künstliche Intelligenz bestimmt somit, inwieweit das Unternehmen Verpflichtungen gegenüber seinen Kunden einhält und ob bzw. welche Kunden dabei eine Vorzugsbehandlung erfahren.
– Auch im Fall des *Halbleiterherstellers* lassen sich die Echos KI-generierter Struktur bis zum Kunden verfolgen. Das durch künstliche Intelligenz erarbeitete Verständnis von Produktionsfehlern prägt die Beschaffenheit der

Halbleiter, die das Unternehmen ausliefert. Nur diejenigen Teile, die sich den Prämissen der Technik fügen, verlassen die Fabrik, während die restlichen auf dem Müll landen. Das geschieht, mit wenigen Ausnahmen, ohne dass sich Organisationsmitglieder damit befassen.

- Das *Online Reisebüro* baut sein Kundenbeziehungen vollständig auf Kundenbildern auf, die künstliche Intelligenz erarbeitet. Jede Interaktion des Unternehmens mit der Kundenumwelt fußt auf dieser Kategorisierung. Dabei verlässt sich das Unternehmen darauf, dass die KI-Anwendung die Präferenzen seiner Kunden versteht. Die Passfähigkeit ihrer Angebote entscheidet über die Anzahl der Buchungen, die aus dem Kundenkontakt hervorgehen. Sie ist somit entscheidend für den Unternehmenserfolg.

- In den oben bereits thematisierten *Landwirtschaftsbetrieben* kann die Struktur der künstlichen Intelligenz sogar Entscheidungen lenken, in denen es um Leben und Tod geht. Nur wenn diese Entscheidungen korrekt sind, werden kranke Tiere frühzeitig erkannt und behandelt. Damit leistet künstliche Intelligenz auch in diesen Fällen einen Beitrag zum Fortbestand der Unternehmen. Sie müssen ihren Bedarf an Milchkühen durch die Kälberaufzucht absichern[1].

Es gibt aber auch Organisationen, in denen KI-Anwendungen keinen von Organisationsmitgliedern unabhängigen Einfluss entfalten. Das beste Beispiel dafür ist die Wirtschaftsprüfungsgesellschaft. Sie untersagt ihren Angestellten, den Output künstlicher Intelligenz als Entscheidung zu behandeln. Wirtschaftsprüfer sind angewiesen, die Zuordnungen der Technik zu hinterfragen und eigene Schlussfolgerungen hinsichtlich des Prüfungsgegenstands anzustellen. Auf Grundlage dessen bewerten und korrigieren sie sämtliche Outputs.

Dadurch unterbindet die Organisation eigenständige Struktureffekte künstlicher Intelligenz. Die Technik setzt zwar die Prämissen ihres eigenen Outputs, genau wie in den oben beschriebenen Fällen. Nachfolgendes Entscheiden greift diesen Output allerdings nicht auf (siehe Abschnitt 5.3). Die durch Lernprozesse entstehenden Kausalverbindungen sind dementsprechend keine Organisationsstruktur. Auch dem Output der Technik fehlt die eigenständige Strukturwirkung, die er in anderen Unternehmen entfaltet. Handlungsleitend sind vorrangig die Berufsausbildung der Wirtschaftsprüfer sowie ihre Berufserfahrung.

Im Ergebnis reduziert die Wirtschaftsprüfungsgesellschaft künstliche Intelligenz auf einen intelligenten Notizblock (siehe Abschnitt 5.3). Sie führt auf

---

[1] Auch jenseits der vorliegenden Studie existieren empirische Beweise dafür, dass KI-Anwendungen Organisationen als Entscheidungszusammenhang prägen. So beschreiben Kellogg et al. (2020) eine künstliche Intelligenz, die Prämissen für Mitarbeiterbewertungen setzt und unmittelbaren Einfluss auf die Karrieren von Organisationsmitgliedern nimmt.

Grundlage des Feedbacks der Wirtschaftsprüfer Excel-Listen darüber, inwieweit der Prüfungsgegenstand gesetzlichen Anforderungen entspricht. Die Organisationsmitglieder werden von dieser Tätigkeit entlastet und müssen sich nur zum Output der Technik verhalten. Wenn ein Organisationsmitglied einen Output als korrekt bestätigt, markiert die KI-Anwendung die jeweilige Anforderung als erledigt (siehe Abschnitt 4.2.7). Am Ende des Prüfungsprozesses weist sie sämtliche Textstellen aus, die Organisationsmitglieder als mangelhaft bewerten.

Der Vergleich der Wirtschaftsprüfungsgesellschaft mit den vorausgehenden Fällen zeigt, dass Organisationen entscheidenden Einfluss darauf ausüben, inwieweit künstliche Intelligenz Struktur erzeugt. KI-Anwendungen haben zwar besondere technische Eigenschaften, die sie von anderer Technik differenzieren (siehe Abschnitt 6.1). Diese können Organisationen allerdings nicht im Alleingang verändern. Die Ergebnisse maschinellen Lernens sind ohne das Dazutun der Organisation bloß technische Prämissen, die die Transformation von Inputs zu Outputs anleiten. Nur wenn Organisationen die Beeinflussung nachfolgenden Entscheidens zulassen bzw. herbeiführen, entsteht Organisationsstruktur.

Konkret sind es die Situationsdefinitionen der Organisation, die künstliche Intelligenz als Entscheidungsträger erschaffen. Dass Unternehmen künstliche Intelligenz als entscheidungsfähiges Subjekt betrachten (siehe Abschnitt 6.1), erlaubt die Übertragung von Entscheidungsgewalt. Die Übertragung von Entscheidungsgewalt bedingt wiederum die Strukturierung nachfolgenden Entscheidens. Die Strukturgebungskompetenz künstlicher Intelligenz ist somit in zweifacher Hinsicht sozial durch Organisationen erzeugt. Das macht KI-Anwendungen zu einem Paradebeispiel für das Thomas-Theorem (vgl. Merton 1995).

Im Vergleich der Wirtschaftsprüfungsgesellschaft mit den restlichen Unternehmen zeigt sich, dass die Auslagerung von Strukturgebungsprozessen auf künstliche Intelligenz mehrere Vorzüge hat. Der erste besteht darin, dass Struktur sich selbstständig an Entscheidungsprobleme anpasst. Ein Beispiel dafür ist der oben geschilderte Fall des Halbleiterherstellers. Dort erzeugt maschinelles Lernen Prämissen, anhand derer das Unternehmen die Qualität seiner Produkte beurteilt. Organisationsmitglieder müssen sich mit den Grundlagen der Entscheidungsfindung nicht mehr auseinandersetzen und können ihre Aufmerksamkeit anderen Problemen zuwenden.

Die Selbstständigkeit künstlicher Intelligenz erlaubt es Organisationen, Entscheidungsprobleme zu bearbeiten, für die sie ansonsten keine Strukturlösungen finden. Das geschieht im Fall des Online-Reisebüros. Das Unternehmen ist vor der Einführung künstlicher Intelligenz damit unzufrieden, dass ambivalente

Kundenwünsche keine Grundlage für die Auswahl von Hotelangeboten bieten. Die Organisation unternimmt mehrere Versuche, diesbezüglich Struktur zu schaffen. Zunächst werden die Organisationsmitglieder angehalten, mehr Informationen zu erbitten. Anschließend stellt man Schulungsangebote bereit. Wie der Gesprächsphase Inhaltsfeld, geführt beides, da kommst du nicht weiter, weil das Grundproblem nicht gelöst ist".

Erst künstliche Intelligenz befreit das Online-Reisebüro aus dieser Sackgasse. Durch die Differenzierung verschiedener Kundengruppen erzeugt sie Blaupausen für die Beantwortung sämtlicher Kundenanfragen. Das schließt die Problemfälle mit ein. Sie werden anhand der wenigen Informationen verglichen und beurteilt, die sie über sich preisgeben. Dadurch entstehen den Interviewpartnern zufolge brauchbare Entscheidungsgrundlagen. Das Unternehmen erzielt bessere Arbeitsergebnisse, ohne zusätzliche Arbeitszeit für schwierige Kunden aufzuwenden.

Ähnliches ereignet sich im Fall des Automobilzulieferers, der ebenfalls mit einem komplexen Entscheidungsproblem ringt. Für die Produktionsplanung des Unternehmens gibt es mehr Entscheidungsmöglichkeiten als „die Anzahl der Atome im Universum". Diese enorme Anzahl übersteigt das Erfassungsvermögen der Organisationsmitglieder, die für die Organisation und die Ausführung der Produktionsplanung verantwortlich sind. Genau wie das Online-Reisebüro befreit sich der Automobilzulieferer deshalb durch die Automatisierung der Strukturentscheidung von der Notwendigkeit, ein eigenes Problemverständnis zu erarbeiten.

Im Gegensatz dazu ist es im Fall der Wirtschaftsprüfungsgesellschaft weiterhin notwendig, dass die Organisation Entscheidungsgegenstände so umfassend versteht, dass sie die Arbeit der Wirtschaftsprüfer strukturieren kann. Zudem bedarf es hochqualifizierten Personals, das Jahresabschlüsse analysieren und die komplexen Entscheidungsprogramme der Organisation umsetzen kann. Dass Organisationsmitglieder ihre Aufmerksamkeit anderweitig verteilen, ist ausgeschlossen. Künstliche Intelligenz verändert insofern das Verhältnis der Organisation zu ihren Entscheidungsgegenständen.

Wenn der Umgang mit neuartigen, komplexen Problemen nicht mehr am Konferenztisch durchdacht werden muss, kann die Organisation neue Herausforderungen meistern. Das macht den Einsatz künstlicher Intelligenz insbesondere dort interessant, wo solche Probleme gehäuft auftauchen. So lässt sich auch der Beitrag von Bianchini et al. (2022) deuten, die sich mit KI-Anwendungen im Kontext wissenschaftlicher Erfindungen befassen. Sie diskutieren die Technik als „an emerging general method of invention" (ebd.: 12). Damit schreiben sie ihr indirekt die Kompetenz zu, die Bearbeitung wissenschaftlicher Probleme zu strukturieren.

Neben der Strukturierung komplexer Entscheidungsprobleme erfüllt maschinelles Lernen eine zweite Funktion: Es übernimmt das Management organisatorischen Wandels, indem es Daten auf Veränderungen absucht und dadurch Anlässe für Strukturveränderungen identifiziert. Das bedeutet allerdings nicht, dass permanent Wandel stattfindet. Bei konstanter Datenlage erzeugt künstliche Intelligenz ein hohes Redundanzniveau, das sie anlassbezogen aufbricht. Diese Balance von Kontinuität und Wandel zeichnet künstliche Intelligenz gegenüber menschlichen Entscheidungsträgern aus. Das können wir anhand der Beispiele nachvollziehen, die wir oben bereits behandelt haben.

Nachdem die künstliche Intelligenz des Online-Reisebüros in den Kundendaten der Organisation bestimmte Kundengruppen identifiziert und mit bestimmten Präferenzen in Zusammenhang gebracht hat, behandelt sie jeden Angehörigen dieser Kundengruppe gleich. Wenn der eine ein bestimmtes Hotel auf Mallorca vorgeschlagen bekommt, gilt das auch für den anderen. Analog dazu identifiziert die KI-Anwendung des Halbleiterherstellers Produktionsfehler anhand bestimmter Pixelkonstellationen. Anschließend behandelt sie sämtliche Fotografien auf dieselbe Art und Weise, die eine ähnliche Pixelkonstellation aufweisen.

Künstliche Intelligenz produziert demzufolge Redundanz (vgl. Luhmann 1988): Sie reagiert auf ähnliche Umstände immer wieder gleich, weil sie eine bestimmte Strukturlösung konstant hält. In dieser Beziehung ähnelt sie Organisationen, die sich über Jahre hinweg spezialisiert und detaillierte formale Prozesse ausgearbeitet haben (vgl. Luhmann 2019d: 348). Das ist effizient, solange die Entscheidungsprämissen brauchbare Entscheidungsergebnisse hervorbringen. Statt im Umgang mit bekannten Problemen Zeit und Geld auf die Suche nach immer neuen Lösungen zu verschwenden, wird die bekannte Lösung reproduziert.

Stellenweise wird künstliche Intelligenz auf diese Fähigkeit zur Redundanzerzeugung reduziert. So halten Shrestha et al. (2019) sowie Bullock et al. (2022) die gleichartige Behandlung wiederkehrender Entscheidungsgegenstände für ein bedeutsames Differenzierungskriterium zwischen KI-Anwendungen und Menschen. Sie gehen davon aus, dass die Technik wiederholt dieselben Strukturlösungen anwendet, während Organisationsmitglieder auf Grund begrenzter Aufmerksamkeitsspannen und emotionaler Regungen abweichen. Diese Aussage ist zwar nicht falsch, sie bildet aber nur die halbe Wahrheit ab.

KI-Anwendungen sind nicht (nur) Redundanz-Erzeugungs-Maschinen, sondern machen Strukturwandel von Daten abhängig. Wenn sich statistische Zusammenhänge in Daten verändern, nehmen sie Strukturveränderungen vor (siehe

Abschnitt 6.1). Die Organisation reagiert dann auf gleiche Entscheidungsgegenstände anders als vorher. Wenn sich z.B. die Vorlieben einer Kundengruppe des
Online-Reisebüros verändern, erhalten dieselben Kunden neue Angebote. Danach
entsteht erneut Kontinuität, sofern die Datenlage unverändert bleibt.

Das ist bedeutungsvoll, weil Indie Mechanismen zunächlich die Anpassungsfähigkeit von Organisation beeinträchtigt. Je stärker Organisationen sich an bestimmte
Umgangsformen mit (Umwelt-) Ereignissen gewöhnen, desto weniger werden
diese hinterfragt (vgl. Luhmann 2019d: 348). Ältere Organisationen mit hohem
Redundanzniveau müssen deshalb starkem Veränderungsdruck ausgesetzt werden,
damit Wandel möglich wird. „Diese Tendenz führt zu der oft beobachteten Kris-
tallisation alterwerdender Organisationen und zu der verbreiteten Einsicht, daß es
besser ist, neu zu gründen als zu reformieren" (Luhmann 2019d: 348).

Daraus folgt, dass Redundanzerzeugung bei gleichzeitiger struktureller Flexibilität selten ist. Das Management organisatorischen Wandels durch künstliche
Intelligenz bietet Organisationen vor diesem Hintergrund eine vorteilhafte Kombination. Sie profitieren von der Effizienz redundanten Entscheidens und bleiben
trotzdem für veränderte (Umwelt-) Bedingungen ansprechbar. Im Gegensatz
zu menschlichen Entscheidungsträgern, für die Wandel grundsätzlich voraussetzungsvoll ist (vgl. Schein 1996), reagiert die Technik relativ flexibel.

Diesbezüglich besteht ein großer Unterschied zwischen der vollständigen
Überantwortung von Strukturentscheidungen auf künstliche Intelligenz und der
werkzeugartigen Beteiligung künstlicher Intelligenz an Strukturentscheidungen.
Letzteres beschreiben Omidvar et al. (2022) am Beispiel von Finanzinstituten.
Diese gebrauchen Algorithmen, um Umweltveränderungen zu identifizieren, die
Anpassungsleistungen erfordern. Die Entscheidung verbleibt aber, ähnlich wie im
Fall der Wirtschaftsprüfungsgesellschaft, bei Organisationsmitgliedern. Das führt
zu struktureller Trägheit.

Das heißt allerdings nicht, dass die Übertragung von Strukturentscheidungen
auf künstliche Intelligenz ein Erfolgsgarant ist. Erfolgreiche Umweltanpassung
setzt voraus, dass die der Technik zur Verfügung stehende Datengrundlage ein
adäquates Bild der Ereignisse zeichnet, mit denen die Organisation konfrontiert
ist. Gegenüber Veränderungen, die sich nicht in Daten niederschlagen, ist die
Technik blind. Mit diesem Problem setzen wir uns in Abschnitt 8.2 ausführlich
auseinander.

Eine zweite Einschränkung der Fähigkeit künstlicher Intelligenz, Wandel zu
managen, besteht in ihrer Spezialisierung. KI-Anwendungen lernen, bestimmte
Entscheidungsprobleme zu bearbeiten (siehe Abschnitt 4.2). Diese grundsätzliche
Ausrichtung ihrer Arbeitsweise können sie nicht hinterfragen. Die künstliche Intelligenz des Online-Reisebüros verkauft Urlaubsreisen; die künstliche

Intelligenz des Halbleiterherstellers erkennt Produktionsfehler und die künstliche Intelligenz der Landwirtschaftsbetriebe identifiziert Krankheiten. All das bleibt bei veränderter Datenlage konstant. Organisationstheoretisch gesprochen ist künstliche Intelligenz folglich nicht zu Double-Loop-Learning fähig (vgl. Argyris 1977).

Um das zu ändern, müsste die Technik für ein breiteres Spektrum von Entscheidungsproblemen trainiert werden[2]. Unter dieser Bedingung könnte sie den Verkauf von Urlaubsreisen, das Erkennen von Produktionsfehlern oder die Identifikation von Krankheiten als grundlegende Operationsweise infrage stellen. Die Unfähigkeit zu Double-Loop-Learning ist allerdings kein Unterschied zu Organisationen bzw. Organisationsmitgliedern. Wie Argyris (ebd.) zeigt, sträuben sie sich dagegen, die Grundannahmen ihres Handelns zu hinterfragen. Technik, die ihnen diesbezüglich überlegen ist, wäre revolutionär.

Zusammenfassend haben wir gezeigt, dass sich ein Bruch vollzieht. Organisationen lagern Strukturentscheidungen auf Technik aus, für die bislang Organisationsmitglieder zuständig waren. Sie verzichten damit auf ein bedeutendes Stück Entscheidungssouveränität über ihre eigene Gestalt. Künstliche Intelligenz bestimmt innerhalb ihres Zuständigkeitsbereichs, wie Organisationen entscheiden. Davon profitieren Unternehmen in zweierlei Hinsicht. Zum einen passt sich Organisationsstruktur selbstständig an Entscheidungsprobleme an. Zum anderen überprüft künstliche Intelligenz diese Struktur vollautomatisch auf Wandlungsbedarf und leistet damit einen Beitrag zur Umweltanpassung. Wie wir in den folgenden Kapiteln feststellen, hat die Einführung künstlicher Intelligenz jedoch nicht nur positive Auswirkungen.

8.2   Steigerung der Informationsverarbeitungskapazität

Wir haben im letzten Kapitel herausgearbeitet, dass Organisationen künstlicher Intelligenz teilweise die Gestaltung von Organisationsstruktur überantworten. Neben der Bearbeitung komplexer Organisationsprobleme versprechen sie sich davon, ihre Informationsverarbeitungskapazität zu verbessern. Das halten sie für notwendig, weil sie über große Datenmengen verfügen, die kaum in Entscheidungen berücksichtigt werden. In diesem Kapitel hinterfragen wir deshalb

---

[2] Es lässt sich kontrovers diskutieren, inwieweit solche KI-Anwendungen mit einem breiten Kompetenzspektrum bereits existieren. Große Aufmerksamkeit erfährt derzeit ChatGPT.

die Auswirkungen künstlicher Intelligenz auf die Informationsverarbeitung von Entscheidungsprozessen.

Die Interviewpartner betonen, dass sie über „große[...] Pool[s]", „enorme Massen" und „Unmengen an Daten" verfügen. Diese Datenbestände wachsen kontinuierlich. Der Geschäftsführer des Online-Reisebüros erklärt: „Wir binden alle möglichen Datenquellen an, auf die wir Zugriff haben", und ein Ingenieur des Halbleiterherstellers identifiziert eine „fast exponentiell[e]" Entwicklung. Die einzigen Ausnahmen von dieser Daten-Sammelleidenschaft sind die beiden Landwirtschaftsbetriebe.

Dieser Einblick in die Unternehmenspraxis zeigt, dass Daten hoher Wert beigemessen wird. Die Organisationen scheitern allerdings vor der Einführung künstlicher Intelligenz daran, sie systematisch zu verarbeiten. Ein Interviewpartner glaubt: „irgendwann haben Menschen die Zeit und die Capabilities nicht mehr, um alle Daten zu kontrollieren und regelmäßig zu analysieren". Ein anderer sagt: „Wir reden wirklich von einer großen Menge Daten [...], deswegen können Ingenieure [...] nicht jeden Einzelparameter [...] anschauen". Demzufolge wird ein geringer Anteil der verfügbaren Daten von Organisationsmitgliedern verarbeitet.

Das problematisieren die Interviewpartner. Beispielsweise beklagt ein Berater aus dem Fall der Bank: „Jetzt gibt es also diese Daten, aber man kann sie leider nicht richtig nutzen". Den empfundenen Missstand wollen die Unternehmen schnellstmöglich beheben. So erklären Ingenieure aus dem Fall des Halbleiterherstellers mit den Worten „jetzt ist die Zeit", dass ihre Organisation schnellstmöglich eine Lösung erarbeiten muss, Daten in Entscheidungen zu überführen. Selbst die Wirtschaftsprüfer, die verglichen mit den produzierenden Unternehmen weniger Daten vorhalten, finden es wichtig, „dass man da Ordnung reinbringt".

Die Schwierigkeiten, die sich die Unternehmen im Umgang mit Daten diagnostizieren, lassen sich mit Feldman und March (1981) organisationstheoretisch einordnen. Ihnen zufolge erwarten Organisationen von ihren Mitgliedern rationale Entscheidungen. Dies umschließt einen bestimmten Umgang mit Informationen. Entscheidungsträger sollen *sämtliche* verfügbaren Informationen auswerten, um Entscheidungsoptionen zu identifizieren und zu bewerten.

Aus dieser Selbstverpflichtung folgt, dass man Informationen hohen Stellenwert beimisst. Feldman und March (1981: 2) resümieren: „there is no institution more prototypically committed to the systematic application of information to decisions than the modern bureaucratic organization". Rationale Entscheidungsträger können schlichtweg nicht „nein" zu Informationen sagen. Wer als solcher wahrgenommen werden möchte, muss Informationen sammeln und zumindest den Anschein erwecken, sie in Entscheidungen einzubringen.

Diesen Erwartungskontext spiegeln die oben zitierten Aussagen. Ausgehend von der Norm rationalen Entscheidens behandeln sie Daten als bedeutsame Informationsquelle für die Optimierung von Entscheidungen. Das wirkt sich auf die Selbstbeurteilungen der Organisationen hinsichtlich ihrer Informationsverarbeitung aus. Die Nichtbeachtung von Daten wird als Normverletzung erlebt, die schnellstmöglich zu beheben ist. Die Unternehmen scheitern diesbezüglich an ihren eigenen (hohen) Erwartungen.

Aus einer organisationstheoretisch informierten Perspektive ist eine suboptimale Informationsverarbeitung jedoch kein Versagen. Sie ist fester Bestandteil organisierter Systeme. Wie March und Simon (1993: 157 ff.) erläutern, verfügen Entscheidungsträger selten über vollständige Informationen. Der Hauptgrund dafür liegt in ihrer begrenzten Aufmerksamkeit. Dazu kommen Zeitdruck und miteinander konkurrierende Arbeitsaufgaben. Diese Gedanken finden sich auch bei Luhmann (1997: 194). Er kommentiert: „Die Tatsache, daß die Aufmerksamkeitsspanne und das Gedächtnis der Menschen eng begrenzt sind […], bildet das strategische Problem aller nichtmaschinellen Informationsverarbeitung".

Vor diesem Hintergrund könnte man fragen, inwieweit es nachteilhaft ist, Informationen zu ignorieren. Die Antwort ist davon abhängig, welchen Wert man ihnen beimisst. Die verhaltensorientierte Entscheidungstheorie hat darauf hingewiesen, dass Informationen nicht immer Wegweiser zu optimalen Entscheidungen sind. Wie Brunsson (1985: 35 ff.) bemerkt, enthalten sie oftmals Widersprüche. Dadurch entsteht Unsicherheit, die Entscheidungsprozesse lähmt und die Umsetzung von Entscheidungen behindert. Demnach ist es wichtiger, die Entscheidungsfähigkeit der Organisation zu sichern, als Informationen zu verarbeiten.

Ähnliche Schlüsse legt Luhmann (1996) nahe. Ihm zufolge werden Entscheidungen nicht aus Informationen abgeleitet, „sondern […] in den Organisationen selbst getroffen". Damit meint er, dass die vorausgehenden (Struktur-) Entscheidungen der Organisation die Auswahl aus Alternativen wesentlich stärker beeinflussen als die Daten und Fakten, die Entscheidungsträger studieren. Informationen nicht zu berücksichtigen, ist somit weniger kritisch, als die untersuchten Unternehmen unterstellen.

Differenzierter äußern sich Lejarraga und Pindard-Lejarraga (2020). Sie stellen fest, dass Informationen in bestimmten Situationen die Qualität von Entscheidungen verbessern, während sie unter anderen Bedingungen nachteilhaft sind.

Interessanterweise schlagen sich Entscheidungsträger gerade in komplexen Entscheidungssituationen besser, wenn sie auf Informationen verzichten (ebd.). Der
Wert von Informationen müsste demzufolge situationsabhängig bemessen werden.

Die Entscheidungstheorie zeigt somit, dass ein Zustand vollständiger Information weder ein realistisches noch ein erstrebenswertes Szenario ist. Wie Simon
(1955) erklärt, geht es vielmehr darum, *ausreichend* informiert zu sein, um
brauchbare Entscheidungen treffen zu können. Diese Position konfligiert allerdings mit der Norm rationalen Entscheidens, die in Organisationen vertreten wird.
Mehr Informationen werden als Schlüssel zu besseren Entscheidungen verstanden. Der Verzicht auf Informationen hat unweigerlich negative Folgen für die
Selbstdarstellung von Entscheidungsträgern und Organisationen (vgl. Feldman
und March 1981).

Das erklärt, warum die untersuchten Unternehmen bereits vor der Einführung
künstlicher Intelligenz mehrere Ansätze sondieren, ihre Informationsverarbeitung
zu verbessern. Einer besteht darin, Entscheidungsprozesse auszudehnen, um mehr
Informationen zu berücksichtigen. Der andere sieht vor, die Anzahl der Entscheidungsträger zu erhöhen und Informationen arbeitsteilig bearbeiten zu lassen.
Beides gestaltet sich schwierig.

Die zeitliche Dimension von Entscheidungsprozessen ist für Unternehmen
bedeutsam. Das können wir anhand einiger Beispiele nachvollziehen: Für das
Online-Reisebüro sinkt die Wahrscheinlichkeit eines Kaufabschlusses mit jeder
Minute, die Kunden auf eine Antwort des Unternehmens warten. Im Fall des
Automobilzulieferers muss die Verplanung freiwerdender Maschinen unmittelbar
erfolgen, um Produktionsstaus zu verhindern. Und je später die Qualitätskontrol-
len des Halbleiterherstellers defekte Teile aufspüren, desto mehr kostenintensive
Produktionsschritte durchlaufen diese.

Dieser Zeitdruck relativiert den Nutzen, den Entscheidungsträger aus der
Analyse von Daten ziehen. Beispielsweise ist ein datenfundiertes Hotelangebot
wertlos, wenn Kunden es nicht lesen. Das passiert allerdings, wenn das Online-
Reisebüro Kundenanfragen verzögert beantwortet. Ein Interviewpartner berichtet:
„die [Kunden] befassen sich gerade in dem Moment mit dem Thema und [...]
wenn man das Angebot [...] später rausschickt, dann denken die sich, ah ja,
schaue ich irgendwann anders an".

Auch arbeitsteilige Entscheidungsfindung verursacht Probleme. Cohen, March
und Olsen (1972) zeigen, dass Entscheidungsprozesse mit mehreren Beteiligten eigenen Gesetzmäßigkeiten folgen. Sie können stark durch die Probleme

und Interessen der verschiedenen Entscheidungsträger geprägt sein. Eine Erhöhung der Anzahl der Entscheidungsträger könnte deshalb sogar dazu führen, dass Entscheidungsprozesse sich *weniger* an Informationen orientieren.

Darüber hinaus ist es kostspielig, die Anzahl ihrer Entscheidungsträger zu erhöhen. Ein Technikexperte des Halbleiterherstellers erklärt: „Wir haben heute schon […] 100.000 Bilder die Woche […]. Das kann kein Mensch machen. Wenn ich jetzt noch hochfahre auf eine Million, dann [haben] […] Hochlohnländer wie Deutschland […] keine Chance mehr". Demzufolge sind Personalkosten für spezialisierte Entscheidungsträger zu hoch, um Datenbergen mit Neueinstellungen zu begegnen.

Auf Grund dessen ist die Automatisierung der Entscheidungsfindung die letzte Hoffnung der untersuchten Unternehmen, mehr Daten zu verarbeiten und den hohen Ansprüchen an ihre Informationsverarbeitung gerecht zu werden. Wie das obenstehende Luhmann-Zitat andeutet, überwindet Technik die Limitationen menschlicher Entscheidungsträger. Das gilt insbesondere für Computerprogramme, deren Aufmerksamkeit allein durch die verfügbare Rechenleistung begrenzt ist (Luhmann 2019b: 254 f.).

Organisationen mussten automatisierte Datenverarbeitung allerdings bislang im Voraus durchdenken, in Kausalketten beschreiben und in Programmcode überführen. Derartige Formalisierung schränkt den Nutzen ein, der sich aus Daten ziehen lässt. Als „feste Kopplung von kausalen Elementen" (Luhmann 2000: 370) können Computerprogramme keine neuen Zusammenhänge erschließen, weil ihre starre Programmierung die Ausrichtung des Entscheidens vorgibt.

Künstliche Intelligenz überwindet diese Beschränkungen, indem sie Struktur auf Grundlage von Daten anpasst (siehe Abschnitt 8.1). Die KI-Anwendung des Online-Reisebüros identifiziert beispielsweise Kundengruppen, die den Umgang mit Neukunden orientieren (siehe Abschnitt 4.2.2), und die Landwirtschaftsbetriebe erschließen sich ein in Bewegungsdaten fußendes Verständnis von Kälberkrankheiten (siehe Abschnitt 4.2.4), das Diagnosen anleitet. Daten informieren somit eine Vielzahl von Folgeentscheidungen, die sich an der durch KI-Anwendungen geschaffenen Struktur orientieren[3] (siehe Abschnitt 8.1).

---

[3] Diese Überlegungen verdeutlichen, dass sich der Nutzen künstlicher Intelligenz nicht auf Geschwindigkeit reduzieren lässt, wie Shrestha et al. (2019: 70) annehmen. Sie vereint techniktypische und typisch menschliche Eigenschaften. Gleichzeitig überwindet sie die Grenzen technischer und menschlicher Datenverarbeitung. Sie ist schnell, ohne von unflexiblem Programmcode abhängig zu sein, und wertet Daten aus, ohne Entscheidungen in der zeitlichen Dimension auszudehnen. Erst diese Kombination macht sie für Organisationen interessant.

Die untersuchten Organisationen zeigen sich darüber begeistert. Sie wollen keinen Datensatz ungenutzt lassen. Insbesondere die produzierenden Unternehmen, der Halbleiterhersteller und der Automobilzulieferer, betreiben großen Aufwand, um künstliche Intelligenz zu verbreiten. Zu diesem Zweck richten sie ~~spezialisierte Abteilungen ein, die gezielt nach Entscheidungsträgern Ausschau~~ halten, die von Daten überfordert sind. Man erkundigt sich: „Okay, habt ihr Probleme, wo ihr viele Daten habt, aber Probleme und Herausforderungen habt, die zu analysieren?". Wird diese Frage bejaht, bietet man KI-Anwendungen an, um die ungenutzten Daten auszuwerten.

Mit Hilfe künstlicher Intelligenz gelingt es den Organisationen, den Großteil ihrer Daten in Struktur zu überführen (siehe Abschnitt 8.1). Das deckt sich mit den Erwartungen wissenschaftlicher Literatur, die KI-Anwendungen als Mittel zur Verbesserung der Informationsverarbeitung beschreibt (siehe u.a. Shrestha et al. 2019: 70; Welsch et al. 2019; Reinartz/Nopper 2020: 90; Welte et al. 2020: 119; Fink 2020: 2 sowie Li et al. 2022). Es wäre jedoch voreilig, die Analyse an dieser Stelle zu beenden und die Technik als Lösung des Daten-Problems zu feiern.

Neue Schwierigkeiten entstehen dadurch, dass künstliche Intelligenz im Gegensatz zu Menschen *ausschließlich* Daten verarbeiten kann. Einzelne Organisationsmitglieder sorgen sich deshalb, inwieweit ihre Entscheidungen Ereignisse berücksichtigen, die nicht datenförmig erfasst sind. Dazu kommt, dass Daten für künstliche Intelligenz nicht gleich Daten sind. Ein Interviewpartner erklärt: „das […] Problem ist, dass man ganz viele Daten hat, die nicht strukturiert sind […]. Dann merkt man zum Beispiel, es gibt Informationen, die packt jeder irgendwie in irgendeine Excel-Datei, die aber nicht [einheitlich] strukturiert ist". Die vielfältigen Dateiformate, die in Organisationen gebraucht werden, sind demnach eine Hürde für automatische Datenverarbeitung.

Ein Interviewpartner veranschaulicht das Problem fehlender bzw. unlesbarer Daten anhand eines Beispiels, in dem eine KI-Anwendung die Ursache von Produktionsfehlern finden soll. Hier können fehlende Daten Entscheidungsqualität negativ beeinflussen: „Also zum Beispiel ist die Lagerhalle zehn Grad zu warm, und das steht aber nirgends". In diesem Fall bleiben dem Entscheidungsprozess Informationen vorenthalten, die menschliche Entscheidungsträger leicht erkennen. Die stark erhöhte Temperatur der Lagerhalle wird nicht berücksichtigt.

Dass die Welt jenseits von Daten zum blinden Fleck wird, beschäftigt auch den Halbleiterhersteller. Dessen Technikexperten erklären: „wenn Sie in den Daten

---

Dieser Zusammenhang kommt implizit in der Literatur zum Ausdruck, die praktische Probleme durch künstliche Intelligenz lösen will. Ein anschauliches Beispiel dafür liefern König und Langer (2022) mit der Personalauswahl.

die Signale nicht finden, die Sie zur Problemlösung brauchen, dann werden Sie niemals, auch mit den tollsten Algorithmen, zur Zielsetzung kommen". Deshalb begutachten die Beteiligten im Vorfeld von Automatisierungsprojekten die Datengrundlage für das Lernen bzw. Entscheiden künstlicher Intelligenz. Durch diese Untersuchungen identifizieren sie Projekte, „die erfolgversprechend sind".

Die Sorgen hinsichtlich der Informationsverarbeitung künstlicher Intelligenz spiegeln erneut die einleitend beschriebene rationale Entscheidungslogik. Entscheidungen sollen auf einer *vollständigen* Informationsgrundlage stattfinden. Es deutet sich an, dass die untersuchten Unternehmen bereit sind, großen Aufwand zu betreiben, um diese Erwartung zu erfüllen.

Den mit der Bewertung der Datengrundlage künstlicher Intelligenz beauftragten Organisationsmitgliedern stellen sich allerdings zwei Hürden. Zum einen kann der Nutzen von Informationen für Entscheidungsprozesse erst im Nachhinein angemessen bewertet werden (vgl. Simon 1955: 106 ff.). Die Verantwortlichen können insofern keine objektiv richtigen Urteile fällen. Zum anderen besteht die Gefahr, dass sie durch die gewaltigen Datenmengen ihrer Organisationen überlastet werden. Datenexperten haben, wie alle Organisationsmitglieder, begrenzte Aufmerksamkeitsspannen (s. o.).

Insofern müssen sie Bewertungsverfahren entwickeln, die Komplexität reduzieren. Diese Funktion erfüllen die in Abschnitt 7.2.1 beschriebenen Faustregeln. Sie schließen ausgehend von der Anzahl der Datensätze sowie Attribute, die eine Datenbank erfasst, auf die Entscheidungskompetenz einer KI-Anwendung. Diese Vereinfachung entlastet die Organisationmitglieder maßgeblich. Strenggenommen lässt sich die Vollständigkeit der Informationsgrundlage auf diese Weise nicht bestätigen. Der Erfolg der untersuchten KI-Projekte deutet aber darauf hin, dass *brauchbare* Ergebnisse erzielt werden.

Zusammenfassend führt die Selbstverpflichtung zu rationalem Entscheiden die untersuchten Unternehmen auf einen verworrenen Weg. Künstliche Intelligenz erscheint zunächst als Lösung, die Informationsverarbeitung von Entscheidungsprozessen zu vervollständigen. Während an einer Stelle Informationsverarbeitungskapazität hinzukommt, geht sie jedoch anderenorts verloren. Darin identifizieren die untersuchten Organisationen ein neues Problem, das (zugunsten des Vollständigkeitsanspruchs) bearbeitet werden muss.

Durch die Kontrolle der Datenbasis künstlicher Intelligenz lassen sie sich bestätigen, dass ihre Technik adäquat mit Informationen versorgt ist. Das erlaubt es, die hohen Ansprüche hinsichtlich der Informationsverarbeitung offiziell aufrecht zu erhalten. Dafür müssen die Unternehmen allerdings in Kauf nehmen, dass die Kontrollverfahren ihrer Technikexperten die Logik rationalen Entscheidens verletzen. Anderenfalls würde die Untersuchung von Daten durch Organisationsmitglieder unweigerlich zum Ausgangsproblem zurückführen. Die Beteiligten würden auf Grund begrenzter Aufmerksamkeitsressourcen überlastet.

8.3 Abbau von Interpretationskompetenz

Dieses Kapitel behandelt, genau wie das vorausgehende, Folgen des Einsatzes künstlicher Intelligenz für den Umgang mit Daten. Der Fokus wechselt allerdings von der Frage, ob Daten verarbeitet werden, zu der Frage, *auf welche Art und Weise* dies geschieht. Wir stellen fest, dass künstliche Intelligenz Korrelationen unreflektiert in Entscheidungen übersetzt. Daraus folgern wir, dass Organisationen Interpretationskompetenz abbauen, wenn sie menschliche Entscheidungsträger durch KI-Anwendungen ersetzen.

Um nachzuvollziehen, welche Folgen der Einsatz künstlicher Intelligenz für den Umgang mit Daten hat, müssen wir sie mit den Entscheidungsträgern vergleichen, die sie ersetzt. Dabei bauen wir auf die Vorarbeiten aus Abschnitt 6.1 auf. Dort haben wir festgestellt, dass künstliche Intelligenz auf Grundlage statistischer Zusammenhänge lernt. Sie erkennt Korrelationen in den ihr zur Verfügung stehenden Daten und modifiziert auf Grundlage dessen ihre Entscheidungsregeln. Beispielsweise erkennt die KI-Anwendung der Landwirtschaftsbetriebe Korrelationen zwischen den Bewegungsmustern von Kälbern und bestimmten Gesundheitszuständen.

Die Orientierung an Korrelationen erscheint auf den ersten Blick befremdlich. Sie findet sich jedoch auch bei Menschen. Die Psychologie spricht diesbezüglich von „statistischem Lernen" (Breitenstein/Knecht 2003). Statistisches Lernen spielt schon für die Wahrnehmung von Kleinkindern eine Rolle (Younger/Cohen 1983) und wird auch im Erwachsenenalter genutzt, um Zusammenhänge zu erschließen (Hunt/Aslin 2001). Dabei werden Korrelationen bewusst oder unbewusst als Kausalverhältnisse gedeutet, genau wie es bei künstlicher Intelligenz der Fall ist.

Organisationen verlassen sich regelmäßig auf das statistische Lernen ihrer Mitglieder. Ein Beispiel sind die Regeln, mit Hilfe derer Landwirte den Gesundheitszustand ihrer Tiere beurteilen. Ein Interviewpartner berichtet, dass er eine bestimmte Haltung der Ohren, ein bestimmtes Bewegungsverhalten und ein bestimmtes Ess- bzw. Trinkverhalten als Anzeichen von Krankheit interpretiert. Diese Rückschlüsse kann er anstellen, weil er das gleichzeitige Auftreten

von Symptomen und Krankheit als „sehr erfahrene[r], sehr geübte[r]" Landwirt
vielfach erlebt hat.

Ein weiteres Beispiel statistischen Lernens bieten die Qualitätskontrolleure
des Halbleiterherstellers. Sie haben vor der Einführung künstlicher Intelligenz
Produktionsfehler auf Fotografien identifiziert. Wenn diese Organisationsmitglieder „jahrelang solche Bilder gesehen haben" wissen sie einem Interviewpartner
zufolge „wie ein problematisches Bild aussieht". Die Kontrolleure lernen demnach, bestimmte Bildmerkmale als Anzeichen für Produktionsfehler zu deuten.
Genau wie bei den Landwirten ist viel Erfahrung notwendig, um diese Tätigkeit zu perfektionieren. Die entscheidenden Korrelationen müssen häufig genug
beobachtet werden.

Diesen Ähnlichkeiten zwischen Organisationsmitgliedern und künstlicher
Intelligenz zum Trotz, gibt es einen bedeutenden Unterschied. Menschen nehmen eine differenziertere Perspektive auf Korrelationen ein. Das lässt sich mit
Kornwachs (2020) herausarbeiten. Er stellt dem statistischen Lernen künstlicher
Intelligenz den wissenschaftlichen Gebrauch quantitativer Methoden gegenüber.
Zwar dürfen wir von Organisationsmitgliedern nicht die gleiche Disziplin erwarten, die Kornwachs (ebd.) im wissenschaftlichen Kontext feststellt, der Vergleich
ist aber trotzdem nützlich, weil er die Besonderheiten von KI-Anwendungen
gegenüber dem Menschen verdeutlicht:

Die wissenschaftliche Methode sieht vor, dass quantitative Forschung mit dem
Studium der Literatur beginnt. In Auseinandersetzung mit dem Forschungsstand
werden Hypothesen aufgestellt, die anschließend getestet werden. Damit gibt es
klare Prämissen für den Umgang mit Korrelationen. Vermittelt durch Hypothesen
orientiert der Stand der Forschung Wissenschaftler dabei, die Korrelationen zu
deuten und zu bewerten.

Solche Prämissen für die Deutung statistischer Zusammenhänge fehlen künst-
licher Intelligenz. Sie fällt im Umgang mit Korrelationen auf „bloße numerische
Prozeduren" (ebd.: 3) zurück, indem sie Korrelationen ohne inhaltliche Prüfung
Bedeutung beimisst. Statistische Zusammenhänge erhalten somit unhinterfragten
Einfluss auf Entscheidungen.

Beispielsweise unterstellt die künstliche Intelligenz des Online-Reisebüros,
dass Gemeinsamkeiten zwischen Kunden Aufschluss auf (geteilte) Urlaub-
spräferenzen geben. Das ist in vielen Fällen nachvollziehbar. Wir glauben
beispielsweise ohne Weiteres, dass Rentner andere Urlaubswünsche haben als
Jugendliche. Andere Zusammenhänge lassen sich kontrovers diskutieren. Wie
aussagekräftig wäre beispielsweise eine Korrelation zwischen dem Browser, den
eine Kundengruppe nutzt, und der Präferenz für eine bestimmte Hotelkategorie?

Der Exkurs zur wissenschaftlichen Methode illustriert, dass Menschen Korrelationen interpretieren und hinterfragen. Statistische Zusammenhänge haben für sich allein genommen keine Bedeutung, sondern werden im Kontext bestehenden Wissens ausgedeutet. Diese Interpretationskompetenz ist nicht auf Wissenschaftler beschränkt. Die Wissenschaft hat den Umgang mit Korrelationen lediglich auf eine besondere Art und Weise systematisiert.

Auch Organisationsmitglieder interpretieren statistische Zusammenhänge. Diese Bewertung erfolgt jedoch vor dem Hintergrund anderer Wissensbestände. Anstelle von Forschungsständen und Hypothesen lassen sie sich in ihren Entscheidungen durch Ausbildung und Berufserfahrung (vgl. Kühl 2011: 107 ff.), die Erwartungen von Kollegen und Vorgesetzten (vgl. Luhmann 2000: 280) sowie kollektive Wissensbestände der Organisation (vgl. Drepper 2007: 597 ff.) leiten.

Das kommt in der Aussage eines Wirtschaftsprüfers zum Ausdruck. Er erklärt: „du musst dir vorstellen, mit der ganzen Erfahrung, die ich habe, […] da fängt's bei mir im Hirn sofort an zu rattern". Damit benennt der Interviewpartner seine Ausbildung sowie seine Arbeitserfahrung als Prämissen für Interpretationsleistungen. Diese Prämissen funktionieren zuverlässig und scheinbar maschinengleich. Deshalb muss der Wirtschaftsprüfer sich sein Wissen nicht bewusst machen, um es anzuwenden. Diesen Eindruck unterstreicht der Interviewpartner, indem er von einem „Rattern" spricht.

Die Unterschiede zwischen Organisationsmitgliedern und künstlicher Intelligenz haben Konsequenzen. Solange Organisationsmitglieder an Entscheidungen beteiligt sind, stehen Korrelationen niemals für sich allein. Wenn Unternehmen menschliche Entscheidungsträger durch KI-Anwendungen ersetzen, büßen sie die Fähigkeit ein, Zahlenzusammenhänge zu interpretieren. Korrelationen erhalten ungefilterten Einfluss auf Entscheidungen. Diese Veränderungen können wir mit Weicks (1976) Unterscheidung von loser und enger Kopplung charakterisieren.

Weick (ebd.) spricht von loser Kopplung, wenn Sachverhalte eine eigenständige physische oder logische Identität haben und einander mittelbar beeinflussen. Eine enge Kopplung bedeutet hingegen, dass ein Sachverhalt unmittelbaren Einfluss auf einen anderen ausübt. Je stärker die Kopplung, desto weniger sind verschiedene Elemente voneinander zu differenzieren.

Solange Korrelationen durch Menschen interpretiert werden, liegt eine lose Kopplung statistischer Zusammenhänge mit Entscheidungen vor. Die menschliche Interpretation vor dem Hintergrund von Ausbildung, Erfahrung und Regeln fungiert als Puffer. Korrelationen erhalten nur unter der Bedingung Einfluss auf Entscheidungen, dass sie für Menschen einen nachvollziehbaren Sinn ergeben.

Zusammenhänge, denen Entscheidungsträger keinen Informationswert zuschreiben, bleiben unberücksichtigt. Somit bleiben Korrelationen auf der einen Seite und Entscheidungen auf der anderen Seite logisch voneinander getrennt.

Diese Trennung löst sich auf, wenn künstliche Intelligenz Organisationsmitglieder ersetzt. Sie übersetzt statistische Zusammenhänge unhinterfragt in Entscheidungen und erzeugt dadurch eine unmittelbare Verbindung. Wir haben es mit einer engen Kopplung zu tun, in der Korrelationen und Entscheidungen miteinander verschmelzen. Im Ergebnis führt ein bestimmter statistischer Zusammenhang unweigerlich zu bestimmten Entscheidungen.

Die enge Kopplung komplimentiert die enormen Lern- und Entscheidungsgeschwindigkeiten, die wir im letzten Kapitel behandelt haben. Entscheidungsprozesse gewinnen an Geschwindigkeit, wenn ihre Datenbasis nicht in langwierigen Analyseprozessen hinterfragt wird. Das erleichtert die Verarbeitung großer Datenbestände. Umgekehrt trägt die lose Kopplung, die durch die Beteiligung von Organisationsmitgliedern entsteht, zu den Schwierigkeiten im Umgang mit großen Datenmengen bei, die die untersuchten Unternehmen vor der Einführung künstlicher Intelligenz beklagen (siehe Abschnitt 8.1).

Entscheidungen eng an Korrelationen zu koppeln hat jedoch auch Nachteile. Je weiter Menschen aus Entscheidungsprozessen verdrängt werden, desto schwerer wird es für die Organisation, sich kritisch mit statistischen Zusammenhängen auseinanderzusetzen. Menschen können zwar ebenfalls Fehler unterlaufen. Der Einsatz künstlicher Intelligenz senkt die Chancen jedoch dramatisch, Fehlern auf die Spur zu kommen. „Der Erfolg steht und fällt", wie Brödner (2022: 34) bemerkt, „mit den zum Training benutzten Daten, deren Herkunft und Qualität aber meist nicht einschätzbar und hinsichtlich Repräsentativität und Verzerrungen […] oft äußerst fragwürdig sind". Deshalb wird Bias-Problemen in der Literatur große Bedeutung beigemessen (siehe hierzu u.a. Shrestha et al. 2019; Akter et al. 2022; Dell'Acqua 2022: 49 ff.; Schwartz et al. 2022).

In eine ähnliche Richtung zielt der Beitrag von Moser et al. (2022). Sie äußern die Sorge, dass künstliche Intelligenz, die menschliche Urteile ersetzt, gleichzeitig menschliche Moral verdrängt. Diese Einschätzung können wir auf Grundlage des vorliegenden Kapitels bestätigen. Moral kann die Entscheidungen künstlicher Intelligenz nur orientieren, soweit sie sich in statistischen Zusammenhängen niederschlägt. Unsere Überlegungen zeigen jedoch, dass die Veränderungen noch weiter reichen. Künstliche Intelligenz verdrängt *nicht nur* menschliche Moral, sondern jegliche datenfremden Bezugspunkte, die eine Interpretation statistischer Zusammenhänge orientieren könnten[4].

Auch im Datenmaterial findet sich ein spannendes Beispiel für eine problematische Auslegung von Daten durch künstliche Intelligenz. Die KI-Anwendung des Online-Reisebüros trifft zeitweise Entscheidungen auf Grundlage eines Zusammenhangs, der in zweierlei Hinsicht beanstandet wird. Zum einen bezweifelt die Organisation, dass er Kausalverhältnisse abbildet. Zum anderen stellt man fest, dass die Technik die fragwürdige Korrelation selbst mitprägt. Beide Feststellungen gehen auf zufällige Beobachtungen von Kundenberatern zurück, die sich über Entscheidungen wundern und Nachfragen bei Technikexperten stellen.

Die Organisationsmitglieder stellen fest, dass die KI-Anwendung bestimmten Kundengruppen überproportional häufig bestimmte Hotelangebote vorschlägt. Diese Entscheidungen weichen stark von den Erwartungen der Kundenberater ab, sodass sie Nachforschungen motivieren. Diese kommen zu dem Ergebnis, dass die künstliche Intelligenz eine „Endlosschleife" bzw. „Lernschleife" erzeugt, die ihre Hotelempfehlungen maßgeblich verfälscht.

Weil die KI-Anwendung bestimmten Kundengruppen ein bestimmtes Hotel vorschlägt, wird dieses häufiger aufgerufen und gebucht. Aus den Buchungsdaten zieht die Technik wiederum den Schluss, dass die Beliebtheit des Hotels steigt. Ausgehend von diesem Punkt wiederholt sich der Prozess. Mit der Vorschlagshäufigkeit steigen die Aufrufe und Buchungen, die wiederum die Vorschlagshäufigkeit erhöhen. Schließlich werden die Hotelangebote von einzelnen Hotels dominiert. In den Worten der Interviewpartner: „So meint der Algorithmus dann, das [Hotel] ist so toll". Andere Hotels, die in der betroffenen Kundengruppe beliebt sind, werden hingegen weniger angezeigt.

Das Beispiel zeigt, auf welche Art und Weise die Einführung künstlicher Intelligenz die Identifikation problematischer Korrelationen erschwert. Eine große Hürde besteht darin, dass Organisationsmitglieder die statistischen Zusammenhänge nicht einsehen können, die Entscheidungen orientieren. Sie kennen lediglich die Entscheidungen, die die Technik produziert. Jede Kontrolle muss deshalb an Auffälligkeiten im Output künstlicher Intelligenz ansetzen. Solange aus bedenklichen Korrelationen unauffällige Entscheidungen hervorgehen, bleibt das Problem verborgen.

Eine weitere Voraussetzung ist aufmerksames und fachlich geschultes Personal. Das ist keine Selbstverständlichkeit, weil menschliche Entscheidungsträger

---

[4] Das kann man auch positiv sehen. Die Technik macht sich durch die Ablösung von datenfremden Bezugsrahmen auch von menschlichen Vorurteilen unabhängig – sofern sie nicht über die Daten in die Entscheidung getragen werden. Diese Position kommt bei Zhang et al. (2022) und Bär (2023: 23 ff.) zum Ausdruck.

in vielen Fällen durch künstliche Intelligenz ersetzt werden. Unter dieser Bedingung gibt es keine Organisationsmitglieder, die Entscheidungen kontrollieren (vgl. Abschnitt 5.1). Das gilt auch im Fall des Online-Reisebüros. Das Unternehmen hat die Entscheidungen über Hotelangebote weitgehend automatisiert und lässt nur noch Einzelfälle von Organisationsmitgliedern prüfen.

Die Entdeckung der Lernschleifen war demzufolge ein Glücksfall, der auf eine Häufung günstiger Umstände zurückzuführen ist. Die Lernschleifen haben den Output künstlicher Intelligenz schnell und intensiv genug verändert, um die Aufmerksamkeit der Kundenberater zu erregen. Hätten sie sich langsamer und mit geringerer Intensität vollzogen, wären sie vielleicht niemals aufgefallen. Ähnliche Probleme könnten in anderen Organisationen unentdeckt bleiben.

Darüber hinaus verdeutlicht das Beispiel noch einmal, wie unterschiedlich künstliche Intelligenz und menschliche Entscheidungsträger auf Daten blicken. Die KI-Anwendung des Reisebüros ist gegenüber dem Entstehungskontext statistischer Zusammenhänge vollkommen indifferent. Inwieweit sie statistische Zusammenhänge durch ihren eigenen Output erzeugt, spielt für die Entscheidungsfindung keine Rolle. Organisationsmitglieder stellen hingegen ihre Fähigkeit unter Beweis, die Datengrundlage von Entscheidungen kritisch zu hinterfragen, selbst wenn sie im Verborgenen bleibt.

8.4   Zwischenfazit

Wir haben festgestellt, dass der Einsatz künstlicher Intelligenz wesentliche Auswirkungen auf Organisationen hat. Indem sie Organisationsstruktur setzt, formt die Technik das Fundament der alltäglichen Entscheidungsfindung. Dadurch ermöglicht sie die Bearbeitung von Organisationsproblemen, denen die untersuchten Unternehmen bislang nicht gewachsen waren. Zudem leistet sie einen Beitrag zur Anpassung an wechselnde Umweltsituationen, soweit sich diese in Daten widerspiegeln.

Darüber hinaus erhöht künstliche Intelligenz die Informationsverarbeitungskapazität der Organisation im Umgang mit Daten, indem sie diese vollautomatisch in Struktur bzw. Entscheidungen überführt. Diesen Fortschritt bezahlen die untersuchten Unternehmen allerdings mit technisch erzeugten blinden Flecken. (Umwelt-) Ereignisse, die nicht datenförmig erfasst sind, liegen außerhalb des Wahrnehmungsbereichs automatisierter Entscheidungsprozesse.

Zudem haben wir festgestellt, dass KI-Anwendungen die Beziehung der Organisationen zu statistischen Zusammenhängen maßgeblich verändern. Sie ersetzen vielerorts menschliche Entscheidungsträger, die Beziehungen zwischen

Datenpunkten regelgeleitet interpretieren, durch „bloße numerische Prozeduren" (Kornwachs 2020: 3). Somit erhalten Korrelationen in manchen Organisationen stärkeren Einfluss auf Strukturen und Entscheidungsprozesse.

In den vorausgehenden Kapiteln haben wir weitgehend ausgeblendet auf welche Art und Weise diese Veränderungen mit der Rolle zusammenhängen, die Organisationen künstlicher Intelligenz zuweisen. Diese Verbindung müssen wir abschließend ergründen. Die Auswirkungen künstlicher Intelligenz betreffen unterschiedliche Unternehmen nämlich in unterschiedlichem Ausmaß. Die deutlichsten Unterschiede bestehen zwischen der Werkzeug-Rolle und der Rolle als kompetenter Entscheidungsträger.

Die obenstehenden Schlussfolgerungen orientieren sich vorrangig an Organisationen, die künstliche Intelligenz als vollwertigen Entscheidungsträger einsetzen. Diese gestehen der Technik starken Einfluss zu (siehe Abschnitt 5.1) und müssen deshalb vollumfänglich mit den Vorzügen und mit den Nachteilen leben, die daraus erwachsen.

Organisationen, die künstliche Intelligenz als Werkzeug gebrauchen, nutzen hingegen ihre Mitglieder als Kontrollinstanz. Dadurch schwächen sie die in diesem Kapitel dargestellten Folgen ab. Wir haben bereits festgestellt, dass die Werkzeug-Rolle den Struktureffekt von KI-Anwendungen einschränkt (siehe Abschnitt 8.1). Sie mindert zudem den Einfluss blinder Flecke hinsichtlich der Datenverarbeitung, weil Organisationmitglieder Gelegenheit haben, potenzielle Schwächen auszugleichen.

Auch die Kopplung von Entscheidungen an Korrelationen wird abgeschwächt. Künstliche Intelligenz erarbeitet ihren Output zwar immer noch basierend auf statistischen Zusammenhängen. Menschen müssen diesen aber auf Grundlage formaler und berufsständischer Regeln interpretieren und bei Bedarf korrigierend eingreifen (siehe Abschnitt 5.3).

Organisationen, die KI-Anwendungen als kontrollbedürftige Entscheidungsträger behandeln, beschreiten hinsichtlich dieser Gesichtspunkte einen Mittelweg. Das ist dadurch zu begründen, dass der Einfluss künstlicher Intelligenz sich innerhalb bestimmter Sachbereiche frei entfaltet – und jenseits dessen durch Menschen moderiert wird (siehe Abschnitt 5.2). Daraus folgt, dass sich die strukturierende Wirkung der Technik, ihre blinden Flecke sowie die Kopplung von Entscheidungen an statistische Zusammenhänge insbesondere innerhalb der durch die Organisation gesetzten Grenzen auswirken[5].

---

[5] Ein Beispiel dafür, dass die Folgen des KI-Einsatzes abgeschwächt werden, wenn die Rolle der Technik eingeschränkt wird, liefern die Landwirtschaftsbetriebe (siehe Abschnitt 4.2.4

Neben der Abhängigkeit der Folgen des KI-Gebrauchs von der Rolle der Technik sind abschließend noch drei weitere Einschränkungen zu beachten. Erstens kommt künstliche Intelligenz räumlich begrenzt zum Einsatz. Einzelne Unternehmenseinheiten verwenden sie, um Entscheidungsprobleme zu bearbeiten. Somit sind auch die Auswirkungen des KI-Gebrauchs überwiegend lokale Phänomene. In einigen Unternehmen ist künstliche Intelligenz allerdings deutlich weiter verbreitet als in anderen. Dazu zählt insbesondere der Automobilzulieferer.

Die zweite Einschränkung besteht darin, dass KI-Anwendungen Organisationen nicht unkontrolliert verändern. Sie nehmen durch die Gestaltung von Struktur maßgeblichen Einfluss, diese (Struktur-) Entscheidungen können aber revidiert werden, indem man die Technik ergänzend programmiert (siehe Abschnitt 6.2.1) oder sie schlichtweg abschaltet und aus den Entscheidungszusammenhängen der Organisation entfernt. Wie wir in den Abschnitten 7.2.2 sowie 7.3.1 festgestellt haben, sind Organisationen bemüht, die Leistung ihrer Technik fortlaufend zu evaluieren. Wenn sie Testergebnisse oder Vergleiche negativ bewerten, können sie entsprechende Konsequenzen ziehen. ‑

Eine dritte Einschränkung entsteht durch den zeitlichen Horizont der empirischen Studie. Künstliche Intelligenz kommt in den untersuchten Unternehmen (und im Allgemeinen) erst kurze Zeit zum Einsatz. Die Analyse der Folgen des KI-Gebrauchs musste sich folglich auf Veränderungen beschränken, die im Zeitraum von 2019 bis 2023 sichtbar waren. Mit dieser Limitation setzen wir uns in Abschnitt 9.3 auseinander.

---

sowie Abschnitt 4.2.5). Sie lassen ihre Tiere nicht nur durch künstliche Intelligenz, sondern auch durch Organisationsmitglieder diagnostizieren. Dadurch schließen sie aus, dass Symptome oder Ereignisse übersehen werden, die nicht datenförmig erfasst sind.

Diskussion

Wir fassen im Folgenden zunächst die Argumentation der empirischen Studie zusammen. Anschließend verorten wir die Forschungsergebnisse vor dem Hintergrund des Forschungsstands. Darüber hinaus werden die Limitationen der empirischen Studie erläutert und die Bedeutung der Forschungsergebnisse für die Unternehmenspraxis beschrieben. Abschließend erörtern wir Möglichkeiten für Anschlussforschung.

9.1 Zusammenfassung

Wir sind von der Feststellung ausgegangen, dass künstliche Intelligenz organisationstheoretische Perspektiven auf Technik infrage stellt (siehe Abschnitt 2.4). Daraus haben wir die Notwendigkeit abgeleitet, das Verhältnis von Organisation und künstlicher Intelligenz zu beleuchten. Dazu hat die vorliegende Arbeit beigetragen, indem sie drei miteinander verbundene Forschungsfragen beantwortet hat. Wir haben (1.) erklärt, wie KI-Anwendungen an den Entscheidungen von Unternehmen beteiligt ist. Wir haben uns (2.) mit der Genese der unterschiedlichen Rollen künstlicher Intelligenz auseinandergesetzt. Abschließend sind wir (3.) den Folgen der Entscheidungsträgerschaft der Technik nachgegangen.

Auf Grundlage des systemtheoretischen Entscheidungsbegriffs konnten wir drei verschiedene Rollen unterscheiden, die künstliche Intelligenz in Entscheidungsprozessen einnimmt (siehe Kapitel 5). Sie tritt als kompetenter Entscheidungsträger, als kontrollbedürftiger Entscheidungsträger sowie als Werkzeug von Organisationsmitgliedern auf. Diese Rollen unterscheiden sich hinsichtlich der Instanz, der Unternehmen die Auswahl aus Alternativen überlassen, sowie hinsichtlich der Bindungswirkung, die der Output künstlicher Intelligenz entfaltet:

C. Scharff, *Wie künstliche Intelligenz Entscheidungen prägt*, https://doi.org/10.1007/978-3-658-44262-0_9

– Als „kompetenter Entscheidungsträger" entscheidet künstliche Intelligenz im
  Namen der Organisation. Unter dieser Bedingung hat ihr Output maßgeblichen Einfluss auf nachfolgendes Handeln, der weitgehend unabhängig von
  menschlichen Entscheidungsträgern ist.
– Auch als „kontrollbedürftiger Entscheidungsträger" ist künstliche Intelligenz
  mit Entscheidungsgewalt ausgestattet. Die Bindungswirkung ihres Outputs
  wird jedoch durch die Organisation beschränkt, die unter bestimmten Bedingungen das Eingreifen von Organisationsmitgliedern vorsieht.
– Als „Werkzeug" hat künstliche Intelligenz hingegen keine Entscheidungs-
  befugnisse. Die Organisation verortet die Auswahl aus Alternativen bei
  Organisationsmitgliedern, die die Technik engmaschig kontrollieren. Infolgedessen entfaltet diese keinen von Menschen unabhängigen Einfluss auf
  nachfolgendes Entscheiden.

Im nächsten Schritt haben wir uns den Entstehungsbedingungen dieser Rollen zugewandt. Dabei haben wir zunächst die Voraussetzungen beschrieben,
die künstliche Intelligenz (im Gegensatz zu anderer Technik) als Entscheidungsträger qualifizieren (siehe Abschnitt 6.1). Wir haben unter Bezugnahme
auf Schulz-Schaeffer und Rammert (2019) festgestellt, dass sie ein hohes
Niveau an Selektionskompetenz besitzt. Das weckt einerseits die Aufmerksamkeit interner Beobachter. Andererseits lässt es Unternehmen auf spektakuläre
Anpassungsleistungen im Umgang mit Organisationsproblemen hoffen.

Diese Umstände ermuntern dazu, KI-Anwendungen als Entscheidungsträger
einzusetzen. Das geschieht jedoch nicht in allen Organisationen. Wir mussten
uns deshalb mit den Ursachen der empirischen Differenzen befassen. Warum
fungiert künstliche Intelligenz mancherorts als Entscheidungsträger und anderenorts als Werkzeug von Organisationsmitgliedern? Wir haben diese Unterschiede
darauf zurückgeführt, dass Organisationen die Rolle künstlicher Intelligenz per
Entscheidung bestimmen. Diese Entscheidung wird durch vier Gesichtspunkte
geprägt:

– Als nicht-triviale Maschine wird künstliche Intelligenz (1.) mit menschlichen Entscheidungsträgern verglichen (siehe Abschnitt 6.2). Dabei offenbaren
  sich bedeutsame Unterschiede. Die Entscheidungsprogramme der Technik
  sind unbeobachtbar, sie übernimmt keine Rechenschaftspflicht für Fehler
  und kann ihre Entscheidungen nicht begründen. Deshalb erscheint sie Organisationsmitgliedern unberechenbar. Zudem ergeben sich Zweifel an ihrer
  Entscheidungskompetenz.

- Das verursacht (2.) Unsicherheit bei denjenigen Entscheidungsträgern, die die Rolle künstlicher Intelligenz bestimmen (siehe Abschnitt 6.3). Sie scheitern daran, sich eine Zukunft mit der Technik auszumalen. Diese Unklarheiten beschränken sich nicht auf den Output von KI-Anwendungen. Sie beziehen sich auch auf nachfolgendes Entscheiden von Organisationsmitgliedern, das durch die Entscheidungen der Technik nachteilhaft beeinflusst werden könnte. Die Einführung künstlicher Intelligenz erscheint deshalb als Risiko.
- Verschiedene Organisationen haben (3.) unterschiedliche Voraussetzungen dafür, mit der durch künstliche Intelligenz verursachten Unsicherheit umzugehen (siehe Abschnitt 7.1). Unternehmen mit einer hohen Unsicherheitstoleranz können Entscheidungen treffen, ohne sich vorab ein konkretes Bild der Zukunft zu machen. Das erlaubt es, KI-Anwendungen trotz ihrer vermeintlichen Unberechenbarkeit Entscheidungsgewalt zu übertragen. Eine geringe Unsicherheitstoleranz versperrt diese Möglichkeit hingegen.
- Dieses Handicap können Organisationen (4.) durch vertrauenerzeugende Mechanismen ausgleichen (siehe Abschnitt 7.2). Mit Hilfe von Faustregeln, Tests und Bürgschaften korrigieren sie das negative Technik-Bild, das aus Vergleichen mit Menschen resultiert. Künstliche Intelligenz wirkt zuverlässiger und kompetenter. Das reduziert die Unsicherheit, die hinsichtlich der Übertragung von Entscheidungsgewalt besteht.

Die Rolle künstlicher Intelligenz wird also in mehrfacher Hinsicht durch Unsicherheit sowie das darauf bezogene Handeln der Organisation beeinflusst. Wir haben festgestellt, dass diese Verbindung auch nach der Einführung der Technik Bestand hat. Unsicherheit kehrt zurück, wenn KI-Anwendungen aufsehenerregende Fehler machen (siehe Abschnitt 7.3). Unternehmen benötigen deshalb ein fortlaufendes Unsicherheitsmanagement, das vertrauensvolles Arbeiten ermöglicht und die Rolle der Technik stabilisiert.

Abschließend haben wir uns mit den Folgen der Übertragung von Entscheidungsgewalt auf künstliche Intelligenz beschäftigt (siehe Kapitel 8). Die einschneidendste Veränderung besteht darin, dass maschinelles Lernen Organisationsstruktur erzeugt, die unzählige Entscheidungen unmittelbar und mittelbar beeinflusst (siehe Abschnitt 8.1). Das ist funktional, weil Struktur sich ohne das Dazutun menschlicher Entscheidungsträger an komplexe Entscheidungsprobleme anpasst. Zudem fungiert künstliche Intelligenz als Seismograf für (Umwelt-) Veränderungen.

Des Weiteren haben wir festgestellt, dass künstliche Intelligenz die Informationsverarbeitungskapazität von Entscheidungsprozessen im Hinblick auf Daten erhöht (siehe Abschnitt 8.2). Somit können Organisationen Rationalisierungsansprüchen hinsichtlich ihrer Informationsverarbeitung gerecht werden, die bislang utopisch waren. Dafür müssen sie allerdings einen Nachteil in Kauf nehmen. Die Technik ist blind gegenüber (Umwelt-) Ereignissen, die nicht datenförmig erfasst sind.

Eine weitere Konsequenz der Übertragung von Entscheidungsgewalt auf KI-Anwendungen besteht im Abbau von Interpretationskompetenz (siehe Abschnitt 8.3). Das haben wir im Vergleich menschlicher Entscheidungsträger mit künstlicher Intelligenz herausgearbeitet. Erstere hinterfragen statistische Zusammenhänge auf Grundlage ihres Ausbildungs- und Erfahrungswissens. Künstliche Intelligenz unterstellt Korrelationen hingegen pauschal Relevanz für die Entscheidungsfindung der Organisation. Sie erzeugt dadurch eine enge Kopplung, die sowohl Vor- als auch Nachteile haben kann.

Durch diese Veränderungen prägt künstliche Intelligenz Organisationen von der Strukturebene aufwärts. Das ist angesichts dessen revolutionär, dass Organisationsstruktur bislang ausschließlich in der Hand menschlicher Entscheidungsträger lag. KI-Anwendungen reißen diese Grenze ein – sofern die Organisation es zulässt. Die organisationswissenschaftliche Bedeutung dieser Forschungsergebnisse diskutieren wir im folgenden Kapitel. Dabei arbeiten wir heraus, dass sich die Ergebnisse der empirischen Studie deutlich vom Forschungsstand absetzen.

9.2   Beitrag zum Forschungsstand

Die empirische Studie diente dem Zweck, das Verständnis der Beziehung von Organisation und künstlicher Intelligenz zu verbessern. Wir müssen deshalb diskutieren, welche Einsichten sich diesbezüglich aus den Forschungsergebnissen ableiten lassen. Zudem müssen wir erklären, wie sie sich zum Forschungsstand verhalten. Um diese beiden Zwecke zu erfüllen, arbeiten wir drei zentrale Merkmale heraus, die das Verhältnis von Organisation und Technik charakterisieren. Jeden dieser Punkte verbinden wir mit einem Rückblick auf die drei Forschungsstränge, die wir in Kapitel 2 aufgearbeitet haben.

Wir resümieren erstens, dass künstliche Intelligenz Bestandteil von Organisationen ist und diese von innen heraus prägt. Zweitens schlussfolgern wir, dass Organisationen als Gatekeeper für diese Teilhabe von KI-Anwendungen an der sozialen Welt fungieren. Die Entscheidung der Organisation wird drittens durch die Beschaffenheit der Technik ermöglicht. Diese Erkenntnisse weisen deutliche Unterschiede zu bestehenden Technikbildern auf. Insbesondere gibt es keine theoretischen Ansätze, die eine gleichberechtigte (oder gar privilegierte) Beteiligung von Technik an der sozialen Welt abbilden und diese zugleich auf Entscheidungen von Organisationen zurückführen können.

Bereits im Anfangsstadium der empirischen Studie entstand die Vermutung, dass künstliche Intelligenz als nicht-triviale Maschine eine menschenähnliche Rolle in Organisationen einnehmen könne. Aus der Perspektive des systemtheoretischen Entscheidungsverständnisses bedeutet das, Entscheidungen zu einem übergeordneten Entscheidungszusammenhang beizutragen (siehe Abschnitt 3.3). Das leisten KI-Anwendungen in der überwältigenden Mehrheit der untersuchten Organisationen. Zudem gelingt ihnen ein weiterer wesentlicher Schritt:

Wie wir in Abschnitt 8.1 zusammengefasst haben, strukturiert künstliche Intelligenz nachfolgende Entscheidungen. Organisationsmitglieder folgen dem Output der Technik genauso, wie sie sich an den (Struktur-) Entscheidungen ihrer Vorgesetzten und Kollegen orientieren. Wir müssen deshalb (1.) schlussfolgern, dass KI-Anwendungen nicht bloß „menschenähnlich" an der sozialen Welt der Organisation teilnehmen, sondern deren Fundament formen. Sie lenken die Organisation als Entscheidungszusammenhang in neue Bahnen. Das verleiht der Beziehung von Organisation und Technik eine neue Qualität.

Vergleichbare Gestaltungskraft ist unter Organisationsmitgliedern auf einen kleinen Kreis beschränkt. Die meisten Organisationsmitglieder setzen zwar durch Ausübung von Mitspracherechten (vgl. Kranz/Steger 2010) und die Aushandlung informaler Regeln (vgl. Kühl 2011: 113 ff.) Prämissen für ihre eigene Arbeit. Die Strukturierung der Entscheidungen Anderer (siehe Abschnitt 5.1) und die Anpassung von Struktur an Umweltveränderungen (siehe Abschnitt 8.1) bleiben jedoch gewöhnlich Managementpersonal vorbehalten. Somit überspringt künstliche Intelligenz auf ihrem Weg in die Organisation mehrere Hierarchiestufen[1].

Diese schöpferische Beteiligung künstlicher Intelligenz an Unternehmen steht in starkem Gegensatz zum Großteil des Forschungsstands. Das gilt insbesondere für die ersten beiden Forschungsstränge, die wir aufbauend auf Orlikowski und Scott (2008) identifiziert haben. Sie teilen die Prämisse einer unüberwindbaren Grenze zwischen Technik und Organisation (siehe Abschnitt 2.4). In Anbetracht dessen können sie zwar nach wechselseitiger Einflussnahme fragen, müssen die Möglichkeit einer aktiven Anteilnahme künstlicher Intelligenz an Organisationen aber ausblenden.

Deshalb interessiert sich der erste Forschungsstrang insbesondere für die Auswirkungen von KI-Anwendungen auf die Anzahl der Arbeitsplätze in Unternehmen (siehe insb. Frey/Osborne 2013), auf die Entscheidungsfindung (siehe

---

[1] Den „Algorithmus als Boss" kann man in einigen Fällen sogar wörtlich nehmen (vgl. dazu Aloisi/De Stefano 2022).

u.a. Bolander 2019) sowie den Kontakt zwischen Organisation und Umwelt (siehe z.B. Burr et al. 2018). Ähnlich fragt der zweite Forschungsstrang nach den Auswirkungen mangelnder Nachvollziehbarkeit von KI-Anwendungen (Burrell 2016) oder organisatorischem Wandel durch Automatisierung (Jarrahi 2019).

Nur der dritte Forschungsstrang erfasst künstliche Intelligenz als Teil der sozialen Welt. Er beobachtet „hybrid organizational system[s]" (Raisch/ Krakowski 2020); „Ensembles" (Matzner 2019: 138 ff.) und „hybride[s] Handeln" (Bader 2021: 2), an dem Organisationsmitglieder und KI-Anwendungen gleichermaßen beteiligt sind. Diese Arbeiten kommen der obenstehenden Schlussfolgerung sehr nahe. Sie machen allerdings eine wesentliche Einschränkung. Der Einfluss künstlicher Intelligenz basiert grundsätzlich auf Mensch-Technik-Kooperationen. Die Prägung der Organisation durch eigenständige KI-Anwendungen, die wir in Abschnitt 5.1 und Abschnitt 8.1 behandelt haben, wird nicht reflektiert.

Eine weitere wichtige Schlussfolgerung besteht (2.) darin, dass die Teilhabe künstlicher Intelligenz an Organisationen voraussetzungsvoll ist. Künstliche Intelligenz kann einzig unter der Bedingung (Struktur-) Entscheidungen treffen, dass Unternehmen sie als Entscheidungsträger akzeptieren (siehe Abschnitt 6.3). Diese Adelung der Technik erfolgt per Entscheidung – oder wird per Entscheidung verwehrt. Das bedeutet, dass die Organisation im Umgang mit künstlicher Intelligenz eigenhändig (neue) soziale Realitäten erzeugt.

Die „Grenzen des Sozialen" (vgl. Lindemann 2002 und 2012) entziehen sich somit einer allgemeingültigen organisationstheoretischen Definition. Es handelt sich um bewegliche, empirisch gestaltete Grenzen. Die Organisation bestimmt, wo sie verlaufen, und auf welcher Seite künstliche Intelligenz steht. Damit erlangen Unternehmen eine enorme Macht über Technik. – Außerhalb von Organisationen lässt sich der Akteursstatus von Technik schließlich nicht per Entscheidung neudefinieren.

Auch diese Erkenntnis setzt sich deutlich vom Forschungsstand ab. Diesmal sind es allerdings der erste und der dritte Forschungsstrang, zu denen die größten Unterschiede bestehen. Der erste Forschungsstrang bedenkt zwar die Möglichkeit, dass Organisationen die physischen Eigenschaften von Technik bzw. ihren Programmcode verändern (siehe Abschnitt 2.1). Auf Grund der strikten gedanklichen Trennung des Technischen und des Sozialen ist jedoch eine soziale Überformung von Technik durch Interpretationsleistungen der Organisation ausgeschlossen.

Der dritte Forschungsstrang übersieht den Einfluss der Organisation vollständig. Technik besitzt von sich aus einen Akteursstatus, der sich durch aufeinander bezogenes Handeln von Mensch und Technik aktualisiert (siehe Abschnitt 2.3). In diese „Ensembles" (Matzner 2019: 138 ff.) bringt Technik bestimmte Eigenschaften ein, die neue Handlungsmöglichkeiten eröffnen. Das geschieht unabhängig von der Organisation und gilt für sämtliche Erscheinungsformen von Technik. Kugelschreiber und Laserdrucker treten genauso als Handlungsträger auf wie künstliche Intelligenz.

Deshalb liegt die Organisation als Entscheidungszusammenhang, der über Technik bestimmt, außerhalb der Interessenschwerpunkte des dritten Forschungsstrangs. Er setzt sich stattdessen mit einzelnen Handlungen von Menschen und Technik auseinander. Die wichtigste Frage lautet, auf welche Art und Weise sie einander neue Handlungspotenziale erschließen. Dieser Zusammenhang wird beispielsweise für Managemententscheidungen (Raisch/Krakowski 2020); Gebäudeschutz (Matzner 2019) und telefonischen Kundenservice (Bader 2021) diskutiert.

Die größte Nähe zu den Forschungsergebnissen der vorliegenden Arbeit weist der zweite Forschungsstrang auf. Er betrachtet eine soziale Prägung des Gegenständlichen (siehe insb. Barley 1988) als wesentliche Voraussetzung für den Umgang mit Technik. Wie Kette und Tacke (2022) erklären, wird der Einsatz fortschrittlicher Technologien „von Organisationen nicht nur getragen, sondern auch geformt". Dabei werden der Organisation große Kreativität und weitreichende Interpretationsfreiheiten zugestanden (siehe insb. Markus 1984; Degele 1996; Boudreau und Robey 2005). Dementsprechend untersuchen zahlreiche Arbeiten den Einfluss der Organisation auf künstliche Intelligenz.

Dazu gehören insbesondere Fleming (2019); Büchner und Dosdall (2022); Büchner und Dosdall (2021); sowie Waardenburg et al. (2022). Büchner und Dosdall (2021) stellen fest, dass der Output von Algorithmen in menschlichen Entscheidungen weiterverarbeitet werden muss, damit er Bedeutung gewinnt. Ähnlich beschreiben Waardenburg et al. (2022) Organisationsmitglieder als „Broker", die Outputs künstlicher Intelligenz in die Organisation tragen. Fleming (2019) sowie Büchner und Dosdall (2022) sehen Entscheidungen von Organisationen als zentrale Prämisse für die Einführung sowie den Umgang mit künstlicher Intelligenz. Fleming (2019) diskutiert diesbezüglich Personalkosten, organisatorische Machtverhältnisse sowie Umwelterwartungen als Einflussfaktoren.

Alle diese Arbeiten verweisen auf die Bedeutung der Entscheidungen von Organisationen und decken sich in dieser Hinsicht mit den Forschungsergebnissen der vorliegenden Arbeit. Auf Grund der strengen begrifflichen Trennung von Organisation und Technik besteht aber auch ein deutlicher Unterschied. Der Organisation wird nicht die Fähigkeit zugestanden, Technik zum Entscheidungsträger zu befördern. Bestimmte privilegierte Formen der Teilhabe an Organisationen

bleiben per definitionem für Menschen reserviert. Dadurch wird die Gestaltungs-
macht der Organisation im Vergleich mit den Ergebnissen der vorliegenden Studie
deutlich abgeschwächt.

Zu guter Letzt können wir aus den Forschungsergebnissen (3.) Bedingungen
ableiten, die Technik erfüllen muss, damit Organisationen sie als Entscheidungsträger integrieren können. Künstliche Intelligenz legt die Zuschreibung
von Selektionen nahe, weil sie als nicht-triviale Maschine erlebt wird (siehe
Abschnitt 6.1). Das erzeugt Aufmerksamkeit und weckt Hoffnungen auf spektakuläre Anpassungsleistungen. Triviale Maschinen, die feststehenden Programmen
folgen, sind davon deutlich zu unterscheiden.

Daraus folgt, dass Organisationsforschung sich mit den Eigenschaften von
Technik auseinandersetzen und unterschiedliche Formen von Technik differenzieren muss. Dabei muss die Beschaffenheit einer Technologie in Zusammenhang
mit den Interpretationsleistungen der Organisation betrachtet werden. Es stellt
sich die Frage, welche Möglichkeiten bestimmte Technik der Organisation
eröffnet und verschließt (siehe Abschnitt 2.2).

In dieser Beziehung bestehen erneut großen Unterschiede zum ersten und
dritten Forschungsstrang. Der erste Forschungsstrang beschreibt eine Beeinflussung von Organisationen durch Technik (s. o.). Dabei handelt es sich aber um
eine deterministische Beziehung, die keinen Raum für Interpretationsleistungen
auf Seiten der Organisation lässt (vgl. Orlikowski 2010: 130). Gleiche Technik
wirkt sich unabhängig von den Charakteristika des Anwendungskontextes gleichartig auf Organisationen aus. Dadurch wird der Einfluss der Beschaffenheit von
Technik überbetont.

Der dritte Forschungsstrang kann verschiedene Eigenschaften von Technik
daraufhin untersuchen, wie sie Mensch-Technik-Interaktionen beeinflussen (s. o.).
Er kann indes nicht berücksichtigen, inwieweit unterschiedliche Technologien
verschiedene Voraussetzungen für Rollenzuweisungen durch die Organisationen
schaffen. Die Frage, welche Rolle Technik einnimmt, wird nämlich teilweise
durch theoretische Vorannahmen beantwortet. Wie oben beschrieben, wird Technik grundsätzlich Handlungskompetenz beigemessen. Das gilt unabhängig von
ihren Eigenschaften und unabhängig von Zuschreibungen der Organisation.

Ausschließlich der zweite Forschungsstrang bewegt sich hinsichtlich der Analyse von Technik auf der Linie der vorliegenden Arbeit. Bereits Barley (1988:
47) weist darauf hin, dass die Beschaffenheit von Technik die Interpretations-
spielräume der Organisation begrenzt. Technikbilder sind insofern sowohl auf
Unternehmen als auch auf die Technik selbst zurückzuführen. Dieser Gedanke

schlägt sich auch in der Diskussion um künstliche Intelligenz wieder (siehe Jarrahi 2019 sowie Burrell 2016).

Zusammenfassend besteht die Neuheit der vorliegenden Studie im Vergleich mit dem Forschungsstand darin, dass sie eine aktive Beteiligung von Technik an Organisationen berücksichtigt und diese auf Entscheidungen zurückführt – statt sie pauschal zu unterstellen oder auszuschließen. Damit wird die Rolle der Organisation gegenüber den im Forschungsstand vertretenen Positionen gestärkt. Zudem wird der Fokus der Organisationsforschung auf die Entstehungsbedingungen unterschiedlicher Technikbilder gelenkt. Diesbezüglich ist ein detailliertes Modell entstanden, das die unterschiedlichen Erscheinungsformen künstlicher Intelligenz erklärt.

Einzelne dieser Positionen finden sich auch im Forschungsstand. Wir haben jedoch herausgearbeitet, dass die Kombination für die Analyse künstlicher Intelligenz unverzichtbar ist. Es reicht nicht aus, Technik zu einem Bestandteil des Sozialen zu erklären, wenn dabei der Einfluss der Organisation aus dem Fokus gerät. Genauso wenig lassen sich KI-Anwendungen organisationswissenschaftlich erklären, wenn ihre Teilhabe an Unternehmen auf Grund theoretischer Prämissen ausgeschlossen wird. Die vorliegenden Forschungsergebnisse bilden diesbezüglich ein Fundament für weitere empirische und theoretische Forschung. In Abschnitt 9.5 diskutieren wir, welche Fragen sich dabei aufdrängen. Zuvor besprechen wir jedoch die Limitationen der Forschungsergebnisse.

9.3   Limitationen

Die empirische Studie weist mehrere Limitationen auf. Das sind (1.) Limitationen, die mit den Methoden der Datenerhebung einhergehen. Dazu kommen (2.) Limitationen der Fallauswahl sowie (3.) Limitationen des Entstehungszeitraums. Dieses Kapitel dient der Reflexion dieser Schwachstellen. Zudem wird beschrieben, auf welche Art und Weise ihnen im Forschungsprozess begegnet wurde. Abschließend wird eine Einschätzung darüber getroffen, inwieweit die Forschungsergebnisse durch die besprochenen Limitationen verzerrt bzw. in ihrer Aussagekraft eingeschränkt sind.

Die durch die *Methoden der Datenerhebung* erzeugten Limitationen (1.) bestehen allesamt in Abhängigkeiten von individuellen Personen und Perspektiven. Solche Abhängigkeiten gibt es insbesondere bei den Experteninterviews. Wie Helfferich (2011: 154 ff.) zeigt, sind sowohl die Subjektivität der Interviewpartner als auch die Subjektivität der Forschenden zu berücksichtigen. Interviewpartner können durch bewusste und unbewusste Beschönigungen, durch Selektivität sowie durch die Reproduktion der Eigenlogik von Abteilungen Einfluss auf die Ergebnisse nehmen. Forschende bringen ihre Vorannahmen über Leitfäden und Fragestellungen in Interviewsituationen ein.

In Beobachtungsinterviews können ähnliche Schwierigkeiten auftreten. Sie sind ebenfalls von einem Organisationsmitglied abhängig, dessen Handeln Ausdruck von Erwartungszusammenhängen sein kann, die nicht expliziert werden (vgl. Kuhlmann 2009: 94 ff.). Zudem trägt der Forschende als Beobachter und nachfragender Interviewer seine persönlichen Relevanzsetzungen in die Beobachtungssituation. Im Vergleich mit dem Experteninterview reduziert die unmittelbare Beobachtbarkeit des Arbeitshandelns jedoch die Abhängigkeit von sprachlichen Darstellungen.

Dokumente sind als Datenquelle, wie in Abschnitt 4.3.3 geschildert, abhängig von der jeweiligen Perspektive ihrer Autoren. Wie sich bei der Auswertung gezeigt hat, spiegeln interne Dokumente stark den Blickwinkel der formalen Organisation. Informale Gesichtspunkte einer Entscheidung werden ausgeblendet. Öffentlich zugängliche Dokumente auf Websites sind selektiv und idealisieren Unternehmen. Sie reflektieren die „Schauseite der Organisation" (Kühl 2011: 136 ff.). Zeitungsartikel bauen auf begrenzten Informationen auf, die der Öffentlichkeit zugänglich sind bzw. durch Unternehmen zugänglich gemacht werden.

Um der Abhängigkeit von Interviewpartnern und dem Bias von Dokumenten zu begegnen, wurden bei der Datenauswertung mehrere Schritte unternommen, die das Methodenkapitel ausführlich beschreibt (siehe Abschnitt 4.4). Dazu gehören die Kontrastierung der Perspektiven unterschiedlicher Interviewpartner, die Kombination unterschiedlicher Datenquellen sowie der Fallvergleich. Darüber hinaus wurde durch die abschließende theoriegeleitete Analyse eine Rückbindung an den Forschungsstand erreicht (siehe Abschnitt 4.4.2). Das erlaubte es, individuelle Perspektiven kritisch zu reflektieren und in übergeordnete Zusammenhänge einzuordnen.

Die Abhängigkeit vom Blickwinkel des Forschenden wurde ebenfalls durch mehrere Maßnahmen gemindert. Bei der Leitfadenerstellung wurden die Offenheit der Fragen und die Offenheit der Interviewsituation durch das SPSS-Prinzip der Leitfadenerstellung (Helfferich 2011: 182 ff.) gefördert. Auch durch die methodisch kontrollierte Auswertung des Interviewmaterials (siehe Abschnitt 4.4) wurden die subjektiven Gedankenbezüge des Forschenden eingegrenzt. Darüber hinaus wurden sowohl die Forschungsmethoden als auch die Forschungsergebnisse mit Kolleginnen und Kollegen sowie im Kontext von Kolloquien diskutiert.

Durch diese Vorgehensweisen konnten die aus der Methodenauswahl entstehenden Abhängigkeiten eingeschränkt werden. Wie Kelle et al. (1993: 6 ff.) erklären, kann qualitative Forschung sich jedoch niemals vollständig von subjektiven Bezügen befreien. Folglich bleibt die vorliegende Studie in begrenztem Maße Ausdruck der Subjektivität des Forschenden, seiner Interviewpartner und der selektiven Schriftlichkeit von Unternehmen.

Die *Fallauswahl* zeigt (2.) zwei Limitationen. Erstens gibt es unter den untersuchten Unternehmen nur deutsche Organisationen. Das ist problematisch, weil der Umgang mit Technik kulturelle Differenzen aufweisen könnte. Sowohl Erwartungen an Entscheidungsträger als auch die Interpretation künstlicher Intelligenz könnte in anderen Kontexten anders verlaufen. Zweitens zeigen die untersuchten Fälle wenig Informalität im Umgang mit künstlicher Intelligenz. Das ist in Anbetracht der harten Einschnitte in den Organisationsalltag überraschend. Informalität ist eine häufige Reaktion auf Veränderungen von Arbeitsprozessen durch EDV (vgl. Schulz-Schaeffer/Funken 2008).

Das erste dieser Probleme, der Mangel an internationalen Fällen, bedeutet eine Einschränkung der Aussagekraft der Ergebnisse. Es kann kein grenzüberschreitender Erklärungsanspruch aufgestellt werden. Dafür müssten zunächst weitere Untersuchungen angestellt werden, die Unternehmen aus anderen Kulturkontexten miteinbeziehen. Diesbezüglich stellt sich die Frage, inwieweit andere Kulturräume Unsicherheit auf ähnliche Weise konstruieren. Hofstede (1983) sowie Javidan et al. (2006) zeigen, dass es im internationalen Vergleich große Unterschiede hinsichtlich der Unsicherheitstoleranz von Organisationsmitgliedern gibt. Zudem ist zu klären, inwieweit sich unterschiedliche Erwartungen an Entscheidungsträger auf den Umgang mit künstlicher Intelligenz auswirken.

Das geringe Ausmaß informaler Praktiken stellt nicht zwingend ein Problem dar. Es ist einerseits dadurch erklärbar, dass der Output künstlicher Intelligenz häufig automatisch weiterverarbeitet wird. Menschen haben keine Möglichkeit, informale Praktiken zu entwickeln, wenn sie nicht in die betroffenen Prozesse eingebunden sind. Andererseits könnte das Ausbleiben informaler Abweichungen von formalen Prozessen auf die Mechanismen zurückzuführen sein, mit Hilfe derer Unternehmen Vertrauen in künstliche Intelligenz aufbauen. Solange Zufriedenheit mit der Technik herrscht, gibt es keinen Grund für Eingriffe jenseits der formalen Struktur (siehe Abschnitt 7.3).

Als letzte Limitation ist (3.) zu berücksichtigen, dass die Daten, auf denen die Arbeit aufbaut, eine Momentaufnahme der Jahre 2019 bis 2023 darstellen.

Einige der in den vorausgehenden Kapiteln beschriebenen Phänomene könnten daher Übergangsphänomene sein, die sich im Lauf der Zeit verflüchtigen. Ängste vor einer unberechenbaren künstlichen Intelligenz könnten verschwinden, wenn die alltägliche Konfrontation mit KI-Anwendungen kollektive Erwartungen an Entscheidungsträger verändert. Damit könnten auch die in Abschnitt 7.2 beschriebenen vertrauenserzeugenden Mechanismen ihre Daseinsberechtigung einbüßen.

Leider gab es keine Möglichkeit, dieser Limitation entgegenzuwirken. Sozialer Wandel in der Einstellung gegenüber Entscheidungsträgern und künstlicher Intelligenz lässt sich nicht verlässlich voraussagen. Inwieweit dies folgenreich für die Ergebnisse der vorliegenden Arbeit ist, wird sich in den kommenden Jahren herausstellen. Es kann daher lediglich auf diese potenziellen Veränderungen hingewiesen werden, sodass Leser sie berücksichtigen und eigene Schlüsse ziehen.

Im Ergebnis muss der Erklärungsanspruch der vorliegenden Arbeit zum einen in zeitlicher Hinsicht eingeschränkt werden. Es ist möglich, dass die Erwartungen gegenüber Entscheidungsträgern, die den Umgang mit künstlicher Intelligenz prägen, sich verändern. Sowohl das Misstrauen, das der Technik entgegengebracht wird, als auch die Mechanismen, mit deren Hilfe Organisationen Unsicherheit managen, wären in diesem Fall Übergangsphänomene. Zum anderen können die Thesen keine kulturübergreifende Gültigkeit beanspruchen.

Die restlichen in diesem Kapitel besprochenen Probleme ließen sich im Forschungsprozess besser kontrollieren. Als qualitative Studie bleibt die vorliegende Arbeit zwar abhängig von subjektiven Perspektiven. Diese Abhängigkeit konnte aber durch die im Methodenteil beschriebenen Verfahren reflektiert und moderiert werden.

Innerhalb der genannten Grenzen beansprucht die Arbeit, die Rolle künstlicher Intelligenz im Kontext von Entscheidungen abzubilden. Dieser Anspruch wird durch ein „gesättigtes" Sample von Fällen (vgl. Corbin/Strauss 2015: 147) gestützt. Die untersuchten Organisationen unterscheiden sich maßgeblich hinsichtlich ihrer Größen, Branchen, Strukturformen, System-Umwelt-Beziehungen und Einstellungen gegenüber Technik. Über mehrstufige Abstraktionsverfahren (siehe Abschnitt 4.4.1) sind diese Differenzen in die Thesenbildung miteingeflossen. Die Forschungsergebnisse reflektieren angesichts dessen eine große empirische Vielfalt. Trotzdem muss die Übertragbarkeit der Ergebnisse qualitativer Fallstudien auf individuelle Populationen von Organisationen getestet werden (vgl. Yin 2014: 21).

9.4   Hinweise für die Unternehmenspraxis

Im Rahmen der empirischen Studie wurde ein wissenschaftliches Problem bearbeitet. Die Forschungsergebnisse lassen sich jedoch auch als Ratgeber für die Unternehmenspraxis lesen. Sie zeigen (1.), dass künstliche Intelligenz für Unternehmen in mehrerer Hinsicht funktional ist. Sie beleuchten (2.) die Veränderungen und Risiken, die mit der Einführung künstlicher Intelligenz verbunden sind. Zudem zeigen sie (3.), wie Organisationen ihre Entscheidungsträger vom Einsatz der Technik überzeugen und ihr Entscheidungsgewalt übertragen können. Wir gehen im Folgenden auf alle drei Gesichtspunkte ein.

Bei der Analyse der Folgen KI-gestützter Entscheidungsfindung haben wir (1.) mehrere positive Effekte identifiziert. Künstliche Intelligenz erhöht die Informationsverarbeitungskapazität von Entscheidungsprozessen im Hinblick auf Daten. Zudem erlauben KI-Anwendungen die Automatisierung von Strukturgebungsprozessen. Dadurch erweitern sie zum einen das Handlungsspektrum von Organisationen, insbesondere im Hinblick auf komplexe Entscheidungsprobleme. Zum anderen passen sie Organisationsstruktur an (Umwelt-) Veränderungen an.

Das macht es für bestimmte Unternehmen interessant, sich mit künstlicher Intelligenz auseinanderzusetzen. Dazu zählen erstens Organisationen, die Schwierigkeiten haben, Strukturlösungen für ihre Entscheidungsprobleme zu finden. Zweitens können Organisationen profitieren, die fortlaufenden Umweltveränderungen ausgesetzt sind. Drittens ist die automatische Auswertung von Daten ein Anreiz für Unternehmen, die große Datenmengen erschließen wollen. Letzteres gilt insbesondere in Kontexten, in denen nachweislich ein Zusammenhang zwischen Informationsverarbeitung und Entscheidungsqualität besteht (vgl. Lejarraga/Pindard-Lejarraga 2020).

Neben diesen Vorzügen haben wir (2.) eine Reihe nachteilhafter Veränderungen und Risiken identifiziert, die mit der Einführung künstlicher Intelligenz verbunden sind. Die Prämissen, an denen sich die Technik orientiert, sind nicht beobachtbar (siehe Abschnitt 6.2.1); sie kann keine Rechenschaftspflicht für Fehler übernehmen (siehe Abschnitt 6.2.2) und gibt keine Begründungen ab (siehe Abschnitt 6.2.3). Darüber hinaus sind KI-Anwendungen unfähig, Daten zu hinterfragen (siehe Abschnitt 8.3) und die (soziale) Welt jenseits von Daten in ihre Entscheidungsfindung einzubeziehen (siehe Abschnitt 8.2). Jeder dieser Gesichtspunkte könnte ein starkes Argument gegen künstliche Intelligenz sein.

Unternehmen, die sich dennoch für künstliche Intelligenz begeistern, können (3.) die Abschnitte 7.2 und 7.3 als Anleitung dafür betrachten, wie man künstlicher Intelligenz erfolgreich Entscheidungsgewalt überträgt. Der Schlüssel besteht im Aufbau und der Aufrechterhaltung von Vertrauen. Während bzw. vor

der Einführung der Technik erfüllen diesen Zweck Faustregeln, Tests und Bürgschaften. Nach der Einführung können mithilfe von Verlässlichkeitskontrollen und
Vergleichen bessere Ergebnisse erzielt werden.

9.5 Weiterführende Forschung

Aus der vorliegenden Studie lassen sich mehrere Aufgaben für Anschlussforschung ableiten. Zum einen wirft sie Fragen auf, die durch empirische Forschung
beantwortet werden müssen. Sie betreffen die Voraussetzungen der KI-Einführung
auf Seiten der Organisation. Zum anderen ergibt sich aus den Forschungsergebnissen der Auftrag, Organisationstheorie an künstliche Intelligenz anzupassen.
Wir erörtern im Folgenden, welche weiterführenden Arbeiten sinnvoll sind.
Zudem umreißen wir mögliche Ansatzpunkte und Forschungsfragen.

Es hat sich gezeigt, dass der Umgang mit künstlicher Intelligenz maßgeblich
durch die Enttäuschung sozialer Normen geprägt ist. Organisationen erwarten
von ihren Entscheidungsträgern, dass sie transparenten Prämissen folgen, Entscheidungen begründen und Rechenschaftspflicht für Fehler übernehmen. Wie
wir festgestellt haben, scheitern KI-Anwendungen vollumfänglich an diesen Vorstellungen. Sie verbergen ihre Entscheidungsprämissen, bleiben Begründungen
schuldig und entziehen sich jeglicher Rechenschaftspflicht.

Deshalb entsteht bei Organisationsmitgliedern Unsicherheit, die wiederum die
Einführung der Technik stört. Manche Organisationen können ihr überhaupt keine
Entscheidungsgewalt übertragen. Andere müssen großen Aufwand betreiben,
um Vertrauen herzustellen. Diese kausale Verbindung macht die Erwartungen,
die Organisationen gegenüber ihren Entscheidungsträgern formulieren, zu einem
interessanten Gegenstand für weiterführende Analysen. Inwiefern verändern sich
die Ansprüche der Unternehmen? Und welche Konsequenzen hätten Umbrüche
für den Umgang mit KI-Anwendungen?

Unternehmen könnten sich im alltäglichen Umgang mit künstlicher Intelligenz an deren Eigenarten gewöhnen. Dazu könnte insbesondere die fortlaufend
hochbewertete Entscheidungsqualität beitragen (siehe Abschnitt 7.2.2 sowie
Abschnitt 7.3.1). Weil die Erwartungen, an denen KI-Anwendungen scheitern,
als Selbstverständlichkeiten gelten, dürften Veränderungen allerdings viel Zeit in
Anspruch nehmen. Sie könnten durch langfristig ausgerichtete quantitative Studien identifiziert und begleitet werden. Diese könnten die Ansprüche abfragen,
die Unternehmen gegenüber ihren Entscheidungsträgern formulieren.

Genauso wäre es möglich, dass Organisationen dauerhafte Lösungen für einzelne oder mehrere der Schwierigkeiten im Umgang mit künstlicher Intelligenz finden. Diesbezüglich ist insbesondere Kettes (2022) These interessant, dass Organisationen auf Grund der fehlenden Kapazität der Technik Verantwortung zu übernehmen, nach „Verantwortungsersatz" suchen. Sollte das langfristig erfolgreich sein, würden sich die Voraussetzungen der KI-Einführung maßgeblich verschieben.

Wenn Organisationen ihre Erwartungen gegenüber Entscheidungsträgern an künstliche Intelligenz anpassen (oder dauerhafte Lösungsansätze finden), würde dadurch weiterer Wandel verursacht. KI-Anwendungen würden weniger als Fremdkörper auffallen. Das würde es erleichtern, sie als Entscheidungsträger einzusetzen (siehe Abschnitt 6.3). Infolgedessen würden wir eine zunehmende Verbreitung der Technik durch unterschiedliche Organisationseinheiten sowie eine Ausweitung ihrer Entscheidungsgewalt erleben. Selbst zögerliche Unternehmen wie die Wirtschaftsprüfungsgesellschaft könnten die Rolle künstlicher Intelligenz stärken[2].

Neben diesen empirischen Problemen lässt sich aus der vorliegenden Studie der Auftrag ableiten, Theorie anzupassen, sodass sie die verschiedenen Erscheinungsformen künstlicher Intelligenz abbilden und erklären kann. Die Forschungsergebnisse hinsichtlich der Beziehung von Organisation und Technik können dafür als Prämissen dienen: Organisationstheorie sollte berücksichtigen, dass KI-Anwendungen (1.) aktiven Anteil an Organisationen gewinnen. Ihre Beteiligung an der sozialen Welt ist (2.) auf Entscheidungen von Organisationen zurückzuführen. Diese Entscheidungen setzen wiederum (3.) bestimmte Eigenschaften auf Seiten der Technik voraus, die die Zuschreibung von Selektionen ermöglichen.

Wir haben in Abschnitt 9.2 untersucht, wie sich diese Forschungsergebnisse zu bestehenden Technikbildern verhalten. Auf Grundlage dessen können wir diskutieren, inwieweit diese Ansätze modifizierbar sind:

Die schlechtesten Ausgangsbedingungen bietet der erste Forschungsstrang. Dafür gibt es mehrere Gründe. Die zugehörigen Arbeiten unterstellen eine Trennung von Organisation und Technik. Zudem reduzieren sie deren komplexe Beziehung auf isolierte Variablen (siehe Abschnitt 2.1). Die Erkenntnisse, die sie über den Einfluss künstlicher Intelligenz auf Arbeitsplätze (siehe z.B. Frey/

---

[2] Dieselben Ergebnisse könnten sich selbstverständlich auch dadurch einstellen, dass sich die technischen Eigenschaften künstlicher Intelligenz den Erwartungen von Organisationen annähern.

Osborne 2013) oder Entscheidungsqualität (siehe z.B. Bolander 2019) produzieren, bleiben zusammenhangslos. Es bedürfte demzufolge eines Theorieneubaus, der gegen die implizite Trennung von Organisation und Technik ankämpfen müsste.

Der dritte Forschungsstrang bietet ein besseres Fundament. Er kann künstliche Intelligenz ohne Weiteres als Bestandteil von Organisationen analysieren. Callon und Muniesa (2005) oder Suchman (2007: 226) hätten jedoch große Schwierigkeiten, die Schlüsselrolle von Unternehmen für die Teilhabe von Technik am Sozialen sowie die Differenzierung unterschiedlicher Technologien hinsichtlich ihrer Akteurskompetenz abzubilden (siehe Abschnitt 2.3). Es gehört zu den Grundannahmen ihres Technikbilds, dass jegliche Form von Technik handlungsfähig ist. Veränderungen wären darum kaum anschlussfähig.

Die besten Voraussetzungen bietet der zweite Forschungsstrang. Beispielsweise halten Barley (1988) und Weick (2001) Organisations- und Technikbilder bereit, die mit den obengenannten Prämissen in mehreren Gesichtspunkten harmonieren. Sie beinhalten aber eine statische Grenze zwischen Technik und Organisation (siehe Abschnitt 2.2). Diese Annahme anzupassen und im Rahmen größerer Theoriegebäude konsequent zu durchdenken, ist arbeitsintensiv. Im Ergebnis würden sich aber interessante Möglichkeiten erschließen, die Interpretation künstlicher Intelligenz durch Organisationen und den Einfluss der Beschaffenheit der Technik zu untersuchen.

Zusammenfassend beinhalten sämtliche organisationstheoretischen Technikbilder mehr oder weniger große Hürden für die Integration künstlicher Intelligenz. Eine vierte Option könnte deshalb darin bestehen, den in Kapitel 3 eingeschlagenen Weg weiterzugehen. Das würde bedeuten, die Beziehung zwischen Organisation und Technik im Rahmen einer Organisationstheorie auszuformulieren, die sich bislang wenig mit Technik befasst hat. Diesbezüglich hat sich die Systemtheorie als zweckdienlich erwiesen, weil sie weitgehend auf Vorannahmen darüber verzichtet, wer oder was als Entscheidungsträger bzw. Handelnder infrage kommt, und dieses Urteil der Empirie überlässt.

Diese Ausgangsbedingung teilt die Systemtheorie mit einer Reihe theoretischer Ansätze, die Cooren et al. (2011) sowie Schoeneborn et al. (2019) unter der Überschrift „Communicative Constitution of Organizations" (CCO) zusammenfassen. CCO bedeutet, dass Kommunikation als konstituierendes Element von Organisationen betrachtet wird. Das trifft neben der Systemtheorie auf das „Four Flows Model" von McPhee (2004); die „Montreal School" (Taylor/van Every 2000 und 2011; Cooren 2000) und das neue St.-Galler-Modell (Rüegg-Stürm/

Grand 2017) zu. Wie Harth (2018) sowie Harth und Lorenz (2017) bereits herausgearbeitet haben, weist der dahinterstehende Kommunikationsbegriff die gleiche empirische Offenheit auf wie der Entscheidungsbegriff der vorliegenden Arbeit.

Die genannten Ansätze erlauben es daher, die Rolle künstlicher Intelligenz als Variable zu denken, die durch die Organisation bestimmt wird. Weil es diesen Ansätzen an Technikbezug mangelt, würde die Integration künstlicher Intelligenz allerdings bedeuten, dass ihre zentralen Begriffe allesamt mit Technik im Allgemeinen bzw. künstlicher Intelligenz im Speziellen in Bezug gesetzt werden müssen. Die vorliegende Arbeit hat diesbezüglich einen ersten Schritt unternommen, indem sie den Entscheidungsbegriff beleuchtet hat. Wir haben sowohl Entscheidungen über künstliche Intelligenz als auch künstliche Intelligenz als Entscheidungsträger behandelt. Andere Schlüsselbegriffe der Organisationstheorie müssten die gleiche Aufmerksamkeit erfahren.

Literaturverzeichnis

Adadi, Amina/Berrada, Mohammed (2018). Peeking Inside the Black-Box. A Survey on Explainable Artificial Intelligence. In: IEEE Access 6 (6), 52138–52160.

Agrawal, Ajay/Gans, Joshua/Goldfarb, Avi (2018). Prediction Machines. Boston: Harvard Business Review Press.

Akter, Shahriar/Dwivedi, Yogesh/Sajib, Shahriar/Biswas, Kumar/Bandara, Ruwan/Michael, Katina (2022). Algorithmic bias in machine learning-based marketing models. In: Journal of Business Research 144, 201–216.

Aloisi, Antonio/De Stefano, Valerio (2022). Your Boss Is an Algorithm. Artificial Intelligence, Platform Work and Labour. London: Bloomsbury Publishing.

Alpaydin, Ethem (2016). Machine Learning. The New AI. Cambridge: The MIT Press.

Ansari, Shahzad/Munir, Kamal (2010). Letting Users into our World. Some Organizational Implications of User-Generated Content. In: Phillips, Nelson/Sewell, Graham/Griffiths, Dorothy (Hrsg.). Technology and Organization. Essays in Honour of Joan Woodward. Bingley: Emerald, 79–105.

Aoki, Naomi (2021). The importance of the assurance that humans are still in the decision loop for public trust in artificial intelligence. Evidence from an online experiment. In: Computers in Human Behavior 37 (1), o.S.

Aral, Sinan/Weill, Peter (2007). IT Assets, Organizational Capabilities, and Firm Performance. How Resource Allocations and Organizational Differences Explain Performance Variation. In: Organization Science 18 (5), 763–780.

Argyris, Chris (1977). Double loop learning in organizations. In: Harvard Business Review 55 (5), 115–125.

Asatiani, Aleksandre/Malo, Pekka/Nagbøl, Per Rådberg/Penttinen, Esko/Rinta-Kahila, Tapani/Salovaara, Antti (2021). Sociotechnical Envelopment of Artificial Intelligence. An Approach to Organizational Deployment of Inscrutable Artificial Intelligence Systems. In: Journal of the Association for Information Systems, 22 (2), o.S.

Aspers, Patrik (2018). Forms of uncertainty reduction. Decision, valuation, and contest. In: Theory and Society 47 (2), 133–149.

Aust, Holger (2021). Das Zeitalter der Daten. Was Sie über Grundlagen, Algorithmen und Anwendungen wissen sollten. Berlin: Springer Nature.

Bader, Verena (2021). Mensch-Technik-Verflechtung. Hybrides Handeln innerhalb digitaler Arbeit und Organisation. Wiesbaden: Springer Gabler.

© Der/die Herausgeber bzw. der/die Autor(en), exklusiv lizenziert an Springer Fachmedien Wiesbaden GmbH, ein Teil von Springer Nature 2024
C. Scharff, *Wie künstliche Intelligenz Entscheidungen prägt*,
https://doi.org/10.1007/978-3-658-44262-0

Bader, Verena/Kaiser, Stephan (2019). Algorithmic decision-making? The user interface and its role for human involvement in decisions supported by artificial intelligence. In: Organization 26 (5), 1–18.

Bär, Tobias (2023). Algorithmic Bias. Verzerrungen durch Algorithmen verstehen und verhindern. Ein Leitfaden für Entscheider und Data Scientists. New York: Springer Vieweg.

Barad, Karen (2003). Posthumanist Performativity. Toward an Understanding of How Matter Comes to Matter. In: Signs 28 (3), 801–831.

Bardmann, Theodor/Dollhausen, Karin/Kleinwellfonder, Birgit (1992). Technik als Parasit sozialer Kommunikation. In: Soziale Welt 43 (2), 201–216.

Barley, Stephen (1988). Technology, power, and the social organization of work. In: Research in the Sociology of Organizations 6 (1), 33–80.

Bathaee, Yavar (2018). The Artificial Intelligence Black Box and the Failure of Intent and Causation. In: Harvard Journal of Law & Technology 31 (2), 889–938.

Beckers, Anna/Teubner, Günther (2022). Mensch-Algorithmus-Hybride als (Quasi-) Organisationen? Zu Verantwortung und Verantwortlichkeit von digitalen Kollektivakteuren. In: Soziale Systeme 26 (1–2), 95–126.

Besio, Cristina/Fedtke, Cornelia/Grothe-Hammer, Michael/Karafillidis, Athanasios (2022). Verantwortungsvolle Maschinen ohne Verantwortlichkeit? Datenintensive Algorithmen in Organisationen. In: Soziale Systeme 26 (1–2), 129–159.

Beunza, Daniel/Stark, David (2004). Tools of the trade. The socio-technology of arbitrage in a Wall Street trading room. In: Industrial and Corporate Change 13 (2), 369–400.

Bianchini, Stefano/Müller, Moritz/Pelletier, Pierre (2022). Artificial intelligence in science. An emerging general method of invention. In: Research Policy 51 (10), 1–15.

Bijker, Wiebe (1995). Of Bicycles, Bakelites, and Bulbs. Cambridge: The MIT Press.

Birkinshaw, Julian (2020). What Is the Value of Firms in an AI World? In: Canals, Jordi/Heukamp, Franz (Hrsg.). The Future of Management in an AI World. Redefining Purpose and Strategy in the Fourth Industrial Revolution. Cham: Palgrave Macmillan, 23–36.

Bischof, Andreas/Wohlrab-Sahr, Monika (2018). Theorieorientiertes Kodieren, kein Containern von Inhalten! Methodologische Überlegungen am Beispiel jugendlicher Facebook-Nutzung. In: Pentzold, Christian/Bischof, Andreas/Heise, Nele (Hrsg.). Praxis Grounded Theory. Theoriegenerierendes empirisches Forschen in medienbezogenen Lebenswelten, 73–104.

Bley, Katja/Fredriksen, Simen/Skjaervik, Mats/Pappas, Ilias (2022). The Role of Organizational Culture on Artificial Intelligence Capabilities and Organizational Performance. In: Papagiannidis, Savvas (Hrsg.). The Role of Digital Technologies in Shaping the Post-Pandemic World. Cham: Springer Nature, 13–24.

Böhm, Andreas (1994). Grounded Theory. Wie aus Texten Modelle und Theorien gemacht werden. In: Boehm, Andreas/Mengel, Andreas/Muhr, Thomas (Hrsg.). Texte verstehen. Konzepte, Methoden, Werkzeuge. Konstanz: UVK, 121–140.

Böhm, Andreas (2008). Theoretisches Codieren. Textanalyse in der Grounded Theory. In: Flick, Uwe et al. (Hrsg.). Qualitative Forschung. Ein Handbuch. Reinbek bei Hamburg: Rowohlt, 475 – 484.

Bolander, Thomas (2019). What do we lose when machines take the decisions? In: Journal of Management and Governance 23 (4), 849–867.

Bonin, Holger/Gregory, Terry/Zierahn, Ulrich (2015). Übertragung der Studie von Frey/ Osborne (2013) auf Deutschland. URL: https://ftp.zew.de/pub/zew-docs/gutachten/Kur zexpertise_BMAS_ZEW2015.pdf (18.02.2022).

Borch, Christian/Min, Bo Hee (2022). Toward a sociology of machine learning explainability. Human–machine interaction in deep neural network-based automated trading. In: Big Data & Society 9 (2), 1–13.

Bory, Paolo (2019). Deep new. The shifting narratives of artificial intelligence from Deep Blue to AlphaGo. In: Convergence 25 (4), 627–642.

Boudreau, Marie-Claude/Robey, Daniel (2005). Enacting Integrated Information Technology. A Human Agency Perspective. In: Organization Science 16 (1), 3–18.

Boyd, Ross/Holton, Robert (2018). Technology, innovation, employment and power. Does robotics and artificial intelligence really mean social transformation? In: Journal of Sociology 54 (3), 331–345.

Breitenstein, Caterina/Knecht, Stefan (2003). Spracherwerb und statistisches Lernen. In: Der Nervenarzt 74 (2), 133–143.

Brock, Jürgen/Wangenheim, Florian (2019). Demystifying AI. What digital transformation leaders can teach you about realistic artificial intelligence. In: California Management Review 61 (4), 110–134.

Brödner, Peter (2022). Die Illusionsfabrik der KI-Narrative. FIfF-Kommunikation 19 (2), 32–36.

Brosziewski, Achim (2015). Unsicherheit als ein Grundkonzept der Organisationssoziologie. In: Apelt, Maja/Senge, Konstanze (Hrsg.). Organisation und Unsicherheit. Wiesbaden: Springer VS.

Brunsson, Karin/Brunsson, Nils (2017). Decisions. The Complexities of Individual and Organizational Decision-Making. Northampton: Edward Elgar Publishing.

Brunsson, Nils (1985). The Irrational Organization. Irrationality as a Basis for Organizational Action and Change. Chichester: John Wiley & Sons.

Brynjolfsson, Erik/Hitt, Lorin/Kim, Heekyung (2011). Strength in Numbers. How Does Data-Driven Decisionmaking Affect Firm Performance? URL: https://doi.org/10.2139/ ssrn.1819486 (24.03.2022).

Brynjolfsson, Erik/Mcafee, Andrew (2014). The Second Machine Age. New York: Norton & Company.

Brynjolfsson, Erik/Mitchell, Tom (2017). What can machine learning do? Workforce implications. In: Science 358 (6370), 1530–1534.

Brynjolfsson, Erik/Mitchell, Tom/Rock, Daniel (2018). What Can Machines Learn and What Does It Mean for Occupations and the Economy? In: AEA Papers and Proceedings 108, 43–47.

Büchner, Stefanie (2018). Zum Verhältnis von Digitalisierung und Organisation. In: Zeitschrift für Soziologie 47 (5): 332–348.

Büchner, Stefanie/Dosdall, Henrik (2021). Organisation und Algorithmus. Wie algorithmische Kategorien, Vergleiche und Bewertungen durch Organisationen relevant gemacht werden. In: Kölner Zeitschrift für Soziologie und Sozialpsychologie 73 (1), 333–357.

Büchner, Stefanie/Dosdall, Henrik (2022). Organisation und digitale Technologien. Predictive Policing im organisationalen Kontext. In: Soziale Systeme 26 (1–2), 217–239.

Bullock, Justin/Huang, Hsini/ Kim, Kyoung-Cheol (2022). Machine Intelligence, Bureaucracy, and Human Control. In: Perspectives on Public Management and Governance 5 (2), 187–196.

Burr, Christopher/Cristianini, Nello/ Ladyman, James (2018). An Analysis of the Interaction Between Intelligent Software Agents and Human Users. In: Minds and Machines 28 (4), 735–774.

Burrell, Jenna (2016). How the machine 'thinks'. Understanding opacity in machine learning algorithms. In: Big Data & Society 3 (1), 1–12.

Buzogány, Aron (2019). Bauchgefühle, Faustregeln oder Kopfentscheidungen. Die Rolle von Heuristiken bei Entscheidungen politischer Eliten. In: Der moderne Staat 12 (1), 50–72.

Callen, Anthony (2021). When Knowledge Work and Analytical Technologies Collide. The Practices and Consequences of Black Boxing Algorithmic Technologies. In: Administrative Science Quarterly 66 (4), 1173–1212.

Callen, Anthony/Bechky, Beth/Fayard, Anne-Laure (2023). "Collaborating" with AI. Taking a System View to Explore the Future of Work. In: Organization Science, Online-Vorveröffentlichung.

Callon, Michel (1984). Some Elements of a Sociology of Translation. Domestication of the Scallops and the Fishermen of St. Brieuc Bay. In: The Sociological Review 32 (1), 196–233.

Callon, Michel/Muniesa, Fabian (2005). Economic markets as calculative collective devices. In: Organization Studies 26 (8), 1229–1250.

Calvello, Angelo (2023). We Will Never Fully Understand How AI Works. But That Shouldn't Stop You From Using It. URL: https://www.institutionalinvestor.com/article/b8xglnmlb2d1lb/We-Will-Never-Fully-Understand-How-AI-Works-But-That-Shouldnt-Stop-You-From-Using-It (20.02.2023).

Cats-Baril, William/Huber, George (1987). Decision Support Systems For Ill-Structured Problems. An Empirical Study. In: Decision Sciences 18 (3), 350–372.

Choi, David/Kang, Jae (2019). Net Job Creation in an Increasingly Autonomous Economy. The Challenge of a Generation. In: Journal of Management Inquiry 28 (3), 300–305.

Clark, Charles/Gevorkyan, Aleksandr (2020). Artificial Intelligence and Human Flourishing. In: The American Journal of Economics and Sociology 79 (4), 1307–1344.

Cohen, Michael/March, James/Olsen, Johan (1972). A Garbage Can Model of Organizational Choice. In: Administrative Science Quarterly 17 (1), 1–25.

Cooren, Francois/Kuhn, Timothy/Cornelissen, Joep/Clark, Timothy (2011). Communication, Organizing and Organization. An Overview and Introduction to the Special Issue. In: Organization Studies 32 (9), 1149–1170.

Cooren, François/Seidl, David (2020). Niklas Luhmann's radical communication approach and its implications for research on organizational communication. In: Academy of Management Review 45 (2), 479–497.

Corbin, Juliet/Strauss, Anselm (2015). Basics of qualitative Research. Thousand Oaks: Sage.

Cristianini, Nello/Scantamburlo, Teresa/Ladyman, James (2023). The social turn of artificial intelligence. In: AI & Society 38 (1), 89–96.

Curchod, Corentin/Patriotta, Gerardo/Cohen, Laurie/Neysen, Nicolas (2020). Working for an Algorithm. Power Asymmetries and Agency in Online Work Settings. In: Administrative Science Quarterly 65 (3), 644–676.

Cyert, Richard/March, James (1963). A Behavioral Theory of the Firm. Englewood Cliffs: Prentice-Hall.

Czerlinski Jean/Gigerenzer Gerd/Goldstein, Daniel (1999). How good are simple heuristics? In: Gigerenzer, Gerd et al. (Hrsg.) Simple heuristics that make us smart. Oxford: Oxford University Press, 97–118.

D'Mello, Jason (2019). Universal Basic Income and Entrepreneurial Pursuit in an Autonomous Society. In: Journal of Management Inquiry 28 (3), 306–310.

Danaher, John (2017). Will Life Be Worth Living in a World Without Work? Technological Unemployment and the Meaning of Life. In: Science and Engineering Ethics 23 (1), 41–64.

Davis, Fred (1989). Perceived usefulness, perceived ease of use and user acceptance of information technology. In: MIS Quarterly 13 (3), 319–340.

De Fine Licht, Karl/De Fine Licht, Jenny (2020). Artificial intelligence, transparency, and public decision-making. Why explanations are key when trying to produce perceived legitimacy. In: AI & Society 35 (4), 917–926.

De Obesso Arias, María/Rivero, Carlos/Márquez, Oliver (2023). Artificial intelligence to manage workplace bullying. In: Journal of Business Research, Online-Vorveröffentlichung.

Degele, Nina (1995). Vom Nutzen nichtgenutzter Expertensysteme. In: Rammert, Werner (Hrsg.). Soziologie und künstliche Intelligenz. Produkte und Probleme einer Hochtechnologie. Frankfurt am Main: Campus, 275–298.

Degele, Nina (1996). Die Entwicklung und Nutzung von Software. Zur Genese informationstechnischen Handelns. In: Zeitschrift für Soziologie 25 (1), 58–70.

Dell'Acqua, Fabrizio (2022). Artificial Intelligence in Organizations. Three Experiments on Human-Machine Interaction and Human Augmentation. Dissertationsschrift. Columbia University.

DeNisi, Angelo/Sonesh, Shirley (2011). The appraisal and management of performance at work. In: Zedeck, Sheldon (Hrsg.). APA handbook of industrial and organizational psychology. Selecting and developing members for the organization. Washington: American Psychological Association, 255–279.

Dequech, David (1999). Expectations and Confidence under Uncertainty. In: Journal of Post Keynesian Economics 21 (3), 415–430.

Dietvorst, Berkeley (2016). Algorithm Aversion. URL: https://repository.upenn.edu/edissertations/1686 (12.09.2021).

Dietvorst, Berkeley/Simmons, Joseph/Massey Cade (2018). Overcoming Algorithm Aversion. People Will Use Imperfect Algorithms If They Can (Even Slightly) Modify Them. In: Management Science 64 (3), 1155–1170.

Drepper, Thomas (2007). Organisation und Wissen. In: Schützeichel, Rainer (Hrsg.). Handbuch Wissenssoziologie und Wissensforschung. Konstanz: UKV, 588–612.

Dzindolet, Mary/Peterson, Scott/Pomranky, Regina/Pierce, Linda/Beck, Hall (2003). The role of trust in automation reliance. International Journal of Human Computer Studies 58 (6), 697–718.

Edelman, Lauren/Suchman, Mark (1997). The legal environments of organizations. In: Annual Review of Sociology 23, 479–515.

Eirund, Helmut/Kohl, Ullrich (2000). Datenbanken – leicht gemacht. Stuttgart/Leipzig: B.G. Teubner.

Eisenhardt, Kathleen (1989). Building Theories From Case Study Research. In: The Academy of Management Review 14 (4), 532–550.

Ernst, Hartmut/Schmidt Jochen/Beneken Gerd (2020). Grundkurs Informatik. Grundlagen und Konzepte für die erfolgreiche IT-Praxis. Eine umfassende, praxisorientierte Einführung. Wiesbaden: Springer Vieweg.

Etzioni, Amitai (1987). On Thoughtless Rationality (Rules-of-Thumb). In: Kyklos 40 (4), 496–514.

Fang, Chengyu/Wilkenfeld, Nan/Navick, Nitzan/Gibbs, Jennifer (2023). AI Am Here to Represent You. Understanding How Institutional Logics Shape Attitudes Toward Intelligent Technologies in Legal Work. In: Management Communication Quarterly, Online-Vorveröffentlichung.

Faraj, Samer/Pachidi, Stella/Sayegh, Karla (2018). Working and organizing in the age of the learning algorithm. In: Information and Organization 28 (1), 62–70.

Faulconbridge, James/Sarwar, Atif/Spring, Martin (2023). How Professionals Adapt to Artificial Intelligence. The Role of Intertwined Boundary Work. In: Journal of Management Studies, Online-Vorveröffentlichung.

Feldman, Martha/March, James (1981). Information in Organizations as Signal and Symbol. Administrative Science Quarterly, 26 (2), 171–186.

Feldman, Robin/Aldana, Ehrik/Stein, Kara (2019). Artificial Intelligence in the Health Care Space. How We Can Trust What We Cannot Know. In: Stanford Law & Policy Review 30 (2), 399–420.

Fink, Verena (2020). Quick Guide KI-Projekte. Einfach machen. Künstliche Intelligenz in Service, Marketing und Sales erfolgreich einführen. Wiesbaden: Springer.

Finlay, Steven (2017). Artificial Intelligence and Machine Learning for Business. A No-Nonsense Guide to Data Driven Technologies. O.O.: Relativistic Books.

Fischhoff, Baruch (1975). Hindsight ≠ Foresight. The effect of outcome knowledge on judgment under uncertainty. In: Journal of Experimental Psychology 1 (3), 288–299.

Fleming, Peter (2019). Robots and Organization Studies. Why Robots Might Not Want to Steal Your Job. In: Organization Studies 40 (1), 23–37.

Flick, Uwe (2009). An introduction to qualitative research. Thousand Oaks: Sage.

Flyverbom, Mikkel/Huysman, Marleen/Matten, Dirk (2016). Digital Transformations. Technology, Organization and Governance in the Algorithmic Age. EGOS Sub-theme 63. Call for Papers. URL: https://www.egosnet.org/jart/prj3/egos/main.jart?rel=de&reserve-mode=reserve&contentid=1434639284029 (22.07.2018).

Frey, Carl/Osborne, Michael (2013). The Future of Employment. How susceptible are Jobs to Computerisation. URL: https://www.oxfordmartin.ox.ac.uk/downloads/academic/The_Future_of_Employment.pdf (18.02.2022).

Gambetta, Diego (2009). Codes of the Underworld. How Criminals Communicate. Princeton: Princeton University Press.

Gambetta, Diego (2009). Signaling. In: Bearman, Peter/Hedström Peter (Hrsg.). The Oxford Handbook of Analytical Sociology. Oxford: Oxford Academic, 169–194.

Gärtner, Christian (2007). Innovationsmanagement als soziale Praxis. Grundlagentheoretische Vorarbeiten zu einer Organisationstheorie des Neuen. München: Rainer Hampp Verlag.

Gerth, Hans/Mills, Wright (1973). [illegible] In: Steinert, Heinz (Hrsg.). Symbolische Interaktion. Arbeiten zu einer reflexiven [illegible] Klett Verlag, 156–161.

Ghahramani, Zoubin (2015). Probabilistic machine learning and artificial intelligence. In Nature 521 (7553), 452–459.

Gigerenzer, Gerd/Gaissmaier, Wolfgang (2011). Heuristic Decision Making. In: Annual Review of Psychology 62, 451–482.

Glaser, Barney/Strauss, Anselm (1993). Die Entdeckung gegenstandsbezogener Theorie. Eine Grundstrategie qualitativer Sozialforschung. In: Hopf, Christel/Weingarten, Elmar (Hrsg.). Qualitative Sozialforschung. Stuttgart: Klett-Cotta, 91–111.

Granovetter, Mark (1985). Economic Action and Social Structure. The Problem of Embeddedness. In: American Journal of Sociology 91 (3), 481–510.

Haenlein, Michael/Kaplan, Andreas (2019). A Brief History of Artificial Intelligence. On the Past, Present, and Future of Artificial Intelligence. In: California Management Review 61 (4), 5–14.

Hahn, Alois (2012). Zur Soziologie der Freundschaft. In: Reidenbach, Christian/Münchberg, Katharina (Hrsg.). Freundschaft. Theorien und Poetiken. Leiden: Brill, 67–77.

Harth, Jonathan (2018). Algorithmen, Bots und virtuelle Realitäten. Herausforderungen und Chancen im digitalen Kulturprozess. In: Zeitschrift für Kulturphilosophie 12 (1), 35–48.

Harth, Jonathan/Lorenz, Caspar-Fridolin (2017). Hello World. Systemtheoretische Überlegungen zu einer Soziologie des Algorithmus. URL: https://nbn-resolving.org/urn:nbn:de:0168-ssoar-51502-9 (16.04.2023).

Hasija, Abhinav/Esper, Terry (2022). In artificial intelligence (AI) we trust. A qualitative investigation of AI technology acceptance. In: Journal of Business Logistics 43, 388–412.

Heinz, Bettina (2007). Zahlen, Wissen, Objektivität. Wissenschaftssoziologische Perspektiven. In: Mennicken, Andrea/Vollmer, Hendrik (Hrsg.). Zahlenwerk. Kalkulation, Organisation und Gesellschaft. Wiesbaden: VS Verlag, 65–87.

Helfferich, Cornelia (2011). Die Qualität qualitativer Daten. Manual für die Durchführung qualitativer Interviews. Wiesbaden: VS Verlag.

Helfferich, Cornelia (2014). Leitfaden- und Experteninterviews. In: Baur, Nina/Blasius, Jörg (Hrsg.). Handbuch Methoden der empirischen Sozialforschung. Wiesbaden: Springer VS, 559–575.

Hermann, Erik (2022). Leveraging Artificial Intelligence in Marketing for Social Good. An Ethical Perspective. In: Journal of Business Ethics 179 (1), 43–61.

Hinds, Pamela/Kiesler, Sara (1995). Communication across boundaries. Work, structure, and use of communication technologies in a large organization. In: Organization Science 6 (4), 373–393.

Hirschmann, Albert (1970). Exit, Voice and Loyalty. Responses to Decline in Firms, Organizations and States. Cambridge: Harvard University Press.

Hitt, Lorin (1999). Information Technology and Firm Boundaries. Evidence from Panel Data. In: Information Systems Research 10 (2), 134–149.

Hofstede, Geert (1983). The Cultural Relativity of Organizational Practices and Theories. In: Journal of International Business Studies 14 (2), 75–89.

Holton, Robert/Boyd, Ross (2021). Where are the people? What are they doing? Why are they doing it? Situating artificial intelligence within a socio-technical framework. In: Journal of Sociology 57 (2), 179–195.

Holzinger, Andreas (2018). Explainable AI (ex-AI). Informatik Spektrum 41 (2), 138–143.

Huang, Ming-Hui/Rust, Roland (2018). Artificial Intelligence in Service. In: Journal of Service Research 21 (2), 155–172.

Huber, George (1990). A theory of the effects of advanced information technologies on organizational design, intelligence, and decision making. In: Academy of Management Review, 15 (1), 47–71.

Hunt Ruskin/Aslin Richard (2001). Statistical learning in a serial reaction time task. Access to separable statistical cues by individual learners. In: Journal of Experimental Psychology 130 (4), 658–680.

Hutson, Matthew (2021). The opacity of artificial intelligence makes it hard to tell when decision-making is biased. In: IEEE Spectrum 58 (2), 40–45.

Jackszis, Arabella (2021). Diskriminierung im Machine Learning und Erklärbarkeit von Algorithmen. URL https://opus4.kobv.de/opus4-hs-duesseldorf/frontdoor/index/index/docId/2507 (07.02.2022).

Jacovi, Alon/Marasovic, Ana/Miller, Tim/Goldberg, Yoaf (2021). Formalizing Trust in Artificial Intelligence. Prerequisites, Causes and Goals of Human Trust in AI. In: Proceedings of the 2021 ACM Conference on Fairness, Accountability, and Transparency, 624–635.

Jarrahi, Mohammad (2019). In the age of the smart artificial intelligence. AI's dual capacities for automating and informating work. In: Business Information Review 36 (4) 178–187.

Jarvenpaa, Sirkka/Rao, Srinivasan/Huber, George (1988). Computer Support for Meetings of Groups Working on Unstructured Problems. A Field Experiment. In: MIS Quarterly 12 (4), 645–66.

Javidan, Mansour/Dorfman, Peter/Sully de Luque, Mary/House, Robert (2006). In the Eye of the Beholder. Cross Cultural Lessons in Leadership from Project GLOBE. In: Academy of Management Perspectives 20 (1), 67–90.

Jöstingmeier, Marco (2022). Algorithmisches Investment. Zum Einsatz von Künstlicher Intelligenz und Big Data in Finanzorganisationen. In: Soziale Systeme 26 (1–2), 342–369.

Jung, Maria/Von Garrel, Jörg (2021). Mitarbeiterfreundliche Implementierung von KI-Systemen im Hinblick auf Akzeptanz und Vertrauen. In: In: TATuP 30 (3), 37–43.

Kahneman, Daniel/Frederick Shane (2002). Representativeness revisited. Attribute substitution in intuitive judgment. In: Gilovich, Thomas et al. (Hrsg.). Heuristics and Biases. The Psychology of Intuitive Judgment. New York: Cambridge University Press, 49–81.

Kaminski, Andreas (2020). Gründe geben. Maschinelles Lernen als Problem der Moralfähigkeit von Entscheidungen. In: Wiegerling, Klaus/Nerurkar, Michael/ Wadephul, Christian (Hrsg.). Datafizierung und Big Data. Ethische, anthropologische und wissenschaftstheoretische Perspektiven. Wiesbaden: Springer, 151–176.

Kawaguchi, Kohei (2021). When Will Workers Follow an Algorithm? A Field Experiment with a Retail Business. In: Management Science 67 (3), 1329–1992.

Kelle, Udo/Kluge, Susann/Prein, Gerald (1993). Strategien der Geltungssicherung in der qualitativen Sozialforschung. Zur Validitätsproblematik im interpretativen Paradigma. URL: https://www.ssoar.info/ssoar/handle/document/1426 (29.09.2022).

Kellogg, Katherine/Valentine, Melissa/Christin, Angele (2020). Algorithms at Work. The New Contested Terrain of Control. In: Academy of Management Annals 14 (1), 366–410.

Kelly, Sage/ Kaye, Sherrie-Anne/ ??????? ????????? Oscar (2023). What factors contribute to the acceptance of artificial intelligence? A systematic review. In: Telematics and Informatics (77), 1–33.

Kette, Sven (2012). Das Unternehmen als Organisation. In: Apelt, Maja/Tacke, Veronika (Hrsg.). Handbuch Organisationstypen. Wiesbaden: Springer Fachmedien, 21–42.

Kette, Sven (2022). Computer says no? Konsequenzen der Algorithmisierung von Entscheidungsprozessen. In: Soziale Systeme 26 (1–2), 160–188.

Kette, Sven/Tacke, Veronika (2022). Editorial. Die Organisation im Zoo der Digitalisierungsforschung. In: Soziale Systeme 26 (1–2), 1–18.

Kieser, Alfred/Seidl, David (2013). Communication-Centered Approaches in German Management Research. The Influence of Sociological and Philosophical Traditions. In: Management Communication Quarterly 27 (2), 291–302.

Kim, Doha/ Song, Yeosol/Kim, Songyie/Lee, Sewang/Wu, Yanqin/Shin, Jungwoo/Lee, Daeho (2023). How should the results of artificial intelligence be explained to users? Research on consumer preferences in user-centered explainable artificial intelligence. In: Technological Forecasting and Social Change 188, 122343.

Kipper, Jens (2020). Künstliche Intelligenz. Fluch oder Segen? Berlin: J. B. Metzler.

Kirsch, Werner/zu Knyphausen, Dodo (1991). Unternehmungen als „autopoietische" Systeme? In: Staehle, Wolfgang/Sydow, Jörg (Hrsg.). Managementforschung. Berlin: de Gruyter, 75–101.

Klein, Hans/Kleinman, Daniel (2002). The Social Construction of Technology. Structural Considerations. In: Science, Technology, & Human Values 27 (1), 28–52.

Klein, Harald (2014). Zeitungsartikel. In: Baur, Nina/Blasius, Jörg (Hrsg.). Handbuch Methoden der empirischen Sozialforschung. Wiesbaden: Springer VS, 841–847.

Kleining, Gerhard (1991). Das qualitative Experiment. In: Flick, Uwe/Von Kardoff, Ernst/ Keupp, Heiner/Von Rosenstiel, Lutz/Wolff, Stephan (Hrsg.). Handbuch qualitative Sozialforschung. Grundlagen, Konzepte, Methoden und Anwendungen. München: Beltz, 263–266.

Knight, Will (2017). The Dark Secret at the Heart of AI. URL: https:///www.technologyreview.com/2017/04/11/5113/the-dark-secret-at-the-heart-of-ai (15.04.2017).

König, Cornelius/Langer, Markus (2022). Machine Lerning in Personnel Selection. In: Strohmeier, Stefan (Hrsg.). Handbook of Research on Artificial Intelligence in Human Resource Management. Cheltenham: Edward Elgar Publishing, 149–167.

Kornwachs, Klaus (2020). Daten, Interessen, Ontologien. Oder wie Geschäftsmodelle die Wissenschaft verbiegen. In: Wiegerling, Klaus/Nerurkar, Michael/Wadephul, Christian (Hrsg.). Datafizierung und Big Data. Ethische, anthropologische und wissenschaftstheoretische Perspektiven. Wiesbaden: Springer, 3–34.

Kranz, Olaf/Steger, Thomas (2010). Unternehmenskrisen als Anlass und Motiv für die Reform betrieblicher Partizipationsstrukturen? In: Zeitschrift für Personalforschung 24 (4), 363–385.

Krüger, Sven (2021). Die KI-Entscheidung. Künstliche Intelligenz und was wir daraus machen. Wiesbaden: Springer.

Kühl, Stefan (2007). Zahlenspiele in der Entwicklungshilfe. Zu einer Soziologie des Deckungsbeitrages. In: Mennicken, Andrea/Vollmer, Hendrik (Hrsg.). Zahlenwerk. Kalkulation, Organisation und Gesellschaft. Wiesbaden: VS Verlag, 185–206.

Kühl, Stefan (2011). Organisationen. Eine sehr kurze Einführung. Wiesbaden: Springer VS.

Kuhlmann, Martin (2009). Beobachtungsinterview. In: Kühl, Stefan/Strodtholz, Petra/ Taffertshofer, Andreas (Hrsg.). Handbuch Methoden der Organisationsforschung. Quantitative und Qualitative Methoden. Wiesbaden: VS Verlag, 78–99.

Lamnek, Siegfried/Krell, Claudia (2016). Qualitative Sozialforschung. Weinheim/Basel: Beltz.

Langer, Ellen/Blank, Arthur/Chanowitz, Benzion (1978). The mindlessness of ostensibly thoughtful action. The role of "placebic" information in interpersonal interaction. Journal of Personality and Social Psychology 36 (6), 635–642.

Latham, Robert/Sassen, Saskia (2005). Digital formations. IT and new architectures in the global realm. Princeton: Princeton University Press.

Latour, Bruno (1992). Where are the missing masses? Sociology of a few mundane artefacts. In: Bijker, Wiebe/Law, John (Hrsg.). Shaping technology, building society. Studies in sociotechnical change. Cambridge: MIT Press, 225–258

Latour, Bruno (1996). Der Berliner Schlüssel. Erkundungen eines Liebhabers der Wissenschaften. Berlin: Akademie Verlag.

Latour, Bruno (2001). Eine Soziologie ohne Objekt? Anmerkungen zur Interobjektivität. In: Berliner Journal für Soziologie 11 (2), 237–252.

Latour, Bruno (2005). Reassembling the Social. An Introduction to Actor-Network-Theory. Oxford: Oxford University Press.

Laurent Giraud/Zaher, Ali/Hernandez, Selena/Akram, Al (2023). The impacts of artificial intelligence on managerial skills. In: Journal of Decision Systems, Online-Vorveröffentlichung.

Law, John (2000). Objects, Spaces and Others. URL: http://www.comp.lancs.ac.uk/sociol ogy/papers/Law-Objects-Spaces-Others.pdf (10.06.2021).

Lejarraga, José/Pindard-Lejarraga, Maud (2020). Bounded Rationality. Cognitive Limitations or Adaptation to the Environment? The Implications of Ecological Rationality for Management Learning. In: Academy of Management Learning & Education 19 (3), 289–306.

Li, Jin/Ye, Ziwei/Zhang, Caiming (2022). Study on the interaction between big data and artificial intelligence. In: Systems Research and Behavioral Science 39 (3), 641–648.

Liebold, Renate/Trinczek, Rainer (2008). Experteninterview. In: Kühl, Stefan/Strodtholz, Petra/Taffertshofer, Andreas (Hrsg.). Handbuch Methoden der Organisationsforschung. Quantitative und Qualitative Methoden. Wiesbaden: VS Verlag, 32–56.

Lindemann, Gesa (2002). Die Grenzen des Sozialen. Zur sozio-technischen Konstruktion von Leben und Tod in der Intensivmedizin. München: Wilhelm Fink Verlag.

Lindemann, Gesa (2012). Die Kontingenz der Grenzen des Sozialen und die Notwendigkeit eines triadischen Kommunikationsbegriffs. In: Berliner Journal für Soziologie 22, 317–340.

Loebbecke, Claudia/El Sawy, Omar/Kankanhalli, Atreyi/Markus, Lynne/ Te'eni, Dov/ Wrobel, Stefan/Rydén, Pernille/Obeng-Antwi, Astrid (2020). Artificial Intelligence Meets IS Researchers. Can It Replace Us? In: Communications of the Association for Information Systems 47, 273–283.

Loebbecke, Claudia/Picot, Arnold (2015). Reflections on societal and business model transformation arising from digitization and big data analytics. A research agenda. In: The Journal of Strategic Information Systems 24 (3), 149–157.

Lohmeyer, Nora (2018). Vodufinludine fl jioliie Fine inhaltsanalytische Langzeituntersuchung von Motiven unternehmerischer Verantwuibimg fif Aitihoin des Manager Magazins, 1971–2017. In: Schmalenbachs Zeitschrift für betriebswi.tౖ₤లుₙ౻ᵣᵢᵣₕₐ Hiisu.arg 70 (3), 277–308.

Lomborg, Stine/Kaun, Anne/Hansen, Sne (2023). Automated decision-making. Toward a people-centred approach. In: Sociology Compass, Online-Vorveröffentlichung.

London, Alex (2019). Artificial Intelligence and Black-Box Medical Decisions. Accuracy versus Explainability. Hastings Center Report 49 (1), 15–21.

Luhmann, Niklas (1972). Rechtssoziologie. Reinbeck bei Hamburg: Rowohlt.

Luhmann, Niklas (1988): Organisation. In: Küppers, Willi/Ortmann, Günther (Hrsg.). Mikropolitik. Rationalität, Macht und Spiele in Organisationen. Opladen: Westdeutscher Verlag, 156–184.

Luhmann, Niklas (1994). Funktionen und Folgen formaler Organisation. Berlin: Duncker & Humblot.

Luhmann, Niklas (1996). Entscheidungen in der „Informationsgesellschaft". Unveröffentlichtes Vortragsmanuskript.

Luhmann, Niklas (2000). Organisation und Entscheidung. Opladen/Wiesbaden: Westdeutscher Verlag.

Luhmann, Niklas (2009). Zur Komplexität von Entscheidungssituationen. In: Soziale Systeme 15 (1), 3–35.

Luhmann, Niklas (2014). Vertrauen. Ein Mechanismus der Reduktion sozialer Komplexität. Konstanz: UVK.

Luhmann, Niklas (2019a). Soziologische Aspekte des Entscheidungsverhaltens. In: Lukas, Ernst/Tacke, Veronika (Hrsg.). Niklas Luhmann. Schriften zur Organisation 2. Theorie organisierter Sozialsysteme. Wiesbaden: Springer VS, 307–334.

Luhmann, Niklas (2019b). Organisation und Entscheidung. In: Lukas, Ernst/Tacke, Veronika (Hrsg.). Niklas Luhmann. Schriften zur Organisation 2. Theorie organisierter Sozialsysteme. Wiesbaden: Springer VS, 237–306.

Luhmann, Niklas (2019c). Grundbegriffliche Probleme einer interdisziplinären Entscheidungstheorie. In: Lukas, Ernst/Tacke, Veronika (Hrsg.). Niklas Luhmann. Schriften zur Organisation 2. Theorie organisierter Sozialsysteme. Wiesbaden: Springer VS, 151–160.

Luhmann, Niklas (2019d). Organisation. In: Lukas, Ernst/Tacke, Veronika (Hrsg.). Niklas Luhmann. Schriften zur Organisation 2. Theorie organisierter Sozialsysteme. Wiesbaden: Springer VS, 335–360.

MacKenzie, Donald (2019). How Algorithms Interact. Goffman's Interaction Order in Automated Trading. In: Theory, Culture & Society 36 (2), 39–59.

Makarius, Erin/Mukherjee, Debmalya/Fox, Joseph/Fox, Alexa (2020). Rising with the machines. A sociotechnical framework for bringing artificial intelligence into the organization. In: Journal of Business Research 120, 262–273.

Malone, Thomas/Yates, Joanne/Benjamin, Robert (1987). Electronic Markets and Electronic Hierarchies. In: Communications of the ACM 30 (6), 484–497.

March, James (1981). Footnotes to Organizational Change. In: Administrative Science Quarterly 26 (4), 563–577.

March, James (1994). A primer on decision making. How decisions happen. New York: Free Press.

March, James/Simon, Herbert (1993). Organizations. Hoboken: Wiley.

Markus, Lynne (1984). Systems in Organizations. Bugs and Features. Boston: Pitman.

Markus, Lynne (1994). Electronic Mail as the Medium of Managerial Choice. In: Organization Science 5 (4), 502–527.

Marres, Noortje/Stark, David (2020). Put to the test. For a new sociology of testing. In: British Journal of Sociology 71(3), 423–443.

Matzner, Tobias (2019). The Human Is Dead. Long Live the Algorithm! Human- Algorithmic Ensembles and Liberal Subjectivity. In: Theory, Culture & Society 36 (2), 123–144.

Mayer, Anne-Sophie/Strich, Franz/Fiedler, Marina (2020). Unintended Consequences of Introducing AI Systems for Decision Making. In: MIS Quarterly Executive 19 (4), 239–257

Mayring, Phillip (2007). Generalisierung in qualitativer Forschung. In: Forum Qualitative Sozialforschung 8 (3), 26.

McPhee, Robert (2004). Text, agency, and organization in the light of structuration theory. In: Organization 11 (3), 355–371.

Meissner, Gunter (2020). Artificial intelligence. Consciousness and conscience. In: AI & Society 35 (1), 225–235.

Mertens, Peter/Borkowski, Volker/Geis, Wolfgang (1993). Betriebliche Expertensystem-Anwendungen. Wiesbaden: Springer.

Merton, Robert (1995). The Thomas Theorem and The Matthew Effect. In: Social Forces 74 (2), 379–422.

Mihale-Wilson, Cristina (2021). Contextual Antecedents and Consequences of Technology Adoption and Use. Dissertationsschrift. Johann Wolfgang Goethe-Universität Frankfurt am Main.

Mills, Wright (1940). Situated actions and vocabularies of motive. In: American Sociological Review 5 (6), 904–913.

Mintzberg, Henry (1979). The structuring of organizations. Upper Saddle River: Prentice Hall.

Mitchell, Wade/Szerszen, Kevin/Lu, Amy/Schermerhorn, Paul/Scheutz, Matthias/MacDorman, Karl (2011). A Mismatch in the Human Realism of Face and Voice Produces an Uncanny Valley. In: I-Perception 2 (1), 10–12.

Modlinski, Artur/Fortuna, Pawel/Roznowski, Bohdan (2023). Human–machine trans roles conflict in the organization. How sensitive are customers to intelligent robots replacing the human workforce? In: International Journal of Consumer Studies, 47 (1), 100–117.

Möller, Joachim (2016). Verheißung oder Bedrohung? Die Arbeitsmarktwirkungen einer vierten industriellen Revolution. In: Bäcker, Gerhard/Lehndorff, Steffen/Weinkopf, Claudia (Hrsg.). Den Arbeitsmarkt verstehen, um ihn zu gestalten. Wiesbaden: Springer, 49–60.

Montavon, Grégoire/Samek, Wojciech/Müller, Klaus-Robert (2018). Methods for interpreting and understanding deep neural networks. In: Digital Signal Processing: A Review Journal 73, 1–15.

Mori, Masahiro (2012). The uncanny valley. URL: https://spectrum.ieee.org/the-uncanny-valley (30.04.2022).

Mormann, Hannah (2016). Das Projekt SAP. Bielefeld: transcript.

Morse, Lily/Teodorescu, Mike/Awwad, Yazeed/Kane, Gerald (2020). A Framework for Fairer Machine Learning in Organizations. URL: https://arxiv.org/abs/2009.04661 (25.11.2021).

Moser, Christine/Den Hond, Frank/Lindebaum, Dirk (2022). Morality in the Age of Artificially Intelligent Algorithms. In: Academy of Management Learning & Education 21 (1), 139–155.

Mühlhoff, Rainer (2020). Human-aided artificial intelligence. Or, how to run large computations in human brains? Toward a media sociology of machine learning. In: new media & society 22 (10), 1868–1884.

Murray, Alex/Rhymer, Jen (2020). Humans and Technology. Forms of Conjoined Agency in Organizations. In: The Academy of Management Review, 46 (3), 552–571.

Neuburger, Rahild/Fiedler, Marina (2020). Zukunft der Arbeit. Implikationen und Herausforderungen durch autonome Informationssysteme. In: Schmalenbachs Zeitschrift für betriebswirtschaftliche Forschung 72 (3), 343–369.

Neumann, Oliver/ Guirguis, Katharina/ Steiner, Reto (2022). Exploring artificial intelligence adoption in public organizations. A comparative case study. In: Public Management Review 22, 1–27.

Newell, Sue/Marabelli, Marco (2015). Strategic Opportunities (and Challenges) of Algorithmic Decision-making. A Call for Action on the Long-term Societal Effects of ‚Datification‘. In: Journal of Strategic Information Systems 24 (1), 3–14.

Nguyen, Tuyet-Mai/Quach, Sara/Taichon, Patamaporn (2022). The effect of AI quality on customer experience and brand relationship. In: Journal of Consumer Behaviour 21 (3), 481–493.

Nielsen, Michael (2015). Neural Networks and Deep Learning. O.O.: Determination Press.

Nyberg, Daniel (2009) Computers, Customer Service Operatives and Cyborgs. In: Organization Studies 30 (11), 1181–1199.

Omidvar, Omid/Safavi, Mehdi/Glaser, Vern (2023). Algorithmic Routines and Dynamic Inertia. How Organizations Avoid Adapting to Changes in the Environment. Journal of Management Studies, 60 (2), 313–345.

Orlikowski, Wanda (2000). Using Technology and Constituting Structures. A Practice Lens for Studying Technology in Organizations. In: Organization Science 11 (4), 404–428.

Orlikowski, Wanda (2007). Sociomaterial Practices. Exploring Technology at Work. In: Organization Studies 28 (9), 1435–1448.

Orlikowski, Wanda (2010). The sociomateriality of organisational life. Considering technology in management research. In: Cambridge Journal of Economics 34 (1), 125–141.

Orlikowski, Wanda/Scott, Susan (2008). Sociomateriality. Challenging the Separation of Technology, Work and Organization. In: The Academy of Management Annals 2 (1), 433–474.

Ortmann, Günther (2009). Management in der Hypermoderne. Kontingenz und Entscheidung. Wiesbaden: VS Verlag.

Osterlund, Carsten/Jarrahi, Mohammad/Willis, Matthew/Boyd, Karen/Wolf, Christine (2021). Artificial intelligence and the world of work. A co-constitutive relationship. In: Journal of the Association for Information Science and Technology 72 (1), 128–135.

Pakarinen, Pauli/Juising, Ruthanne (2023). Relational Expertise. What Machines Can‘t Know. In: Journal of Management Studies, Online-Vorveröffentlichung.

Passoth, Jan-Hendrik (2008). Technik und Gesellschaft. Wiesbaden: VS Verlag.

Pentzold, Christian/Bischof, Andreas (2019). Making Affordances Real. Socio-Material Prefiguration, Performed Agency and Coordinated Activities in Human–Robot Communication. In: Social Media + Society 5 (3), 1–11.

Phan, Phillip/Wright, Michael/Lee, Soo-Hoon (2017). Of Robots, Artificial Intelligence, and Work. In: Academy of Management Perspectives 31 (4), 253–255.

Pickering, Andrew (1993). The mangle of Practice, Agency and Emergence in the Sociology of Science. In: American Journal of Sociology 99 (3), 559–589.

Pinch, Trevor (1993). „Testing – One, Two, Three... Testing!". Toward a Sociology of Testing. In: Science, Technology, & Human Values 18 (1), 25–41.

Potthast, Jörg (2012). Politische Soziologie technischer Prüfungen. Das Beispiel Straßenverkehrssicherheit. Working Paper.

Prasad, Pushkala (1993). Symbolic Processes in the Implementation of Technological Change. A Symbolic Interactionist Study of Work Computerization. In: The Academy of Management Journal 36 (6), 1400–1429.

Preece, Alun (2018). Asking ‚why' in AI. Explainability of intelligent systems. Perspectives and challenges. In: Intelligent Systems in Accounting, Finance and Management 25 (2), 63–72.

Rademacher, Timo (2020). *Künstliche Intelligenz und neue Verantwortungsarchitektur*. In: Eifert, Martin (Hrsg.). Digitale Disruption und Recht. Workshop zu Ehren des 80. Geburtstags von Wolfgang Hoffmann-Riem. Baden-Baden: Nomos, 45–72.

Rafaeli, Anat (1986). Employee Attitudes Toward Working with Computers. In: Journal of Occupational Behaviour 7 (2), 89–106.

Raisch, Sebastian/Krakowski, Sebastian (2021). Artificial Intelligence and Management. The Automation–Augmentation Paradox. In: *Academy of Management Review* 46 (1), 192–210.

Raj, Manav/Seamans Robert (2019). Primer on artificial intelligence and robotics. In: Journal of Organization Design 8 (1), 1–14.

Rammert, Werner (2016). Technik – Handeln – Wissen. Zu einer pragmatistischen Technik- und Sozialtheorie. Wiesbaden: Springer

Raviola, Elena/Norbäck, Maria (2013). Bringing Technology and Meaning into Institutional Work. Making News at an Italian Business Newspaper. In: Organization Studies 34 (8), 1171–1194.

Reinartz, Michael/Nopper, Christian (2020). Wie die Digitalisierung die Telekommunikationsbranche verändert. In: Tewes, Stefan/Niestroj, Benjamin/Tewes, Carolin (Hrsg.). Geschäftsmodelle in die Zukunft denken. Erfolgsfaktoren für Branchen, Unternehmen und Veränderter. Wiesbaden: Springer Gabler, 89–104.

Rice, Ronald/Aydin, Carolyn (1991). Attitudes Toward New Organizational Technology. Network Proximity as a Mechanism for Social Information Processing. In: Administrative Science Quarterly 36 (2), 219–244.

Riedl, René (2022). Is trust in artificial intelligence systems related to user personality? Review of empirical evidence and future research directions. In: Electronic Markets 32, 2021–2051.

Rodgers, Waymond/Murray, James/Stefanidis, Abraham/Degbey, William/Tarba, Shlomo (2023). An artificial intelligence algorithmic approach to ethical decision-making in human resource management processes. In: Human Resource Management Review 33 (1), 1–19.

Rosbach, Peter (2020). Interpretation von Machine-Learning-Modellen. In: Banking and Information Technology 21 (1), 13–21.

Rüegg-Stürm, Johannes/Grand, Simon (2017). Das St.Galler Managament-Modell. Bern: Haupt Verlag.

Salheiser, Axel (2014). Natürliche Daten. Dokumente. In: Baur, Nina/Blasius, Jörg (Hrsg.), Handbuch Methoden der empirischen Sozialforschung. Wiesbaden: Springer VS, 813–814.

Santoro, Erik/Monin, Benoit (2023). The AI Effect. People rate distinctively human attributes as more essential to being human after learning about artificial intelligence advances. In: Journal of Experimental Social Psychology, Online-Vorveröffentlichung.

Saygin, Ayse/Chaminade, Thierry/Ishiguro, Hiroshi/Driver, Jon/Frith, Chris (2012). The thing that should not be. Predictive coding and the uncanny valley in perceiving human and humanoid robot actions. In: Social Cognitive and Affective Neuroscience 7 (4), 413–422.

Schein, Edgar (1996). Kurt Lewin's Change Theory in the Field and in the Classroom. Notes Toward a Model of Managed Learning. In: Systems Practice 9 (1), 27–47.

Scheuer, Dennis (2020). Akzeptanz von Künstlicher Intelligenz. Grundlagen intelligenter KI-Assistenten und deren vertrauensvolle Nutzung. Wiesbaden: Springer.

Schmitt, Marc (2023). Deep learning in business analytics. A clash of expectations and reality. In: International Journal of Information Management Data Insights, 3 (1), 1–9.

Schoeneborn, Dennis/Kuhn, Timothy/Kärreman, Dan (2019). The Communicative Constitution of Organization, Organizing, and Organizationality. In: Organization Studies 40 (4), 475–496.

Schulz-Schaeffer, Ingo/Funken, Christiane (2008). Das Verhältnis von Formalisierung und Informalität betrieblicher Arbeits- und Kommunikationsprozesse und die Rolle der Informationstechnik. In: Funken, Christiane/Schulz-Schaeffer, Ingo (Hrsg.). Digitalisierung der Arbeitswelt. Wiesbaden: VS Verlag, 11–39.

Schulz-Schaeffer, Ingo/Meister, Martin/Clausnitzer, Tim/Wiggert, Kevin (2023). Sozialität von Robotern aus handlungstheoretischer Perspektive. In: Muhle, Florian (Hrsg.). Soziale Robotik. Eine sozialwissenschaftliche Einführung. Berlin: Walter de Gruyter, 350–413.

Schulz-Schaeffer, Ingo/Rammert, Werner (2019). Technik, Handeln und Praxis. Das Konzept gradualisierten Handelns revisited. In: Schubert, Cornelius/Schulz-Schaeffer (Hrsg.). Berliner Schlüssel zur Techniksoziologie. Wiesbaden: Springer VS, 41–76.

Schwartz, Reva/Vassilev, Apostol/Greene, Kristen/Perine,Lori/Burt, Andrew/Hall, Patrick (2022). Towards a standard for identifying and managing bias in artificial intelligence. NIST Special Publication. URL: https://doi.org/10.6028/NIST.SP.1270 (10.01.2023).

Seidl, David (2009). Kollektive Entscheidungen und soziale Komplexität. In: Soziale Systeme 15 (1), 46–53.

Shrestha, Yash/Ben-Menahem, Shiko/Krogh, Georg (2019). Organizational Decision-Making Structures in the Age of Artificial Intelligence. In: California Management Review 61 (4), 66–83.

Simon, Herbert (1955). A Behavioral Model of Rational Choice. In: The Quarterly Journal of Economics 69 (1), 99–118.

Simon, Herbert (1997). Administrative Behavior. New York: The Free Press.

Slife, Brent (2004). Taking Practice Seriously. Toward a Relational Ontology. In: Journal of Theoretical and Philosophical Psychology 24 (2), 157–178.

Sloane, Mona/Solano-Kamaiko, Ian/Yuan, Jun/Dasgupta, Aritra/Stoyanovich, Julia (2023). Introducing contextual transparency for automated decision systems. Nature Machine Intelligence 5 (1), 187–195.

Stone, Peter/Brooks, Rodney/ Brynjolfsson, Erik/Calo, Ryan/Etzioni, Oren/Hager, Greg/ Hirschberg, Julia /Kalyanakrishnan, Shivaram/Kamar, Ece /Kraus, Sarit/Leyton-Brown, Kevin/Parkes, David /Press, William/Saxenian, AnnaLee/Shah, Julie/Tambe, Milind/ Teller, Astro (2016). Artificial Intelligence and Life in 2030. One Hundred Year Study on Artificial Intelligence. Report of the 2015–2016 Study Panel. URL: http://ai100.stanford. edu/2016-report (06.09.2016).

Strauss, Anselm/Corbin, Juliette (1994). Grounded theory methodology. An overview. In: Denzin (Hrsg.). Handbook of qualitative research. Thousand Oaks: Sage Publications, 273–285.

Strich, Franz/Mayer, Anne-Sophie/Fiedler, Marina (2021). What Do I Do in a World of Artificial Intelligence? Investigating the Impact of Substitutive Decision-Making AI Systems on Employees' Professional Role Identity. In: Journal of the Association for Information Systems, 22 (2), o.S.

Strübing, Jörg (2014). Grounded Theory und Theoretical Sampling. In: Baur, Nina/Blasius, Jörg (Hrsg.). Handbuch Methoden der empirischen Sozialforschung. Wiesbaden: Springer VS, 457–473.

Suchman, Lucy (2007). Human–machine reconfigurations. Plans and situated actions. Cambridge: Cambridge University Press.

Sudmann, Andreas (2019). Künstliche neuronale Netzwerke als Black Box. In: Klimczak, Peter/Petersen, Christer/Schilling, Samuel (Hrsg.). Maschinen der Kommunikation. Interdisziplinäre Perspektiven auf Technik und Gesellschaft im digitalen Zeitalter. Wiesbaden: Springer, 189–199.

Tacke, Veronika/Drepper, Thomas (2018). Soziologie der Organisation. Wiesbaden: VS Verlag.

Tambe, Prasanna/Cappelli, Peter/Yakubovich, Valery (2019). Artificial Intelligence in Human Resources Management. Challenges and a Path Forward. In: California Management Review 61 (4), 15–42.

Tamò-Larrieux, Aurelia/Ciortea, Andrei/Mayer, Simon (2022). Machine Capacity of Judgment. An Interdisciplinary Approach for Making Machine Intelligence Transparent to End-Users. URL: http://dx.doi.org/10.2139/ssrn.4112041 (20.04.2023).

Tarafdar, Monideepa/Page, Xinru/Marabelli, Marco (2023). Algorithms as co-workers. Human algorithm role interactions in algorithmic work. In: Information Systems Journal, 33 (2), 232– 267.

Taylor, James/Van Every, Elizabeth (2000). The Emergent Organization. Mahwah: Lawrence Elbaum.

Taylor, James/Van Every, Elizabeth (2011). The Situated Organization. New York: Routledge.

Tkác, Michal/Verner, Robert (2016). Artificial neural networks in business. Two decades of research. In: Applied Soft Computing 38, 788–804.

Tong, Siliang/Jia, Nan/Luo, Xueming/Fang, Zheng (2021). The Janus face of artificial intelligence feedback. Deployment versus disclosure effects on employee performance. In: Strategic Management Journal 42 (9), 1600–1631.

Tredinnick, Luke (2017). Artificial intelligence and professional roles. In: Business Information Review 34 (1), 37–41.

Ulman, Milos/Musteen, Martina/Kanska, Eva (2021). Big data and decision making in international business. In: Thunderbird 63 (5), 597–606.

Van Rijmenam, Mark/Logue, Danielle (2020). Revising the science of the organisation. Theorizing AI agency and actorhood. In: Innovation: Organization & Management 23 (1), 127–144.

Vater, Christian (2020). Turings Maschine und Blacks Box. Mechanische Intelligenz nach dem Feedback. In: Geitz, Eckhard/Vater, Christian/Zimmer-Merkle, Silke (Hrsg.). Black Boxes. Versiegelungskontexte und Öffnungsversuche. Berlin: De Gruyter, 323–351.

Venkatesh, Viswanath/Bala, Hillol (2008). Technology acceptance model 3 and a research agenda on interventions. In: Decision Sciences 39 (2), 273–315.

Venkatesh, Viswanath/Davis, Fred (2000). A theoretical extension of the technology acceptance model. Four longitudinal field studies. In: Management Science 46 (2), 186–204.

Vilone, Giulia/Longo, Luca (2020). Explainable Artificial Intelligence. A Systematic Review. URL: https://arxiv.org/abs/2006.00093v3 (14.04.2022).

Vollmer, Hendrik (1996). Akzeptanzbeschaffung. Verfahren und Verhandlungen. In: Zeitschrift für Soziologie 25 (2), 147–164.

Vollmer, Hendrik (2004). Folgen und Funktionen organisierten Rechnens. In: Zeitschrift für Soziologie 33 (6), 450–470.

Von Foerster, Heinz (1993). Wissen und Gewissen. Frankfurt am Main: Suhrkamp Verlag.

Von Krogh, Georg (2018). Artificial Intelligence in Organizations. New Opportunities for Phenomenon-Based Theorising. In: Academy of Management Discoveries 4 (4), 404–409.

Voosen, Paul (2017). How AI detectives are cracking open the black box of deep learning. URL/ https:///www.sciencemag.org/news/2017/07/how-ai-detectives-are-cracking-open-black-box-deep-learning (20.07.2017).

Vrontis, Demetris/Christofi, Michael/Pereira, Vijay/Tarba, Shlomo/Makrides Anna/Trichina, Eleni (2021). Artificial intelligence, robotics, advanced technologies and human resource management. A systematic review. In: The International Journal of Human Resource Management 32, 1–30.

Waardenburg, Lauren/Huysman, Marleen/Sergeeva, Anastasia (2022). In the Land of the Blind, the One-Eyed Man Is King. Knowledge Brokerage in the Age of Learning Algorithms. In: Organization Science 33 (1), 59–82.

Wagner, Alan/Robinette, Paul (2020). An explanation is not an excuse. Trust calibration in an age of transparent robots. In: Chang, Nam/Lyons, Joseph (Hrsg.). Trust in Human-Robot Interaction. London: Academic Press, 197–208.

Wagner, Dirk (2020). Strategically managing the artificially intelligent firm. In: Strategy & Leadership 48 (3), 19–25.

Wah, Ng/Chi, Leung (2020). Strong Artificial Intelligence and Consciousness. In: Journal of Artificial Intelligence and Consciousness 7 (1), 63–72.

Walliser, James/De Visser, Ewart/Wiese, Eva/Shaw, Tyler (2019). Team Structure and Team Building Improve Human-Machine Teaming With Autonomous Agents. In: Journal of Cognitive Engineering and Decision Making 13 (4), 258–278.

Wang, Lingli/Huang, Ni/Hong, Yili/Liu, Luning/Guo, Xunhua/Chen, Guoqing (2023). Voice-based AI in call center customer service. A natural field experiment. In: Production and Operations Management, Online-Vorveröffentlichung.

Weick, Karl (1976). Educational Organizations as Loosely Coupled Systems. In: Administrative Science Quarterly 21 (1), 1–19.

Weick, Karl (2001). Making Sense of the Organization. Malden: Blackwell Publishing.

Welsch, Andreas/Eitle, Verena/Buxmann, Peter (2019). Entscheidungsunterstützung im Kundenbeziehungszyklus durch maschinelle Lernverfahren. In: Meinhardt, Stefan/Pflaum, Alexander (Hrsg.). Digitale Geschäftsmodelle. Band 2. Geschäftsmodell-Innovationen, digitale Transformation, digitale Plattformen, Internet der Dinge und Industrie 4.0. Wiesbaden: Springer, 3–26.

Welte, Torsten/Klipphahn, Frank/Schäfer Katharina (2020). Wie die Luft- und Raumfahrtindustrie von digitalen Geschäftsmodellen und Megatrends profitiert. In: Tewes, Stefan/Niestroj, Benjamin/Tewes, Carolin (Hrsg.). Geschäftsmodelle in die Zukunft denken. Erfolgsfaktoren für Branchen, Unternehmen und Veränderer. Wiesbaden: Springer Gabler, 119–131.

Wenzelburger, Georg/König, Pascal/Felfeli, Julia/Achziger, Anja (2023). Algorithms in the public sector. Why context matters. In: Public Administration, Online-Vorveröffentlichung.

Whalen, Jack/Vinkhuyzen, Erik (2000). Expert Systems in (Inter)action. Diagnosing document machine problems over the telephone. In: Luff, Paul/Hindmarsh, Jon/Heath, Christian (Hrsg.). Workplace Studies. Recovering Work Practice and Informing System Design. Cambridge: Cambridge University Press, 92–140.

White, George/Graham, Margaret (1987). How to Spot a Technological Winner. In: Harvard Business Review 22 (3), 146–152.

Willjes, Kristina/Scharff, Christian/Jung, Stefan (2020). Hilfe als Prämisse organisationaler Verantwortungsübernahme. Entscheidungsverfertigung in Unternehmen der sozialen Hilfe. In: Fahrenwald, Claudia/Engel, Nicolas/Schröer, Andreas (Hrsg.). Organisation und Verantwortung. Wiesbaden: Springer VS, 229–242.

Xu, Ni/Wang, Kung-Jeng (2019). Adopting robot lawyer? The extending artificial intelligence robot lawyer technology acceptance model for legal industry by an exploratory study. In: Journal of Management & Organization 27 (5), 867–885.

Yang, Rongbin/Wibowo, Santoso (2022). User trust in artificial intelligence. A comprehensive conceptual framework. In: Electronic Markets 32, 2053–2077.

Yates, Joanne/Orlikowski, Wanda/Okamura, Kazuo (1999). Explicit and Implicit Structuring of Genres in Electronic Communication. Reinforcement and Change of Social Interaction. In: Organization Science 10 (1), 83–103.

Yin, Robert (2014). Case Study Research. Design and Methods. Thousand Oaks: Sage.

Younger, Barbara/Cohen, Leslie (1983). Infant Perception of Correlations among Attributes. In: Child Development 54 (4), 858–867.

Zhang, Xiaohang/Wang, Yuan/Li, Zhengren (2021). User acceptance of machine learning models. Integrating several important external variables with technology acceptance model. In: International Journal of Electrical Engineering & Education, Online-Vorveröffentlichung.

Zhang, Zaixuan/Chen, Zhuoshang/Ali, Liying (2022). Artificial intelligence and moral dilemmas. Perception of ethical decision making in AI. In: Journal of Experimental Social Psychology 101, 104327.

Zirar, Araz/Ali, Syed/Islam, Nazrul (2023). Worker and workplace Artificial Intelligence (AI) coexistence. Emerging themes and research agenda. In: Technovation, Online-Vorveröffentlichung.

Zuboff, Shoshana (1988). In the age of the smart machine. New York: Basic Books.

Printed in the United States
by Baker & Taylor Publisher Services